Förderung von Beteiligung
und Selbsthilfe im
Ressourcenmanagement

Thomas Schwedersky · Oliver Karkoschka · Wolfgang Fischer

Förderung von Beteiligung und Selbsthilfe im Ressourcenmanagement

Ein Leitfaden für Projektmitarbeiterinnen und Projektmitarbeiter

Margraf Verlag

Die Deutsche Bibliothek – CIP-Einheitsaufnahme

Schwedersky, Thomas:
Förderung von Beteiligung und Selbsthilfe im Ressourcenmanagement : ein Leitfaden für Projektmitarbeiterinnen und Projektmitarbeiter ; Pilotvorhaben Ressourcenmanagement über Selbsthilfeansätze (RMSH) / Thomas Schwedersky ; Oliver Karkoschka ; Wolfgang Fischer. Deutsche Gesellschaft für Technische Zusammenarbeit (GTZ) GmbH. – Weikersheim : Margraf, 1997
ISBN 3-8236-1281-6

Titelbild:
Von Dorfbewohnern erstellte Karte eines Wassereinzugsgebietes in Pangham, Gujarat, Indien
(Quelle: Aga Khan Rural Support Programme)

Layout und Satz:
Walter Typografie & Grafik, Würzburg

Druck und Bindung:
Böhler Verlag, Würzburg

Laudenbacher Straße 9
D-97990 Weikersheim

ISBN 3-8236-1281-6

Inhaltsverzeichnis

Danksagung

Bei der Entstehung dieses Leitfadens haben wir von zahlreichen Kolleginnen und Kollegen wertvolle Hinweise, kritische Kommentare und Anregungen erhalten, die wir so weit wie möglich aufgegriffen haben. Ausdrücklich möchten wir uns ganz besonders bedanken bei Karola Block, Markus Engler, Anne Fisser, Reiner Forster, Jürgen Hagmann, Anne Hahn, Winfried Hamacher, Ulrich Hoesle, Uwe Kievelitz, Annette von Lossau und Stephan Paulus.

Thomas Schwedersky
Oliver Karkoschka
Wolfgang Fischer

September 1997

Vorwort

Der vorliegende Leitfaden ist ein wesentliches Ergebnis des überregionalen Pilotvorhabens „Ressourcenmanagement über Selbsthilfeansätze" (RMSH). Dieses Vorhaben hat vor allem folgende Zielsetzung:

- Ansätze zur Beteiligungs- und Selbsthilfeförderung im Ressourcenmanagement auf der Basis konkreter Erfahrungen anwendungsorientiert weiterzuentwickeln und
- einen institutionenübergreifenden Lernprozeß in Organisationen der deutschen staatlichen EZ (BMZ, DED, GTZ, KfW) anzuregen, um damit einen Beitrag zur verstärkten Anwendung von Beteiligungs- und Selbsthilfeansätzen in Vorhaben des Ressourcenmanagements zu leisten.

Wir haben diesen Lernprozeß als Mitglieder des Projektbeirates intensiv begleitet, und gleichzeitig die Rolle des Mittlers in unseren jeweiligen Institution wahrgenommen. Somit waren wir ebenso Unterstützer dieses Prozesses wie auch selbst Lernende. Dank seiner Konstruktion hat das Projekt gerade auch den institutionenübergreifenden Lernprozeß zu RMSH wirksam fördern können; es hat damit sicherlich Beispielcharakter auch für andere Sektorvorhaben.

Der Leitfaden richtet sich insbesondere an Mitarbeiter/innen in Vorhaben des Ressourcenmanagements, die zur Erarbeitung einer situationsspezifischen Vorgehensweise angeregt werden sollen. Ausrichtung und Aufbau des Leitfadens spiegeln eine wesentliche Einsicht des Projekts wider: Lernerfahrungen lassen sich nicht zu eindeutigen konzeptionellen oder gar operationalen Vorgaben für die Projektarbeit verdichten; sie können nur Anregungen geben und Einsichten vermitteln für die Erarbeitung eines situationsspezifischen Vorgehens.

Wir sind uns bewußt, daß der Leitfaden nur ein Element in der Förderung von Lernprozessen auf Projektebene sein kann. In der Praxis wird er sich mit anderen Elementen verbinden müssen, zu denen das RMSH-Projekt bereits wesentliche Beiträge geleistet hat: lernorientierte Fortbildung, prozeßbegleitende Beratung, Erfahrungsaustausch sowie die Nutzung von spezifischen Arbeitshilfen und Handreichungen.

Dr. Joachim Metzner, GTZ, Abteilung 402, Umwelt- und Ressourcenschutz

Dr. Dietrich Burger, GTZ, Abteilung 424, Wald und Viehwirtschaft, Fischerei, Naturschutz

Marion Fleuth-Leferink, BMZ, Referat 412, Umweltpolitik; Ressourcenschutz; Waldwirtschaft

Dr. Ute Heinbuch, BMZ, Referat 414, Nahrungssicherung; ländliche Entwicklung; Landwirtschaft; Fischerei; Agrarforschung; Rauschgiftbekämpfung.

Jürgen Hopp, DED, Referat Landwirtschaft, Ressourcensicherung und Forst

Dietrich Suhlrie, KfW, Unterabteilung Westafrika (L II c 2)

EINFÜHRUNG

Entstehungszusammenhang und Zielsetzung des Leitfadens

Der vorliegende Leitfaden stellt ein wichtiges Ergebnis des überregionalen Vorhabens „Ressourcenmanagement über Selbsthilfeansätze" (RMSH) dar, welches folgende Ziele verfolgt:

- Auf der Basis vorliegender Erfahrungen Ansätze zur Beteiligungs- und Selbsthilfeförderung im Ressourcenmanagement anwendungsorientiert weiterzuentwickeln;
- einen institutionenübergreifenden Lernprozeß anzuregen und zu unterstützen, in den die verschiedenen Organisationen der deutschen staatlichen Entwicklungszusammenarbeit (BMZ, DED, GTZ, KfW) und deren Mitarbeiter intensiv eingebunden sind, um zur verstärkten Anwendung von Beteiligungs- und Selbsthilfeansätzen in Vorhaben zum Ressourcenmanagement beizutragen.

Mit dem **Positionspapier „Beteiligungs- und Selbsthilfeansätze im Ressourcenmanagement**" wurde 1994 ein konzeptioneller Orientierungsrahmen für RMSH geschaffen. Ziel dieses Leitfadens ist, die Leserinnen und Leser zur Erarbeitung ihres situationsspezifischen Vorgehens zur Förderung eines nachhaltigen Ressourcenmanagements vor Ort anzuregen und sie dabei zu unterstützen.

Unsere Lernerfahrungen in Form von praktischen Hinweisen und relevanten Fragestellungen, ergänzt durch Beispiele aus der Praxis, sollen das sensible Eingehen auf die jeweilige konkrete Situation fördern und die kreative Erarbeitung einer angepaßten Strategie unterstützen. Im Rahmen dieser situationsspezifischen Strategie können die vorgestellten Instrumente und Methoden als Hilfsmittel dienen. Dabei will der Leitfaden zur Kreativität bei deren Anwendung anregen, vor allem aber auch zur eigenständigen Entwicklung von Methoden und Instrumenten „aus der Situation heraus".

Kasten 1: Positive Beispiele lassen sich nicht kopieren!

„Sehr häufig werden Management-Innovationen am Beispiel der „besten Praktiken“ von sogenannten Spitzenunternehmen erläutert. So interessant diese Betrachtungen sein mögen, so glaube ich doch, daß solche Beschreibungen oft mehr Schaden als Nutzen anrichten, weil sie dazu führen, daß Unternehmen einzelne Praktiken nachahmen und immer mit hängender Zunge der neuesten Entwicklung hinterherlaufen. Ich glaube nicht, daß je eine wirklich gute Organisation durch Nachahmung geschaffen wurde, genausowenig, wie man eine starke Persönlichkeit entwickeln kann, indem man versucht, eine andere Persönlichkeit nachzuahmen.“

Quelle: Senge, P. M. (1996), Die fünfte Dimension. Kunst und Praxis der lernenden Organisation. Stuttgart, S. 21.

Die Erarbeitung einer situationsspezifischen RMSH-Strategie steht im Mittelpunkt des Leitfadens. Dabei wird im Teil I zunächst das Grundverständnis von RMSH dargestellt. In Teil II wird dann im Rahmen von vier Handlungsfeldern aufgezeigt, was dies für die konkrete Projektarbeit im RM bedeutet.

Damit gewinnt der Leitfaden erst durch die Beziehung auf die spezifische Situation seinen Wert. Er ist keine Quelle fertiger Strategien, Methoden oder Instrumente, sondern erfordert die Nutzung der bestehenden Ressourcen (Erfahrungen, Kenntnisse, Interessen, Potentiale) des Lesers/der Leserin und seines/ihres Umfeldes.

Adressaten/innen des Leitfadens sind insbesondere Mitarbeiterinnen und Mitarbeiter in Projekten des Ressourcenmanagements, wie z.B. in Vorhaben der Waldbewirtschaftung und des Naturschutzes, in Projekten zum Ressourcenmanagement in Trockengebieten, zur landwirtschaftlichen Entwicklung (einschließlich Fischerei) oder zur integrierten Entwicklung von Wassereinzugsgebieten.

Der Aufbau des Leitfadens

Im Teil I wird das **RMSH-Konzept** in seinen Grundzügen dargestellt. Ausgehend von einer entwicklungspolitischen Einordnung führt die Darstellung über Aussagen zu RMSH-Grundorientierungen zur Charakterisierung der vier für RMSH wesentlichen Strategieelemente. Die Ausführungen in Teil I bilden die Grundlagen für Teil II. Es wird daher empfohlen, mit Teil I in den Leitfaden „einzusteigen".

Teil II des Leitfadens ist nach **vier Handlungsfeldern** gegliedert, die den vier in Teil I vorgestellten Strategieelementen entsprechen.

- Prozeßmanagement
- Förderung von Vertrauen und Zusammenarbeit aller Akteure
- Organisationsentwicklung und Capacity Development
- Konfliktmanagement und Verhandlungsorientierung

Diese inhaltlichen Schwerpunkte sind im Rahmen von RMSH von zentraler Bedeutung, um Prozesse in Richtung einer nachhaltigen Nutzung der natürlichen Ressourcen zu fördern. Sie sind nicht willkürlich gewählt, sondern gewannen im Laufe der Zusammenarbeit mit RM-Projekten und auf dem Hintergrund weiterer Lernerfahrungen eine strategische Bedeutung. Als Quellen weiterer Lernerfahrungen sind hier vor allem regionale Workshops, Mitarbeit in Arbeits- und Lerngruppen sowie die Auswertung von Fallstudien und thematischen Darstellungen (Arbeitspapiere, Studien, Handbücher etc). zu nennen. Die vier Handlungsfelder korrespondieren mit den in Teil I dargestellten RMSH-Strategieelementen. Selbstverständlich variiert die Bedeutung der einzelnen Handlungsfelder nicht nur von Ort zu Ort, sondern auch im Laufe der Zeit am gleichen Standort. Nach dem Einstieg in Teil I kann eine weitere Vertiefung dann in jedem der vier Handlungsfelder des Teil II unabhängig voneinander erfolgen. Die

Kapitel des zweiten Teils sind in sich abgeschlossen und können auf der Basis des Teil I ohne Beeinträchtigung des Verständnisses auch einzeln gelesen werden.

Teil I:
Das RMSH-Konzept
– Lernerfahrungen aus der Praxis –

1 Einführung: Entwicklungspolitische Einordnung von Vorhaben zum Ressourcenmanagement (RM)

1.1 „Umwelt und Entwicklung“ als entwicklungspolitische Herausforderung

Die internationale Staatengemeinschaft hat auf der Konferenz der Vereinten Nationen über Umwelt und Entwicklung in Rio de Janeiro (Juni 1992) in einer abschließenden Erklärung u.a. folgendes erklärt:

„Menschen stehen im Zentrum des Interesses für eine nachhaltige Entwicklung. Sie haben das Recht auf ein gesundes und produktives Leben in Einklang mit der Natur.“ (Artikel 1 der „Erklärung von Rio“)

Die besondere Herausforderung einer um die ökologische Dimension erweiterten Entwicklungskonzeption besteht darin, die materielle Basis für die Menschen in den Entwicklungsländern zu verbessern und gleichzeitig die natürlichen Lebensgrundlagen zu bewahren. Dieses Dilemma ist nur durch effizientes, auf schonende Nutzung gerichtetes Management der verfügbaren Ressourcen aufzulösen.

Kasten 2: Das Leitbild Nachhaltige Entwicklung

„Die Bundesregierung hat zusammen mit 171 weiteren Ländern dem in Rio formulierten Entwurf nachhaltiger Entwicklung als gemeinsam und partnerschaftlich anzustrebendem Leitbild zugestimmt. Damit ist das Leitbild auch für die GTZ gleichermaßen verpflichtend: ihr Ziel muß es sein, das Zustandekommen tragfähiger Partnerschaften für nachhaltige Entwicklung zu fördern, indem sie Lern- und Aushandlungsprozesse begleitet und unterstützt, die zu einer Balance zwischen der wirtschaftlichen, gesellschaftlichen und ökologischen Dimension von Entwicklung im Interesse der heutigen und künftiger Generationen führen.

> Mit der Ausrichtung aller Beratungstätigkeiten auf die Förderung tragfähiger Partnerschaften für nachhaltige Entwicklung wird die Aufgabe der GTZ komplexer: Die Förderung der Fähigkeiten von Menschen und Institutionen kann sich nicht wie bei konventioneller Beratung nur auf spezifische Aspekte und einzelne Dimensionen von Entwicklung beschränken, sondern Beratung muß zu Partnerschaften befähigen, die in einem sehr komplexen Akteursfeld mit Blick auf alle drei Dimensionen von nachhaltiger Entwicklung geschlossen werden.“
>
> Quelle: GTZ (Burger, D., Happel, J.) (1997), S. 43

RMSH ist dem der Agenda 21 zugrunde liegenden Leitbild nachhaltiger Entwicklung verpflichtet. Für RMSH sind dabei die Festschreibung des Partizipationsprinzips und die Förderung von Handlungs- und Selbsthilfefähigkeiten lokaler Akteure (Capacity Development) von besonderer Bedeutung.

1.2 Der Beitrag des RMSH-Vorhabens

Erfahrungen der deutschen EZ in der ländlichen Entwicklung haben immer wieder gelehrt, daß „Top-down“-Ansätze, die auf eine Beteiligung der lokalen Bevölkerungsgruppen an Projektplanung und -durchführung verzichten, in der Regel zu Fehlschlägen hinsichtlich der Nachhaltigkeit von Projektwirkungen führen. Dementsprechend wird heute die Anwendung von Beteiligungs- und Selbsthilfeansätzen als unverzichtbar angesehen. Ein breites Spektrum von Strategien, Instrumenten und Methoden ist bereits entwickelt worden, mit dessen Hilfe mit derartigen „Bottom-up“-Ansätzen in der Projektpraxis gearbeitet wird.

Der Beitrag des RMSH-Projekts besteht darin, die Anwendung von Strategien, Instrumenten und Methoden zur Beteiligungs- und Selbsthilfeförderung in Vorhaben zum RM durch die Förderung von Lernprozessen auf verschiedenen Ebenen zu verstärken und zu verbessern. „RM über Selbsthilfeansätze" (RMSH) bezeichnet damit ein Konzept, daß unterschiedliche Strategien, Instrumente und Methoden zur Initiierung und Unterstützung von Beteiligungs- und Selbsthilfeinitiativen der Akteure einschließt. Die Arbeit mit RMSH in der Projektpraxis ist aber nur sinnvoll und möglich bei einem konsequent situationsspezifischen Vorgehen.

Nach den im RMSH-Projekt inzwischen vorliegenden Erfahrungen können Beteiligungs- und Selbsthilfeansätze einen substantiellen Beitrag leisten zur nachhaltigen Entwicklung im Kontext des Ressourcenmanagements. Allerdings klammert RMSH technische Fragen des RM bewußt aus. Dies ist vertretbar, da sich in der Vergangenheit gezeigt hat, daß in der Regel nicht der Einsatz einer bestimmten Technologie „an sich" den Projekterfolg entscheidend beeinflußt, sondern deren angepaßte Anwendung im jeweiligen sozio-ökonomischen und sozio-kulturellen Umfeld.

1.3 Anwendungsbereiche für RMSH

Das RMSH-Konzept ist für alle Vorhaben im Management natürlicher Ressourcen von Bedeutung. Im Kontext der deutschen EZ sind dies vor allem Vorhaben

- der sozialen Waldwirtschaft und der Waldrehabilitierung,
- der ländlichen Regionalentwicklung,
- zum dörflichen Ressourcenmanagement,
- des Naturschutzes,
- der landwirtschaftlichen Entwicklung,
- der Entwicklung von Wassereinzugsbieten
- zum Ressourcenmanagement mit Schwerpunkt Tierhaltung und Weidewirtschaft.

Als Ausdruck der verbesserten interdisziplinären Zusammenarbeit werden die Grenzen zwischen den verschiedenen Typen von Vorhaben zunehmend fließender. Dadurch nimmt der Handlungsspielraum zur standortspezifischen Konzept- und Strategieentwicklung für Ressourcenmanagement-Vorhaben zu, da sektorale Vorgaben nicht in dem Maße einengend wirken wie früher.

2 Zum Grundverständnis von RMSH

2.1 Begriffsdefinitionen

Die Erfahrung lehrt, daß gerade häufig verwendete Begriffe vor dem Hintergrund individueller Erfahrungen unterschiedlich interpretiert werden oder aber eine andere Bedeutung erhalten, wenn sich der Kontext verändert. Die für RMSH relevanten Begriffe lassen sich sinnvollerweise nicht allgemeingültig definieren. Viel wichtiger ist, mit welchem konkreten Begriffsverständnis die Akteure in einer bestimmten Projektsituation agieren.

Im Rahmen dieses Leitfadens arbeiten wir mit folgenden Begriffsverständnissen:

RESSOURCEN sind die *natürlichen* Lebensgrundlagen, also in erster Linie Wasser, Luft, Boden, Pflanzen und Tiere.

RESSOURCENMANAGEMENT umfaßt zwei Hauptaspekte:

(1) Das Wissen um die Menge, die Endlichkeit und das Nutzungspotential der verfügbaren Ressourcen sowie die Entscheidung über die Art und Weise der Nutzung der (natürlichen) Ressourcen (einschließlich ihres Schutzes) und

(2) die Umsetzung dieser Entscheidung, d.h. die effektive Gestaltung und Kontrolle der Ressourcennutzung.

Mit dem Managementbegriff rückt der Mensch in seinem sozio-kulturellen Kontext (Wollen, Können, Ethnie, Geschlecht) in das Zentrum aller Überlegungen: Er bildet die Schnittstelle zwischen Umwelt und Gesellschaft, und sein Handeln ist entscheidend für den Erhalt der natürlichen Lebensgrundlagen.

NACHHALTIGKEIT im RM bedeutet die langfristige Funktionsfähigkeit des Ökosystems, durch die eine Verfügbarkeit der natürlichen Ressourcen auf Dauer sichergestellt wird. Die Funktionsfähigkeit von Ökosystemen wird durch exzessive Nutzung bzw. Schädigung einzelner oder aller Komponenten des betreffenden Systems gefährdet bzw. zerstört.

Bezogen auf Vorhaben des RM heißt ‚Nachhaltigkeit', daß für die Nutzergruppen von Ressourcen ein rationales, ressourcenschonendes Verhalten, zu dem das betreffende Projekt einen Beitrag geleistet hat, Teil ihres sozio-ökonomischen und -kulturellen Lebenszusammenhangs wird.

SELBSTHILFE bezeichnet Eigenanstrengungen jeglicher Art von (lokalen) Bevölkerungsgruppen, um selbst identifizierte und als vordringlich empfundene Probleme zu lösen und Potentiale zur Verbesserung der eigenen Lebenssituation zu entwickeln. Im Kontext von RM bezeichnet Selbsthilfe Eigenanstrengungen zur ressourcenschonenden Nutzung natürlicher Ressourcen. Der Begriff schließt auch die Bereitschaft zu Selbsthilfe und Eigenverantwortung ein, die oft das wichtigste Ausgangspotential für Maßnahmen im RM darstellt.

SELBSTHILFEFÖRDERUNG umfaßt alle Maßnahmen, die Personen oder Institutionen in der Absicht ergreifen, Eigenanstrengungen von bestimmten Zielgruppen zu ermöglichen und/oder die Fähigkeit der Selbsthilfegruppen zur Planung und Durchführung von Selbsthilfemaßnahmen zu verbessern. Die Selbsthilfeförderung zielt letztlich darauf ab, allen Bevölkerungsgruppen ein möglichst eigenverantwortliches Handeln im Entwicklungsprozeß zu ermöglichen.

BETEILIGUNG („Partizipation") bedeutet die Einbeziehung aller Betroffenen (bzw. ihrer Vertreter) in Entscheidungs- und Durchführungsprozesse, wobei durch Maßnahmen der Selbsthilfeförderung die Befähigung zur aktiven Beteiligung auch der (materiell, bildungsmäßig) benachteiligten Bevölkerungsgruppen verbessert wird. Beteiligung kann aber auch so verstanden werden, daß sich ein Projekt an Initiativen und Aktivitäten von lokalen Akteuren beteiligt.

LERNEN ist mehr als Aufnehmen und Speichern von Information. Lernen ist ein Prozeß, der durch Anreize, neue Umfeldbedingungen, Modelle oder Vorbilder angetrieben wird: wir erkennen neue Unterschiede (Differenzierung), und wir sehen neue Zusammenhänge (Integration) – und handeln danach, um daraus wiederum zu lernen.

Lernen drückt sich somit in der Veränderung von Einstellungen und Verhaltensweisen aus.

Ein **PROJEKT** wird hier als ein „zeitlich begrenzter Prozeß der Leistungserbringung"[1)] bezeichnet. Ein Projekt hat meist eine oder mehrere Partnerorganisationen, welche für das Projekt und dessen Leistungen und Aktivitäten verantwortlich ist/sind, mit deren Hilfe eine vorab definierte Wirkung, das Projektziel, eintreten soll. Diese Partnerorganisation(en) wird/werden durch den TZ-Beitrag im Rahmen einer Kooperationsvereinbarung unterstützt. Projekt und Vorhaben werden hier synonym gebraucht.

Als **PROJEKTTEAM** werden hier die Personen bezeichnet, welche im Rahmen dieser Kooperationsvereinbarung tätig werden, meist Mitarbeiter der Partnerorganisation(en) sowie deren Berater (GTZ-Auslandsmitarbeiter/innen, Ansprechpartner/innen, DED-Fachkräfte u.a.).

AKTEURE sind Organisationen, Gruppen und Individuen, die Ansprüche an die Nutzung natürlicher Ressourcen in einem bestimmten Raum stellen oder Art und Umfang der Ressourcennutzung direkt oder indirekt beeinflussen. Akteure können im engeren Sinne auch diejenigen Organisationen, Gruppen und Individuen sein, die gemeinsam ein Projekt vereinbart haben.

2.2 Grundorientierungen im RMSH-Konzept

Vorhaben des RM stellen einen Eingriff in Prozesse und komplexe Systeme und Beziehungsgeflechte dar. Wann immer Menschen natürliche Ressourcen nutzen, verändern sie das Ökosystem, sich selbst und ihre sozialen Beziehungen. Dabei machen sie Lernerfahrungen vielfältiger Art, indem sie die Veränderungen beobachten und

1) siehe Project Cycle Management, GTZ, 1995

reflektieren. Unabhängig von der Existenz eines „Projekts" ziehen die verschiedenen Akteure aus den gemachten Erfahrungen ihre Schlußfolgerungen, reagieren auf Veränderungen und handeln standortbezogen, von ihren Interessen geleitet und entsprechend ihren Veränderungs- und Entwicklungszielen:

- Die Akteure konstruieren humanökologische Vorstellungen über den **Zusammenhang zwischen Mensch und Umwelt**, über die Endlichkeit und die Erneuerbarkeit der natürlichen Lebensgrundlagen,
- sie entscheiden sich für bestimmte **Nutzungsformen**,
- sie benützen **Techniken** der Ressourcennutzung und erlernen den Einsatz neuer Techniken,
- sie formulieren (häufig) unvereinbare **Ansprüche und Interessen** an der Nutzung, entwickeln Regeln, befolgen oder brechen diese und verhandeln über Sanktionen,
- sie entwickeln **Organisationsformen**, um Potentiale zu nutzen und um Interessen zu vertreten,
- sie legen **Handlungsspielräume** und **Rollen** fest,
- sie stehen in vielfältigen **Beziehungen zu anderen Gruppen** (Konflikte, Allianzen, Konkurrenten ...),
- sie lernen, die **Konflikte**, welche mit dem Zugang zu und der Nutzung von knappen Ressourcen verknüpft sind, zu lösen oder brechen die Kooperation ab,
- sie entwickeln neue Formen der **Zusammenarbeit** und tauschen **Erfahrungen** aus.

Bei RMSH stehen die Akteure und deren Fähigkeiten im Mittelpunkt. Ein nachhaltiges Management der natürlichen Ressourcen soll dabei über die Verbesserung der **Handlungsfähigkeit der Akteure** erreicht werden, welche dadurch vor allem **Beziehungen** entwickeln und verbessern können: Beziehungen der Akteure zu den natürlichen Ressourcen, Beziehungen zwischen Einzelnen in einer lokalen Organisation, Beziehungen zwischen konkurrierenden oder zusammenarbeitenden lokalen Akteursgruppen, Beziehungen zwischen lokalen und regionalen oder relevanten nationalen Akteuren ...

Diese Orientierung auf Handlungsfähigkeiten der Akteure erfordert ein **Prozeßverständnis von Zusammenarbeit** und eine Ausrichtung des Projektbeitrags auf **Lernprozesse,** auf die sich das Projektteam gemeinsam mit den anderen Akteuren einläßt. Das Vorhaben greift damit in ablaufende Prozesse ein und wird so selbst zum Akteur und zum Bestandteil des Beziehungsgeflechts.

Kasten 3: Capacity Development und Prozeßorientierung

„CDE [Capacity Development in Environment] is process oriented rather than product oriented. It encourages a better balance between process and product. Process here refers to interaction and learning, consultation with and participation of affected groups, adaptation to changing circumstances and great flexibility."

Quelle: OECD (1997), S. 10.

Durch Beteiligungs- und Selbsthilfeförderung im Ressourcenmanagement soll die **‚Ownership' der Akteure für einen nachhaltigen Entwickungsprozeß** entwickelt und gefördert werden. Dies ist nur zu erreichen, wenn sich ein Projekt auf die spezifischen Gegebenheiten der Akteure einläßt. Ausgehend von den Erfahrungen des RMSH-Projektes kann ein derartiges situationsspezifisches Vorgehen nur in einem **Lernprozeß mit allen Beteiligten** entwickelt und weiterentwickelt werden. Dies entspricht der Grundorientierung der Technischen Zusammenarbeit (s. Kasten 4).

Kasten 4: Prozeßorientierte Planung schafft Raum für Lernprozesse

„Unter den wesentlich komplexer und dynamischer gewordenen Bedingungen heutiger Entwicklungsarbeit hat sich die starre Einhaltung bestimmter Planungsstandards immer wieder als hinderlich erwiesen. Bei der Vorbereitung von TZ-

Vorhaben kann es deshalb sinnvoll sein, Abstriche vom Ideal einer möglichst weitgehenden Vorausplanung zu machen und lediglich einen minimalen, auf strategische Zielpunkte und Input-Obergrenzen beschränkten Planungsrahmen aufzustellen, der die konkreten Durchführungsschritte weitestgehend dem gemeinsamen Lernprozeß der Beteiligten überläßt."

Quelle: GTZ (1995), S. 8.

Das RMSH-Konzept wird somit durch folgende **Grundorientierungen** getragen:

- Ein **systemisches und prozeßorientiertes Grundverständnis** bei Planung und Durchführung von Vorhaben im RM;
- die **aktive Beteiligung** und die **Übernahme von Eigenverantwortung** seitens der lokalen Bevölkerung und anderer maßgeblicher Akteure;
- eine **situationsspezifische Strategieentwicklung** als Grundlage für die Auswahl bzw. Entwicklung von Instrumenten und Methoden;
- eine durchgehend **genderdifferenzierende Sichtweise** bei allen Prozeßschritten;
- die **Förderung von Lernprozessen aller Akteure** mit Blick auf ein nachhaltiges Ressourcenmanagement.

Kasten 5: Ein Einwand gegen das situationsspezifische Vorgehen: „Wir können das Rad nicht immer wieder neu erfinden!"

„Aber die Bedingungen (z.B. naturräumlich, sozio-ökonomisch), selbst innerhalb eines Landes, sind zu unterschiedlich, als daß Konzepte einfach übertragen werden könnten." „Das ist nicht einzusehen! Warum soll nicht ein erfolgreich in einer Region, z.B. einer Provinz, entwickeltes und getestetes Konzept in eine andere Region desselben Landes übertragen werden?" „Selbst wenn ähnliche Bedingungen zwischen beiden Regionen gegeben sind, stellt sich das Problem der ‚Ownership', wenn den Akteuren einer Region gesagt wird: Wir haben erfolgreich ein Konzept in einer anderen Region entwickelt, und wir denken, daß ihr das einfach übernehmen solltet." „Ja, aber was läßt sich dann überhaupt noch übertragen?" „Es lassen sich die Prinzipien der Prozeßgestaltung übertragen, d.h. wie gemeinsam mit den Beteiligten Lösungen erarbeitet, oder wie das ‚capacity development' der Akteure gefördert wurde(n). So können, bei gleicher prozeßorientierter Vorgehensweise, je nach Situation unterschiedliche Lösungen entwickelt werden. Und es kann ‚Ownership' bei den Akteuren entstehen, weil ihnen nicht einfach ein noch so erfolgreiches Konzept aufgepfropft, sondern ihnen die Möglichkeit gegeben wird, dies selbst zu gestalten."

(Wie könnte das Gespräch weitergehen?)

Diesen Grundorientierungen folgend lassen sich die im RMSH-Projekt inzwischen vorliegenden Erfahrungen zu **vier Strategieelementen** „verdichten"[2]:

1. Prozeßmangement
2. Förderung von Vertrauen und Zusammenarbeit aller Akteure
3. Organisationsentwicklung und Capacity Development
4. Konfliktmanagement und Verhandlungsorientierung

Jede situationsspezifische RMSH-Strategieentwicklung wird sich mit diesen Strategieelementen auseinandersetzen müssen. Dabei werden die einzelnen Elemente je nach Projektgegebenheiten ein unterschiedliches Gewicht haben. In diesem „Quartett" hat das Strategieelement ‚Prozeßmanagement' jedoch ganz eindeutig die Rolle des ‚Primus inter pares'. Diese Strategieelemente werden im Folgenden näher erläutert.

2) Sie sind somit nicht logisch-systematisch abgeleitet, sondern haben sich in einem systematischen Auswertungsprozeß unserer Erfahrungen als wesentlich herausgeschält.

2.3 Strategieelemente von RMSH

2.3.1 Prozeßmanagement

Bei Prozeßmanagement geht es um wiederkehrende Aufgaben in der Projektarbeit im Sinne von Project Cycle Management. Anstelle eines starren Verständnisses von Planung und anschließender Implementierung rücken wiederkehrende Managementaufgaben im Sinne eines flexiblen, iterativen Vorgehens in den Vordergrund. Für RMSH relevante Prozesse lassen sich in ihren Verläufen und Wirkungen nur bedingt planen; insofern sind regelmäßige Lernschleifen zur Überprüfung und ggf. Reorientierung des eingeschlagenen Weges notwendig.

Kasten 6: Prozeßorientierung in der Ressourcensicherung

„Häufiger als in anderen Ansätzen muß in der Ressourcensicherung von Beginn an prozeßorientiert vorgegangen werden. Ständiges Ausprobieren, Anpassen und, wenn nötig, Verwerfen von Verfahrensweisen sowie die Bereitschaft, aus Erfolgen und Mißerfolgen gemeinsam mit den Partnern zu lernen, setzt eine hohe Flexibilität der Verantwortlichen und aller Beteiligten voraus."

Quelle: Hopp, J./Rogg, R. (1996), S. 6

Aus RMSH-Sicht geht es vor allem um folgende Prozesse:

- **Prozesse der Teilnahme und Teilhabe**: Im Kontext von Ressourcenmanagement-Vorhaben sind vielfältige Prozesse der Teilnahme und Teilhabe zu beobachten. Akteure *nehmen* z.B. an Planungs-, an Entscheidungs- und Verhandlungsprozessen teil; sie können aber auch teil*haben* an dem Nutzen eines kommunal bewirtschafteten Waldes. Ein Projekt, kann sich aber auch an Initiativen auf dörflicher Ebene zum Ressourcenmanagement beteiligen. Teilnahme- und Teilhabeprozesse können eine ganz unterschiedliche Dynamik entfalten, je nach den Partizipationskalkülen der verschiedenen Akteure. (Welchen Nutzen ziehe ich aus welcher Form und Intensität von Partizipation?)

- **Prozesse der Entwicklung von Selbsthilfefähigkeiten:** Eine der Kernideen von RMSH liegt in der Entwicklung von zunehmender Eigenverantwortung der Akteure im Ressourcenmanagement. Eigenverantwortliches Handeln im Ressourcenmanagement drückt sich in bestimmten Fähigkeiten aus (z.B. Planung, Organisation, Konfliktmanagement, Lernen u.a.), die sukzessive auf der Basis von positiven und negativen Erfahrungen gewonnen werden. Die Entwicklung derartiger Fähigkeiten bewegt sich im Spannungsfeld konkurrierender Interessen um die Nutzung natürlicher Ressourcen.

- **Lernprozesse:** Die Akteure werden handlungsfähiger, wenn sie im Zuge der Zusammenarbeit im Rahmen eines Ressourcenmanagement-Vorhabens rückblickend sagen können: „Wir haben etwas gelernt. Wir haben z.B. gelernt, wie wir konkurrierende Nutzungsansprüche besser verhandeln und ausgleichen können." Lernprozesse werden umso wichtiger, je mehr sich die Beteiligten auf einen Suchprozeß eingelassen haben, um die situationsspezifisch besten Strategien für nachhaltiges Ressourcenmanagement zu entwickeln. Lernprozesse finden statt auf dem Weg zur Veränderung von Einstellungen und Verhaltensweisen.

- **Prozesse der Entwicklung von Ownership:** Mit dem neudeutschen Begriff ‚Ownership' wird das bezeichnet, was man auch ‚Identifikation' nennen könnte. Akteure identifizieren sich mit etwas, z.B. einem Viehkorridor oder einem Gemeinschaftswald, wenn sie auf die Frage „Wem gehört das?" antworten: „Uns!" Ownership heißt auch zunehmendes Selbstbewußtsein im Sinne des Vertrauens in die eigenen Fähigkeiten. Wenn sich Ownership entwickelt hat, ist die Bereitschaft, Verantwortung zu übernehmen, gerade auch dann, wenn unerwartete Probleme auftreten, besonders ausgeprägt. Es gibt kein Vorhaben im Ressourcenmanagement, für das die Entwicklung von Ownership bei den Ressourcennutzern/innen nicht höchste Priorität hätte.

Im Sinne wiederkehrender Aufgaben geht es bei Prozeßmanagement darum,

- **Prozesse zu verstehen:** Wer zu Beginn eines Ressourcenmanagement-Vorhabens die Dynamik von Prozessen verstehen will, muß sich mit den unterschiedlichen Wahrnehmungen der Akteure auseinandersetzen. **Wahrnehmungen und Sichtweisen sind interesssengeleitet**, d.h. jede Akteursgruppe wird die Gegebenheiten in bezug auf die Ressourcennutzung so schildern, wie es ihren Interessen entspricht. Nur ein offener Austausch über die unterschiedlichen Sichtweisen und Situationsbewertungen verschiedener Akteure kann das Verständnis der Ausgangssituation für ein RM-Vorhaben tatsächlich erschließen. Dies erfordert vom Projektteam, seine eigene Sichtweise und Situationsbewertung als eine mögliche, und nicht etwa als die quasi objektive Sicht der Dinge darzustellen. Dadurch öffnet sich der Blick des Projektteams auf ein schrittweises Erkunden und Verstehen der Sichtweisen der verschiedenen Akteure als Ausgangspunkt für einen Dialog zwischen den Akteuren. Erkundung und Diagnose können immer nur einen vorläufigen Abschluß haben, d.h. wenn gemeinsam mit den Akteuren ein Punkt gefunden wurde, von dem aus erste Aktivitäten, und sei es nur mit Pilotcharakter, begonnen werden. Das **Verstehen von Prozessen** wird somit zu einer **permanenten Aufgabe im Prozeßmanagement.**

- **Prozesse zu initiieren:** Angesichts konkurrierender Nutzungsansprüche an natürliche Ressourcen sind Veränderungen in Richtung auf ein nachhaltiges RM nur denkbar, wenn Planung als Verhandlungsprozeß zwischen unterschiedlichen Akteuren bzw. Nutzergruppen verstanden wird. Ownership kann nur dann entstehen, wenn die Akteure soviel Initiative und Verantwortung übernehmen „müssen", daß sie dies bei zu geringem Interesse an dem Planungsprozeß nicht tun würden. Was das in einer konkreten

Situation heißt, läßt sich nicht verallgemeinern. Ownership-Entwicklung hat mit Rollen und Verantwortlichkeiten während des Planungsprozesses zu tun, aber auch mit der Verteilung von Aufgaben und Verantwortlichkeiten während der Durchführung. Die Herausforderung in der konkreten Projektarbeit besteht somit darin, eine Balance zu finden zwischen strategischer Planung, die gemeinsame Orientierungen formuliert, der Planung von Prozeßschritten (z.B. zur Strategieentwicklung) sowie der detaillierten Planung von bestimmten Maßnahmen bzw. -bereichen.

- **In Prozessen zu handeln:** Je nach Charakter einer Aktion bewegt sich die Rolle des Projektes zwischen „Macher“ und begleitendem Unterstützer. Je weniger Aktivitäten seitens der Akteure und je weniger Nachfrage nach Unterstützungsleistungen des Projektes artikuliert wird, desto größer wird die Versuchung für ein Projektteam sein, die „Macher“-Rolle zu übernehmen. Aus RMSH-Sicht sind für den Prozeß der Rollenklärung des Projektteams die folgenden Fragen von ausschlaggebender Bedeutung: Wieweit sollte das Projektteam eingreifen? Was sollte das Projektteam tun, um Ownership zu fördern? Wie kann eine Balance gefunden werden zwischen Verbindlichkeit und Flexibilität? In der Aktion sollte Raum geschaffen werden für Prozeßbeobachtung und -reflexion. Häufigkeit und Intensität werden davon abhängen, wie sicher sich die Beteiligten in bezug auf eine bestimmte Aktion bereits fühlen.

- **Aus Prozessen zu lernen:** Aus Prozessen lernen heißt im Sinne von RMSH, die hinter quantitativen und qualitativen Informationen verborgenen Prozesse sorgfältiger zu beobachten und auszuleuchten, um sie gezielter beeinflussen zu können. Durch Prozeßmonitoring können Projektteams im Ressourcenmanagement somit **systematisch aus Erfahrungen lernen.** Dieses Lernen beinhaltet, daß bestimmte Prozesse regelmäßig und systematisch beobachtet werden als Anlaß zu gemeinsamer Reflexion und zur Vereinbarung weiterer, ggf. veränderter Handlungsschritte. Prozeßmonitoring macht damit das Projektteam und alle beteiligten Akteure handlungsfähiger, weil letztlich schneller und gezielter auf

Veränderungen und unvorhergesehene Entwicklungen reagiert werden kann. Dies setzt eine erhebliche Flexibilität im Umgang mit den eigenen Plänen voraus.

- **Prozesse zu begleiten:** Beratende Unterstützung kann innerhalb des Projektteams stattfinden, z.B. zwischen Langzeitberater und Counterpart, es kann aber auch zwischen dem Projektteam und anderen Akteuren vereinbart werden. Sie kann auch darin bestehen, daß ein externer prozeßbegleitender Berater intermittierend mit dem Projektteam arbeitet. Der Berater/die Beraterin begleitet somit die Lernprozesse eines Projektteams in der Interaktion mit bestimmten Akteuren. Er/sie fördert damit die Selbsthilfefähigkeiten der Beratungsklienten. Die Beratung gewinnt dadurch eine ganz besondere Qualität: Es wird nicht nur *über* Selbsthilfe und Partizipation im Ressourcenmanagement gearbeitet, sondern das Vorgehen in der Selbsthilfe- und Beteiligungsförderung wird quasi simuliert. **Der/die Berater/in tut genau das, was ein Projektteam in der Beratung der Akteure tun sollte**: Potentiale erkennen und fördern, Problemlösungs-, Entscheidungs- und Lernfähigkeit fördern, lieber gute Fragen stellen als gutgemeinte Ratschläge geben, und dem Subsidiaritätsprinzip folgend nur dann eigenes Wissen einbringen, wenn es tatsächlich gebraucht wird.

Kasten 7: Ein Einwand gegen ständige Lernprozesse: „Wir können nicht ständig lernen, sondern müssen auch irgendwann etwas umsetzen!"

„Das Lernen muß begleitend zur Implementierung stattfinden, weil im Prozeß immer wieder neue Anforderungen entstehen, für deren Bewältigung es noch keine Strategie gibt." „Ja, aber eine intensive Lernphase zu Beginn eines Projektes, die zu einer sorgfältigen Planung führt, muß entsprechende Anforderungen vorhersehen und bereits im Vorfeld angepaßte Lösungen entwickeln." „Die Vorhersehbarkeit derartiger neuer Anforderungen ist und bleibt eingeschränkt, da das tatsächliche Handeln der Akteure nur bedingt planbar ist." „Das heißt dann aber doch, daß entsprechende Vereinbarungen zwischen den Akteuren nicht sorgfältig genug verhandelt wurden." „Die Akteure können selbst bei sorgfältigster Verhandlung nur bedingt vorhersehen, wie sie sich tatsächlich verhalten werden. Es wird unvorhergesehene Ereignisse geben, die durch begleitendes Lernen bearbeitet werden müssen." „Was kann ich mir darunter vorstellen?" „Wenn sich eine Forstbehörde mit einer Dorfgemeinschaft auf ein Co-Management-System für eine bestimmte Waldfläche verständigt hat, schließt dies die Vereinbarung von Nutzungsregeln sowie von Sanktionen bei Verletzung dieser Nutzungsregeln ein. Es ist wahrscheinlich, daß bei der Praktizierung dieses Management-Systems Konfliktsituationen eintreten, in denen sich die vereinbarten Sanktionen bzw. Konfliktregelungsmechanismen als nur bedingt tragfähig erweisen. Dies wäre Grund genug für eine iterative Schleife."

(Wie könnte das Gespräch weitergehen?)

2.3.2 Förderung von Vertrauen und Zusammenarbeit aller Akteure

Vorhaben im Ressourcenmanagement sind zu Beginn mit der Anforderung konfrontiert, Vertrauen aufzubauen und Kooperationsbeziehungen mit den verschiedenen Akteuren zu entwickeln. Gerade im Kontext konkurrierender Nutzungsansprüche verschiedener Akteure muß ein Projekt damit rechnen, daß bestimmte Akteursgruppen ihm zunächst reserviert und skeptisch begegnen. Dies kann z.B. dann der Fall sein, wenn ein Projekt einen Einstieg in partizipative Waldbewirtschaftung versucht und ein konstruktiver Dialog zwischen Forstverwaltung und dörflichen Gemeinschaften gerade erst beginnt. Eine skeptische, reservierte Haltung lokaler Akteure kann auch dann gegeben sein, wenn negative Vorerfahrungen in der Zusammenarbeit mit Projekten bestehen.

Kaum ein RM-Projekt wird nicht mit der Grundproblematik von Selbsthilfeförderung im RM konfrontiert: **Wie kann das häufig geäußerte kurzfristige Interesse der lokalen Bevölkerung an einer Verbesserung ihrer gesamten Lebenssituation mit den eher**

langfristigen Zielen des RM vereinbart werden? Die Herausforderung für ein RM-Vorhaben besteht darin, die Entwicklungsprioritäten der lokalen Akteure, z.B. Verbesserung der Trinkwasser- oder Gesundheitsversorgung, ernst zu nehmen, ohne den Eindruck zu erwecken, zur Lösung aller Entwicklungsprobleme beitragen zu können. Das heißt auch, vertrauenbildende Maßnahmen so zu vereinbaren, daß ein vermittelbarer Bezug zum Ressourcenmanagement gegeben ist.

Über sektorbegleitende Maßnahmen hinaus können folgende Formen von Anreizen genutzt werden:

- **Subventionen**
  Subventionen werden im Zusammenhang mit Ressourcenmanagement verstanden als direkte, materielle Unterstützung einer RM-Maßnahme durch ein Projekt, sofern sie auf eine Beeinflussung der absoluten und relativen Preise und Kosten von Gütern und Dienstleistungen zielen. Sie schaffen daher wirtschaftlich günstigere Bedingungen für eine gewünschte Ressourcennutzung durch die Empfänger und erhöhen die betriebswirtschaftliche Rentabilität entsprechender Produktionsverfahren. Subventionen können finanzielle oder geldwerte Leistungen umfassen. Sie sollten zeitlich begrenzt sein und verbunden mit Auflagen hinsichtlich einer gewünschten Nutzung natürlicher Ressourcen.

- **Kompensationen**
  Kompensationen werden im Zusammenhang mit Ressourcenmanagement definiert als vereinbarte Leistungen an Individuen, Haushalte oder Gruppen durch die ein Ausgleich für eine Einschränkung oder den Verlust der bisherigen Ressourcennutzung geschaffen werden soll. Kompensationen haben also den Charakter einer Entschädigung. Dabei dient die bisherige Ressourcennutzung als Bezugsgröße, sofern deren Aufgabe für die Betroffenen gravierende Nachteile und Härten mit sich bringt. Kompensationen können Ausgleichszahlungen umfassen oder

die Bedingungen für eine alternative Ressourcennutzung und/oder neue Einkommensquellen schaffen bzw. verbessern.

- **Rechtsgarantien bei unsicheren Nutzungsrechten und/oder für die Ressourcennutzer vorteilhafte Nutzungsarrangements**
  Die Sicherung von Nutzungsrechten kann in vielen Situationen ein Anreiz sein, Flächen verantwortlicher im Sinne einer nachhaltigen Ressourcennutzung zu bewirtschaften. Vorteilhafte Nutzungsarrangements können z.B. dann entstehen, wenn im Rahmen einer Vereinbarung für das Co-Management von Waldressourcen bestimmte Nutzungsformen legalisiert und damit klarer geregelt werden, auch wenn die lokale Bevölkerung quasi als Gegenleistung stärkere Schutzaufgaben übernehmen muß.

Kasten 8: Vertrauen und Zusammenarbeit zwischen Forstverwaltungen

„Forestry agencies in a growing number of nations are giving community management greater attention. But old traditions change slowly. Many foresters and planners remain skeptical regarding the role communities can play. Vested interests often resist policy shifts that would move forest control from government and private-sector concerns to local groups. Even as policies require forest departments to give greater opportunities and authority to villagers and indigenous populations, agency capacities to establish stronger communication and coordination linkages with informal users remain limited."

Quelle: IUCN (Poffenberger, M.) (1996), S.33

Die konstruktive Zusammenarbeit im Ressourcenmanagement ist in starkem Maße bestimmt durch das **Aushandeln von gemeinsamen Vereinbarungen** durch die Beteiligten und Betroffenen. In der Regel ist die Konsensbildung zwingend notwendig, da die Einflußmöglichkeiten staatlicher Organe häufig sehr begrenzt sind, und die (staatlichen) Vorschriften zur Ressourcennutzung ohnehin nicht gegen den Willen der Bevölkerung durchgesetzt werden können. Im Hinblick auf Anreizsysteme konzentriert sich der Verhandlungsprozeß dabei vor allem auf die Höhe der zu erbringenden Leistungen und Gegenleistungen. In den Vereinbarungen sollte deutlich werden, daß Anreize an Gegenleistungen in Form einer gewünschten Ressourcennutzung und/oder Eigenbeiträge gebunden sind (Konditionalität). Damit wird verhindert, daß Anreize als „Geschenke“ betrachtet werden, die zu einer „Nehmermentalität“ führen könnten. Im Rahmen der Vereinbarungen über die Leistungen sollten auch Konsequenzen für die Nicht-Erbringung der Leistungen und ggf. erforderliche Sanktionsmaßnahmen bis hin zum Kooperationsabbruch thematisiert werden.

Der Einsatz von Anreizen birgt aus RMSH-Sicht auch **Gefahren:** Erfolgszwang der Projekte kann zum unreflektierten Angebot von Anreizen ohne RM-Bezug führen, die dann von den Bevölkerungsgruppen ohne Gegenleistung angenommen werden („Mitnahme-Effekte“). Es besteht die grundsätzliche Gefahr, daß hohe Zuwendungen in der Anfangsphase eines Projekts zu einer „erkauften“ Beteiligung führen, die nicht auf nachhaltigen Interessen beruht und den Projektverantwortlichen eine echte Partizipation lediglich vorspiegelt.

Alle Anreize müssen **eingebettet** sein **in die situationsspezifische RMSH-Strategie;** d.h. das projektspezifische System von Anreizen bildet kein eigenständiges Ziel, sondern ist Element einer übergeordneten Projektstrategie. Für RM-Projekte bedeutet dies, daß Anreize komplementär zu RMSH als Vorgehensweise wirken müssen und insbesondere die Selbsthilfeförderung und Beteiligungsmotivation nicht konterkarieren dürfen, sondern aktiv unterstützen müssen. Insgesamt werden Vertrauen und die Zusammenarbeit aller Akteure vor allem durch dialogorientiertes, partizipatives Vorgehen gefördert.

Kasten 9: Ein Einwand gegen (zu viel) Partizipation: „Bei einem partizipativen Vorgehen wird das Projekt mit nicht erfüllbaren Ansprüchen der Zielgruppen konfrontiert.“

„Das hängt davon ab, wie konkret vorgegangen wurde, mit welchem Verständnis von ‚Partizipation‘.“ „Wir haben meetings in allen Dörfern organisiert, um die Bedürfnisse unserer Zielgruppen kennenzulernen. Es kamen so viele Vorschläge, daß wir das unmöglich alles machen können. Die Erwartungen an die Leistungen des Projektes sind enorm." „Inwieweit haben Sie das Leistungsspektrum des Projektes und die Angebotskonditionen klar gemacht?" „Wir wollten erst mal feststellen, welche Bedürfnisse existieren, und uns dann überlegen, wie wir darauf reagieren." „Ist dann nicht in den Dörfern der Eindruck entstanden, daß das Projekt alles machen kann? In diesem Falle hätten die Dörfer einfach versucht auszutesten, was sie vom Projekt bekommen können, wohlwissend, daß das Projekt nicht alles wird leisten können." „Das kann so gewesen sein, aber die Frage stellt sich jetzt für uns, wie wir reagieren sollen." „Gut wäre es sicherlich, deutlich zu machen, daß das Projekt nicht alles machen kann und seine Leistungen nur unter bestimmten Bedingungen anbietet. Das Projekt könnte die Dörfer z.B. fragen, wieviel sie selber schon unternommen haben, um die von ihnen gemachten Vorschläge zu realisieren. Es könnte da Unterstützung anbieten, wo bereits substantielle Eigeninitiative entwickelt wurde. Über die Konditionen müßte dann verhandelt werden. Das ist unbequemer als den großzügigen Helfer zu spielen, aber es zeigt den dörflichen Akteuren, daß sie als Kooperationspartner ernstgenommen werden."

(Wie könnte das Gespräch weitergehen?)

2.3.3 Organisationsentwicklung und Capacity Development

Bei der Arbeit mit RMSH kommt der Organisationsentwicklung eine hohe Bedeutung zu. Nachhaltiges RM ist nicht vorstellbar, ohne daß die beteiligten Organisationen und Institutionen bestimmte **Aufgaben und Verantwortlichkeiten** kompetent übernehmen. Die verschiedenen Akteure stehen dabei vor der Aufgabe, **Kooperationsvereinbarungen** zu verhandeln, z.B. das Co-Management eines früheren Staatswaldes.

Die Kenntnis der Organisationslandschaft erlaubt dem Projektteam, vorhandene Potentiale zu nutzen und den **Verhandlungsprozeß konstruktiv zu unterstützen**. Erste Kooperationsaktivitäten des Vorhabens werden sich dabei auf Einschätzungen und Hypothesen gründen, da eine detaillierte Kenntnis der Akteure und ihrer Rollen, formeller und informeller Beziehungen, Interessen und Zielen etc. sich erst im Verlaufe der Zusammenarbeit genauer klären lassen und nicht in einer Analyse befriedigend erfaßt werden können. Dadurch wird außerdem die Bildung einer vorschnellen und statischen Beurteilung vermieden.

Wird von den Akteuren die **Entwicklung situationsangepaßter Organisationsformen** im Rahmen eines nachhaltigen Ressourcenmanagements als notwendig erachtet, spielen die zu bewältigenden Aufgaben und sozio-kulturelle Besonderheiten die entscheidende Rolle. So wird z.B. die Bewirtschaftung eines Gemeindewaldes andere organisatorische Lösungen erfordern als die Realisierung von boden- und wasserkonservierenden Maßnahmen und: stark segmentierte lokale Gesellschaften werden sich anders organisieren als stark hierarchisierte Gesellschaften. Eine differenzierte Nutzung der Ressource verbessert dabei die Chance für die Schaffung von effizienten und nachhaltigen Organisationen. Traditionelle Organisationen bieten häufig einen Anknüpfungspunkt für die Bewältigung neuer Aufgaben. Allerdings können situationsspezifisch entwickelte Formen dörflicher Organisationsentwicklung nur bedingt übertragen werden. Was sich in der Region X eines Landes bewährt hat, kann für die Region Y desselben Landes eine unangepaßte Organisationsform sein.

Desweiteren stellt sich die Frage, wie die beteiligten Organisationen und Institutionen ihre **Fähigkeiten entwickeln** können (Capacity Development), um ihre jeweiligen Aufgaben und Verantwortlichkeiten besser wahrnehmen zu können und kooperationsfähiger zu werden, und wie das Projektteam sie dabei unterstützen kann. Die Herausforderung liegt für RM-Vorhaben darin, das bei den Akteuren vorhandene Organisationspotential zu erkennen und als Ausgangspunkt für Anstrengungen zu Organisationsentwicklung zu nehmen. Dies heißt auch, den lokalen Akteuren den Spielraum zu geben, organisatorische Lösungen vorzuschlagen.

Fähigkeiten, welche Organisationen im Ressourcenmanagement benötigen, wie z.B. Dialog- und Verhandlungsfähigkeit, Kooperationsbereitschaft, Interessensvertretung oder auch das Management von Konflikten können nicht einfach in einer Trainingsveranstaltung erworben werden, sie entwickeln sich und müssen aktiv erlernt werden, wobei Anreize, neue Bedingungen im Umfeld, Erfahrungen etc. antreibend wirken. Das Projektteam kann **Lernprozesse von Organisationen** durch situationsspezifisch angepaßte Beratung und Prozeßbegleitung unterstützen, wobei die eigenen Erfahrungen die reichste Quelle des Lernens bieten. Trainings- oder Fortbildungsveranstaltungen können dabei ergänzend wirken.

Die Menschen in den Organisationen müssen selbst Ownership für diesen Prozeß übernehmen. Daraus entsteht für das Projektteam insbesondere die Konsequenz, daß sie ihre **Rolle und ihr Mandat mit den anderen Akteuren der Organisationslandschaft klären**. Dabei werden die Mitarbeiter/innen von Projekten erfahrungsgemäß mit neuen Aufgaben konfrontiert. Der Aufbau von Vertrauen und Beziehungen zu einer Vielzahl von Akteuren erfordert eine hohe Dialog- und Kooperationsbereitschaft. Schließlich können Lernprozesse durch das Projektteam nur überzeugend gefördert werden, wenn die Teammitglieder dabei selbst eine hohe Bereitschaft zeigen, sich auf neue Situationen einzulassen, darin Unsicherheit auszuhalten und **Flexibilität, Kreativität und Bereitschaft zum Experimentieren mit neuen Strategien und Instrumenten** beweisen.

Kasten 10: Organisationsentwicklung als Eingriff in Systeme

„Organisationsentwicklung kann als Eingriff, als Intervention in komplexe und dynamische Systeme aufgefaßt werden. Komplex deshalb, weil verschiedene Systeme miteinander verflochten sind: das System der Natur, die Ressourcen also, technische Systeme, das ist dann die Produktion, und soziale Systeme, also das Verhalten von Menschen. Dynamisch sind die Systeme, weil sie sich in der Zeit mit unterschiedlicher Geschwindigkeit verändern. Weder sind die zugrundeliegenden Bewegungsgesetze vollständig beschreibbar, noch ist es möglich, die

Einflüsse zwischen Selbst- und Fremdorganisation vorauszusagen. Die Beteiligung an der Organisationsentwicklung gründet deshalb in der simplen Annahme, daß die Komplexität von Organisationen verständlicher wird, wenn die relativ unübersichtlichen und dynamischen Kräfte an der Problemformulierung und der Suche nach Lösungen selbst beteiligt sind."

Quelle: Sülzer, R. / Zimmermann, A. (1996), S. 295

2.3.4 Konfliktmanagement und Verhandlungsorientierung

Konflikte sind für Projekte im Ressourcenmanagement von besonderer Bedeutung, da konkurrierende Ansprüche an die Nutzung natürlicher Ressourcen als Normalfall angesehen werden können. Die Durchsetzung dieser Ansprüche kann die Form offener und/oder latenter Konflikte annehmen. Die Art der Konfliktaustragung steht häufig Anstrengungen in Richtung einer nachhaltigen Ressourcennutzung entgegen und beschleunigt somit den Prozeß der Ressourcendegradierung. **Konflikte** bieten aber auch **ein häufig unterschätztes Potential**. Sie können ein Katalysator für Veränderungen sein, indem sie z.B. den Ausgangspunkt für die Verhandlung neuer tragfähiger Vereinbarungen zwischen verschiedenen Nutzergruppen bilden. Diese **Katalysatorfunktion von Konflikten** hat im Kontext von RMSH besonderes Gewicht, da ohne Veränderungen von Einstellungen und Verhaltensweisen der Akteure ein nachhaltiges Ressourcenmanagement kaum zu erreichen sein wird.

Das Verständnis des Konfliktes und der beteiligten Akteure sowie die Klärung der potentiellen Rolle des Projektteams beim Konfliktmanagement bilden die Basis für die Gestaltung angepaßter Interventionen durch das Projekt.

Dabei ist von Bedeutung, daß im Ressourcenmanagement meist ein Konfliktpotential auch nach Vereinbarung einer temporären Konfliktlösung fortbesteht. Ackerbauern und Viehhalter leben weiterhin miteinander mit unterschiedlichen Weltsichten, Interessen und Ansprüchen, das gemeinsame Management zwischen Forstbehörde, lokalen Nutzern und Konzessionären läßt sich nicht mit einem Plan für immer festschreiben.

Ein dialog- und konsensorientiertes Konfliktmanagement ist im Ressourcenmanagement nicht nur sinnvoll, sondern notwendig. Nicht nur, da Ursachen von den Beteiligten selbst artikuliert werden müssen, sondern auch, da Vereinbarungen und Regelungen nur so akzeptiert werden und nachhaltig sind.

Beiträge des Projektteams in diesem Kontext zielen vor allem auf die Befähigung der Akteure ab, konstruktiv mit Konflikten umzugehen. Durch Beratung und Training können Lernprozesse gefördert werden, welche Handlungsspielräume der Akteure für alternative Vorgehensweisen und Verhalten erweitern.

Daneben ermöglicht das Initiieren von **Verhandlungsforen und -mechanismen auf lokaler und regionaler Ebene** unter Einbeziehung aller in einem ökologischen Raum agierenden Gruppen und Institutionen („Akteure"), die Kommunikation zu intensivieren und unterschiedliche Wahrnehmungen zu diskutieren. Dabei kann häufig an traditionelle Mechanismen angeknüpft werden. Nutzungskonflikte können dort offengelegt und konsensfähige Vorgehensweisen zu deren Regelung festgelegt werden. Das Verlassen fester Positionen und eine Orientierung an den Interessen der Konfliktparteien ermöglicht das Finden von sogenannten win-win-Situationen. Häufig kann dabei ein unbeteiligter Dritter unterstützend wirken. Diese Rolle kann jedoch in den seltensten Fällen durch das Projekt selbst übernommen werden, da meist die das Projekt durchführende Institution Beteiligter am Konflikt ist und von den anderen Parteien nicht als neutral akzeptiert wird.

Schließlich spielen Machtfragen in allen Konflikten eine Rolle. Die substantiellen Interessen der Konfliktparteien sind untrennbar mit deren subjektiver Sichtweise ihrer Machtsituation verbunden. Die Verteilung von Macht zwischen den Beteiligten prägt somit die Strategien der Parteien und hat beim Management und Lösen von Konflikten oft entscheidenden Einfluß. Aufgrund ihres Mandats werden Projekte oft versuchen, bestehende Machtungleichgewichte zugunsten ihrer Zielgruppen zu reduzieren. Generell trägt bereits die Förderung von Dialog und Verhandlung dazu bei. Allerdings kann das Machtgefälle in Konfliktsituationen so groß sein, daß dialog- und konsensorientiertes Management von Konflikten ohne Aussicht auf Erfolg ist. In diesen Fällen kann das Projektteam die benachteiligten Parteien unterstützen, neue Machtquellen zu erschließen. So kann beispielsweise die lokale Bevölkerung dabei unterstützt werden, Allianzen mit lokalen NGOs oder anderen Akteuren zu schmieden, um ihren Interessen besser Gehör zu verschaffen und diese auf entscheidungsrelevanten Ebenen besser einzubringen. Die Unterstützung kann weiter von Informationsarbeit über Gewährung von Rechtsbeistand bis hin zu Öffentlichkeitsarbeit und „Lobbying" für eine bestimmte Nutzergruppe reichen.

Kasten 11: Fähigkeiten zum Konfliktmanagement entwickeln

„Efforts to enhance involvement of local populations in forest resource decision-making can be strengthened by building local community capacity for managing the conflicts that inevitably arise at various levels. Use of conflict resolution skills within a community, facilitating the reconciliation of differences among local interest groups, for example, will enable a community to represent its needs and interests to outsiders more effectively during the planning process. When outside interests clash with communities over the use of forest resources, community leaders can use improved negotiation skills to address the conflict before it becomes violent or poses other major costs to the local population. If local people are able to negotiate the factors which shape decisions that affect them, the decision-making process might be more just, and, in the end, communities will feel more empowered."

Quelle: FAO (Pendzich, Christine et al) (1994), S. 5.

2.4 Handlungsspielräume als Minimalbedingungen für die Anwendung von RMSH

RMSH kann nur sinnvoll angewandt werden, wenn es Spielräume gibt, d.h. wenn es Möglichkeiten gibt, aktiv Lernprozesse zu gestalten und somit in für das Ressourcenmanagement relevante Prozesse und Beziehungen einzugreifen. Dabei sind nicht nur die Spielräume für das Projektteam von Bedeutung, sondern auch die für alle beteiligten Akteure. Von Bedeutung sind insbesondere:

Handlungsspielräume für die Anwendung ressourcenschonender Nutzungsalternativen

- Sind die Akteure aufgrund ihrer ökonomischen Situation in der Lage, Ressourcen schonender zu nutzen?
- Sind die Akteure bereit, Eigenleistungen für eine veränderte Nutzung zu erbringen?
- Stehen alternative Techniken zur Verfügung, oder besteht eine Chance, diese zu entwickeln?

Handlungsspielräume in der Bereitschaft zum Dialog

- Gibt es eine Bereitschaft zum Dialog zwischen staatlichen und lokalen Akteuren?
- Besteht Offenheit von Seiten staatlicher Stellen, Belange der lokalen Akteure zu berücksichtigen und diese an Entscheidungen zu beteiligen oder ihnen Aufgaben zu übertragen?

Handlungsspielräume zur Regelung von Konflikten

- Gibt es Anhaltspunkte für Kompromißbereitschaft der Beteiligten?
- Gibt es Ansatzpunkte für Verfahren und Methoden des Konfliktmanagements?

- Werden Konflikte alleine aufgrund politischer Machtverhältnisse entschieden, oder besteht Spielraum für eine verhandlungsorientierte Konfliktlösung?

Handlungsspielräume für lokale und regionale Akteursgruppen (SHO, NRO)

- Besteht ausreichende Rechtssicherheit für die Organisationsform der Gruppen?
- Wird den Gruppen von staatlicher Seite zugebilligt, Aufgaben durchzuführen oder zu übernehmen?

Handlungsspielräume in den bestehenden rechtlichen Rahmenbedingungen

- Gibt es einen rechtlichen Spielraum zur Beteiligung lokaler Akteure an Managementaufgaben von Schutzgebieten, oder zumindest einen Verhandlungsspielraum an der Erstellung der Regelungen?
- Können Managementaufgaben delegiert werden?
- Besteht bei den Eigentumsverhältnissen ein Spielraum zur Klärung von Interessensunterschieden?

Selbstverständlich ist es nicht sinnvoll, diese Fragen mit ja oder nein zu beantworten und dann die Entscheidung zu treffen, ob ein Ressourcenmanagement-Vorhaben mit RMSH arbeiten kann oder nicht. Diese Fragen sollen lediglich das Auffinden von „Sollbruchstellen“ erleichtern, welche dann als Merkposten genauer betrachtet werden müssen. Häufig lassen sich auch Antworten auf obige Fragestellungen nicht durch Studien oder Erhebungen eindeutig finden. Wie groß die Spielräume in den einzelnen Bereichen sind, und wie groß diese von den Akteuren wahrgenommen werden, stellt sich meist erst im (gemeinsamen) Handeln, z.B. bei der Durchführung von Pilotaktivitäten, heraus.

Literaturhinweise zu Teil 1

- BMZ (Hg.), (1997) Die Fähigkeit zum Umwelt- und Ressourcenschutz in Entwicklungsländern stärken: Beiträge der Entwicklungszusammenarbeit. Bonn
- Deutscher Entwicklungsdienst (1996) Ressourcensicherung. Berlin
- GTZ-RMSH, (1996) Prozeßbegleitende Beratung: Eine Arbeitshilfe für Beraterinnen und Berater im Ressourcenmanagement. Bonn/Eschborn
- GTZ-RMSH, (1995) Die Rolle von Anreizen bei der Anwendung von RMSH als Vorgehensweise. Bonn/Eschborn
- GTZ-RMSH, (1996) Prozeßmonitoring: Eine Arbeitshilfe für Projektmitarbeiter/innen. Bonn/Eschborn
- GTZ, (1997) Das Leitbild nachhaltiger Entwicklung – handlungsleitende Orientierung der GTZ? Diskussionspapier. Eschborn
- GTZ-RMSH, (1995) Anwendung von Beteiligungs- und Selbsthilfeansätzen in Vorhaben zum Ressourcenmanagement. Dokumentation zum Consulting-Workshop 23.-24.02.1995 in Oberursel. Eschborn
- GTZ-RMSH, (1994) Beteiligungs- und Selbsthilfeansätze im Ressourcenmanagement. Ein Positionspapier. Bonn/Eschborn
- GTZ, (1995) Project Cycle Management (PCM) und Zielorientierte Projektplanung. Ein Leitfaden. Eschborn
- GTZ, (1995) Orientierungsrahmen für die Durchführung von Vorhaben der deutschen Technischen Zusammenarbeit durch die GTZ. Eschborn
- Makombe, Kudzai (ed.), (1994) Sharing the Land: Wildlife, People and Development in Africa. Harare/Washington (IUCN/ROSA Environmental Issues Series No. 1)
- OECD, (1997) Capacity Development in Environment: Principles in Practice. Paris
- Pendzich, Christine; Thomas, Garry; Wohlgenant, Tim (1994), The Role of Alternative Conflict Management in Community Forestry. FTTP Phase II, Working Paper No. 1 (FAO)
- Scoones, Ian; Thompson, John, (1994) Beyond Farmer First: Rural people's knowledge, agricultural research and extension practice. London (International Institute for Environment and Development)
- Senge, Peter M., (1996) Die fünfte Dimension: Kunst und Praxis der Lernenden Organisation. Stuttgart

- Sülzer, Rolf; Zimmermann, Arthur, (1996) Organisieren und Organisationen verstehen: Wege der internationalen Zusammenarbeit. Opladen (Westdeutscher Verlag)
- The World Bank, (1996) The World Bank Participation Sourcebook. Washington (The International Bank for Reconstruction and Development/The World Bank)

Teil II:
Handlungsfelder in der Arbeit mit RMSH

in der Kooperations- und Beratungspraxis

HANDLUNGSFELD 1:

1 Handlungsfeld 1: Prozeßmanagement

In diesem Handlungsfeld soll im einzelnen dargestellt werden, welche Rolle Prozeßmanagement bei der Förderung von Beteiligung und Selbsthilfe im Ressourcenmanagement spielt. Dabei stellt sich zunächst die Frage, welche Prozesse im Kontext von RMSH besondere Bedeutung haben. Wir richten den Blick eher auf Veränderungsprozesse, die mit Einstellungen und Verhaltensweisen der Akteure zu tun haben, als auf Prozesse im herkömmlichen Verständnis, die aus einer Abfolge vorher geplanter Schritte bestehen. In diesem Sinne interessieren uns von unseren Erfahrungen her vor allem:

- **Prozesse der Teilnahme und Teilhabe**: Im Kontext von Ressourcenmanagement-Vorhaben sind vielfältige Prozesse der Teilnahme und Teilhabe zu beobachten. Akteure *nehmen* z.B. an Planungs-, an Entscheidungs- und Verhandlungsprozessen teil; sie können aber auch teil*haben* an dem Nutzen eines kommunal bewirtschafteten Waldes. Ein Projekt, kann sich aber auch an Initiativen auf dörflicher Ebene zum Ressourcenmanagement beteiligen. Teilnahme- und Teilhabeprozesse können eine ganz unterschiedliche Dynamik entfalten, je nach den Partizipationskalkülen der verschiedenen Akteure. (Welchen Nutzen ziehe ich aus welcher Form und Intensität von Partizipation?)

- **Prozesse der Entwicklung von Selbsthilfefähigkeiten**: Eine der Kernideen von RMSH liegt in der Entwicklung von zunehmender Eigenverantwortung der Akteure im Ressourcenmanagement. Eigenverantwortliches Handeln im Ressourcenmanagement drückt sich in bestimmten Fähigkeiten aus (z.B. Planung, Organisation, Konfliktmanagement, Lernen u.a.), die sukzessive auf der Basis von positiven und negativen Erfahrungen gewonnen werden. Die Entwicklung derartiger Fähigkeiten bewegt sich im Spannungsfeld konkurrierender Interessen um die Nutzung natürlicher Ressourcen.

- **Lernprozesse:** Die Akteure werden handlungsfähiger, wenn sie im Zuge der Zusammenarbeit im Rahmen eines Ressourcenmanagement-Vorhabens rückblickend sagen können: „Wir haben etwas gelernt. Wir haben z.B. gelernt, wie wir konkurrierende Nutzungsansprüche besser verhandeln und ausgleichen können." Lernprozesse werden umso wichtiger, je mehr sich die Beteiligten auf einen Suchprozeß eingelassen haben, um die situationsspezifisch besten Strategien für nachhaltiges Ressourcenmanagement zu entwickeln. Lernprozesse finden statt auf dem Weg zur Veränderung von Einstellungen und Verhaltensweisen.
- **Prozesse der Entwicklung von Ownership:** Mit dem neudeutschen Begriff ‚Ownership' wird das bezeichnet, was man auch ‚Identifikation' nennen könnte. Akteure identifizieren sich mit etwas, z.B. einem Viehkorridor oder einem Gemeinschaftswald, wenn sie auf die Frage „Wem gehört das?" antworten: „Uns!" Ownership heißt auch zunehmendes Selbstbewußtsein im Sinne des Vertrauens in die eigenen Fähigkeiten. Wenn sich Ownership entwickelt hat, ist die Bereitschaft, Verantwortung zu übernehmen, gerade auch dann, wenn unerwartete Probleme auftreten, besonders ausgeprägt. Es gibt kein Vorhaben im Ressourcenmanagement, für das die Entwicklung von Ownership bei den Ressourcennutzern/innen nicht höchste Priorität hätte.

Diese Auswahl mag zunächst willkürlich erscheinen. Sie stellt jedoch nichts anderes dar als den Blick aus vier für RMSH zentralen Perspektiven auf miteinander verbundene und sich vielfältig überlappende Prozesse. Man mag zudem einwenden, daß zentrale Prozesse im Ressourcenmanagement, wie z.B. ‚Konfliktmanagement' oder ‚Kooperation', hier nicht angesprochen wurden. Sie sind jedoch in der Betrachtung mit eingeschlossen, werden allerdings aus anderen Blickwinkeln betrachtet. Mit dem Management von Konflikten verbinden sich in jedem Falle Beteiligungs- und auch Lernprozesse; zudem wird erfolgreiches Konfliktmanagement die Eigenverantwortung von Akteuren im Ressourcenmanagement erhöhen und verbessern. Durch die in den Vordergrund gestellten vier Prozeßbereiche werden somit keine Prozesse aus der Betrachtung ausgeschlossen, sondern lediglich bestimmten Perspektiven Priorität eingeräumt.

Wenn in diesem Handlungsfeld von Prozeß*management* gesprochen wird, dann geht es dabei um wiederkehrende Aufgaben in der Projektarbeit. Dabei orientiert sich das hier vertretene Verständnis von Prozeßmanagement an den Kernaussagen von **Project Cycle Management**: Anstelle eines starren Verständnisses von Planung und Implementierung rücken wiederkehrende Managementaufgaben im Sinne eines flexiblen, iterativen Vorgehens in den Vordergrund.

Kasten 12: Wiederkehrende Aufgaben im Projektzyklus

„Der gesamte Prozeß verläuft nicht linear, sondern in vielen Rückkoppelungsschleifen, bei denen Fragen der Analyse, Planung und Entscheidung auf Grundlage der gesammelten Erfahrung wiederaufgenommen oder vertieft werden. So ist z.B. die Zieldefinition in der Identifizierungsphase nicht ein für alle Mal abgeschlossen, sondern muß auch im Verlauf der Projektdurchführung immer wieder überprüft und, wenn nötig, verändert werden. Auch alle anderen einmal getroffenen Festlegungen müssen fortwährend überprüft und verändert werden, wenn sie sich als nicht (mehr) zweckmäßig erweisen oder die Vereinbarung darüber erneuert werden muß. Insgesamt gilt, daß Festlegungen immer nur, soweit in einer gegebenen Situation möglich und sinnvoll, getroffen werden sollten, und daß Pläne so lange gültig sind, bis sie aufgrund neuer Erkenntnisse verändert werden.“

Quelle: GTZ (1995), S. 5

Im Sinne der wiederkehrenden Managementaufgaben wird in diesem Handlungsfeld der Blick auf **fünf Aufgaben des Prozeßmanagements** gerichtet:

- Prozesse verstehen – Analyse und Diagnose
- Prozesse initiieren – Planung und Organisation
- in Prozessen handeln – Aktion und Durchführung

- aus Prozessen lernen – Monitoring und Evaluierung
- Prozesse begleiten – Beratung und Coaching

Diese fünf Aufgabenbereiche werden anhand von Schlüsselfragen, die sich aus der konkreten Arbeit in Ressourcenmanagement-Vorhaben ergeben, dargestellt. Dabei wird sowohl auf bewährte Strategien wie auch auf Instrumente und Methoden eingegangen.

Kasten 13: Projektplanung und Prozeßorientierung

„Projektplanung ist ein ständiges Verhandeln zwischen Partnerorganisationen, Zielgruppen und externen Beratern (GTZ). Mit Beginn der Durchführung ist dies keineswegs beendet. Ein gutes Projekt beruht immer auf einem Konsens: Man einigt sich darauf, für eine begrenzte Zeit in Richtung auf ein gemeinsames Ziel zu arbeiten. Dabei geht es nicht um den kleinsten gemeinsamen Nenner, sondern um ein klares Verständnis davon, was man gemeinsam unternehmen will. Unterschiedliche Interessen und Weltsichten bleiben bestehen. ... Vereinbarungen, die einen Plan bilden, müssen im gegenseitigen Einvernehmen veränderbar sein. ... Je mehr es in den Projekten um soziale Veränderungsprozesse und je weniger es um technische Ergebnisse geht, desto mehr sollten Planer sich [daher] hüten, vorab zu viele Aktivitäten und Kostenpositionen festzulegen.“

Quelle: GTZ (1997), S. 7f.

1.1 Prozesse verstehen – Erkundung und Diagnose

1.1.1 Wer nimmt Prozesse wie wahr?

Wer zu Beginn eines Ressourcenmanagement-Vorhabens die Dynamik von Prozessen verstehen will, muß sich mit den unterschiedlichen Wahrnehmungen der Akteure auseinandersetzen. **Wahrnehmungen und Sichtweisen sind interessengeleitet**, d.h. jede Akteursgruppe wird die Gegebenheiten in bezug auf die Ressourcennutzung so schildern, wie es ihren Interessen entspricht. So werden Tierhalter z.B. die Verschlechterung der Weidequalität und der Wasserversorgung für ihre Tiere als Problem in den Vordergrund stellen, das aus der Sicht von Ackerbauern gar nicht existiert. Diese würden viel eher z.B. den Mangel an Reserveflächen problematisieren, auf dem Hintergrund abnehmender Flächenerträge auf den schon bewirtschafteten Flächen.

In der Projektarbeit ist immer wieder versucht worden, die Interessengebundenheit und damit Subjektivität der Wahrnehmungen sowie der sich daraus ergebenenden Situationsbewertungen durch von unabhängigen Gutachtern erstellte Studien mit einer vermeintlich objektiven Darstellung der Gegebenheiten auszuschalten. Wie durch zahlreiche Erfahrungen belegt, hat sich dies allein jedoch als Fiktion erwiesen (vgl. z.B. Gill 1993). Nur ein **offener Austausch über die unterschiedlichen Sichtweisen und Situationsbewertungen verschiedener Akteure** kann das Verständnis der Ausgangssituation für ein Ressourcenmanagement-Vorhaben tatsächlich erschließen.

Kasten 14: Kalte und warme Information

„Menschliches Handeln richtet sich weniger nach Statistiken als nach Interessenlagen, Stimmungen und assoziativen Deutungen. Die erworbenen und tief verankterten Wahrnehmungsmuster und der soziale Handlungsrahmen sind das Fundament für die Konstrukte über Wirklichkeit. Wir brauchen deshalb eine geschickte Abmischung von „kalten“ und „warmen“ Interpretationen: wir brauchen übersichtlich dargestellte Zahlen, Studien und Auswertungen, weil sie die Kommunikation über Veränderungen anregen; und wir brauchen ebenso die interessengeleitete Interpretation und den leidenschaftlichen Streit darüber mit den Akteuren. Das Ignorieren von Daten ist ebenso folgenschwer wie der ausschließliche Glaube an sie. Das Erzählen von Lebensgeschichten und das Erklären von Bildern können ebenso aufschlußreich sein wie Zahlen, Graphiken und Berichte.“

Quelle: GTZ-RMSH (Zimmermann, A./Engler, M.) (1996), S. 16f.

Für ein partizipatives Vorgehen ist dieser Austausch eine conditio sine qua non, weil sich die verschiedenen Akteure darauf nur dann einlassen werden, wenn ihre Sichtweise ernst genommen wird. Dies erfordert vom Projektteam, seine eigene Sichtweise und Situationsbewertung als eine mögliche und nicht etwa als die quasi objektive Sicht der Dinge darzustellen. Dadurch öffnet sich der Blick des Projektteams auf ein **schrittweises Erkunden und Verstehen der Sichtweisen der verschiedenen Akteure**. Folgende Schritte sind wesentlich:

- Die eigene Sichtweise klären;
- im Austausch die Sichtweisen anderer Akteure kennenlernen und verstehen;
- die eigene Sichtweise relativieren;
- verschiedene Sichtweisen zu einem gemeinsame Verständnis zusammenführen.

Damit kann das Projektteam den Dialog zwischen den Akteuren über ihre unterschiedlichen Sichtweisen wirksam fördern. Dies kann z.B. durch eine **gemeinsame Situationsanalyse** geschehen, an der unterschiedliche Akteure, d.h. im Kontext des Ressourcenmanagements unterschiedliche Gruppen von Ressourcennutzern, beteiligt sind. So kann durch Kommunikation über unterschiedliche Sichtweisen ein vertieftes Verständnis einer einer Ausgangssituation entstehen. Dies schafft günstige Voraussetzungen, um konkrete Schritte der Aktion und Veränderung zu planen und zu vereinbaren.

Kasten 15: Einstieg in den Dialog mit den Beteiligten

„Der Dialog mit den Beteiligten bedarf profunden Wissens und ehrlichen Einfühlungsvermögens. Bei der Argumentation mit der betroffenen Landnutzergruppe kann nicht davon ausgegangen werden, daß übergeordnete und uns wichtige Aspekte, wie Ökologie oder Landschaftssanierung, bereits beim Einstieg in den Dialog als Prioriät gesehen werden. Die Erfahrung zeigt, daß es nicht opportun ist, primär über eine Umweltargumentation diesen Einstieg zu suchen. Probleme der Ressourcenzerstörung werden häufig nicht mit unseren Augen wahrgenommen; andere existentielle Ängste stehen im Vordergrund. Keine Kleinbäuerin im indischen Bundesstaat Utah Pradesh wird ihre Anbaupraktiken verändern, um das Ganges-Delta in Bengalen vor einer weiteren Versandung zu bewahren, obwohl dies aus übergeordneter Sicht höchst wünschenswert wäre. Kein Ziegenhirte im Norden Malis wird damit aufhören, lokale Akazien zu schneiteln und mittelfristig zu zerstören, um die fortschreitende Sahelisierung und das Sinken der Niederschläge aufzuhalten. Es gilt also, Ansatzpunkte zu finden, bei denen möglichst kurzfristig wirksame wirtschaftliche Vorteile zu erwarten sind. Dazu ist es notwendig, die Welt auch aus Sicht der Landnutzer zu betrachten."

Quelle: GTZ (Arbeitsgruppe Integrierte Landnutzungsplanung) (1995), S. 45

1.1.2 Was motiviert Akteure, ihre Sichtweise zu vertreten?

Es kann nicht als selbstverständlich angesehen werden, daß zu Beginn eines Ressourcenmanagement-Vorhabens die unterschiedlichen Akteursgruppen ihre Sichtweisen bereitwillig darstellen. Ihre Bereitschaft dazu wird von ihren Vorerfahrungen mit Projekten und ihren konkreten Erwartungen an das neue Vorhaben abhängen. Beginnt ein Vorhaben mit der scheinbar unverfänglichen Erhebung von Grundinformationen anhand einer Basisstudie, kann es leicht in eine Falle tappen. Bei einer derartigen Erhebung von Informationen wird der **Entstehungszusammenhang** von Daten einseitig in den Vordergrund gerückt. Für die befragten Akteursgruppen ist aber der **Begründungs- und** der **Verwertungszusammenhang** von größerer Bedeutung. Eine Akteursgruppe wird sich fragen, warum diese Informationen für das Projekt wichtig sind und was mit den Informationen geschieht. Wenn diese beiden Fragen nicht schlüssig beantwortet werden können, wird selbst der Einsatz partizipativer Erhebungsmethoden wenig erreichen können. Wenn Akteursgruppen nicht mit

Informationsverweigerung reagieren, werden sie in einem solchen Fall Informationen von nur geringer Aussagekraft bereit stellen.

Um die Akteure zur Darstellung ihrer Sichtweisen und Situationsbewertungen zu motivieren, muß also der Begründungs- und Verwertungszusammenhang deutlich gemacht werden. Diese werden für die Akteure allerdings nur dann überzeugend sein, wenn sie durch eine Zusammenarbeit mit dem Projekt Möglichkeiten der Verbesserung ihrer Lebenssituation sehen. Die offene Darstellung der eigenen Sichtweise verbindet sich somit mit der Erwartung, aus der Zusammenarbeit mit dem Projekt einen konkreten Nutzen zu ziehen. Die Nutzenerwartungen der Akteure werden in der Regel sehr unterschiedlich und widersprüchlich sein. Dadurch ergibt sich für den Planungsprozeß (s. Abschnitt 1.2) die Anforderung, zwischen den Nutzenerwartungen der Akteure einen realistischen und tragfähigen Ausgleich zu erreichen. Um die Bereitschaft der Akteure zur aktiven Mitgestaltung eines derartigen Verhandlungsprozesses zu wecken und zu fördern, sollte bereits die Situationsanalyse gemeinsam mit den verschiedenen Akteuren stattfinden. Dadurch wird so früh wie möglich der Raum für die Akteure geschaffen, ihre Sichtweisen einzubringen. Das partizipative Vorgehen in einem RM-Vorhaben beginnt bereits an diesem Punkt.

In den letzten Jahren sind vielfältige Erfahrungen mit **‚Participatory Rural Appraisal‘ (PRA)** gesammelt worden. PRA hat sich aus dem ‚Rapid Rural Appraisal‘ (RRA) entwickelt. Der RRA hat die klassischen Erhebungs- und Befragungstechniken durch partizipative Elemente angereichert, ohne jedoch den Akteuren Möglichkeiten zur Mitgestaltung zu geben, d.h. Diagnose und aktionsorientierte Planung in einen Zusammenhang zu bringen. Dies ist die Zielsetzung von PRA, der ausgehend von einer Beteiligung der verschiedenen Nutzergruppen bereits in der Situationsanalyse die Voraussetzungen für eine partizipative Planung schafft. Damit werden die Akteure motiviert, ihre Wahrnehmungen und Sichtweisen zu artikulieren, weil sich aus ihrer Sicht damit die Chance verbindet, einen Planungsprozeß mitzugestalten und konkrete Verbesserungen ihrer Lebenssituation zu erreichen.

Kasten 16: Institutions and Natural Resource Management in the Gambia: Ein Beispiel für den Einsatz verschiedener Instrumente aus dem „PRA"-Instrumentenkasten

„Discussions of customary land tenure in the Gambia, were followed by a report on PRA in 3 villages documenting villagers' views of past, current and future use of natural resources. The PRA team discovered local institutions that control resource use, identified conflicts and assessed how these affect resource use. In village meetings, Venn diagrams helped to identify important village institutions and individuals and outside entities interacting with them. In a disputes matrix, district tribunal members listed types of local disputes, ranked them (using beans) in order of frequency and then did the same for the pre-1970 drought years. This opened up discussion about tensions over resource use. Elderly men simularly constructed ecological matrices to indicate the relative abundance of different natural resources in the pre-70s, at present and expected in the future. Ecological transects gave a detailed picture of landuse in history. Fulani livestock-keepers identified and ranked important fodder grasses according to reasons for their use and relative availability now and pre-drought. Using proportional piling of beans, percentage of families owning and borrowing croppland, percentage of youth migrated and percentage of migrants sending remittances were determined."

Quelle: GTZ (Waters-Bayer, A./Bayer, W.) (1994), S. 117

Aus den vielfältigen Anwendungen von PRA hat sich inzwischen ein **breiter Instrumenten- und Methodenset** entwickelt, der zwischenzeitlich auch sehr gut dokumentiert werden konnte (vgl. dazu Schönhuth/Kievelitz 1994 und die von IIED heausgegebenen PRA- bzw. PLA (Participatory Learning and Action) notes). Aus den vielfältigen Erfahrungen mit PRA ergibt sich als eines der zentralen Probleme in der Anwendung, daß er häufig auf ein Diagnose-Event reduziert wird. PRA ist dann nicht mehr als die vier- bis fünftägige Arbeit im Dorf zur Erhebung von Informationen gemeinsam mit der Dorfbevölkerung unter Einsatz von partizipativen Methoden. Nach dem Grundanliegen von PRA sollte dies aber nur der Einstieg in einen **Prozeß von gemeinsamer Diagnose *und* Planung** konkreter Aktivitäten und Veränderungen sein. Wird PRA auf einen Diagnose-Event reduziert, sind häufig Enttäuschungen und Frustrationen der beteiligten Dorfbevölkerung die Folge. Partizipative Planungsschritte werden damit erheblich erschwert, wenn nicht sogar unmöglich gemacht.

Das prozeßorientierte Verständnis in der Anwendung von PRA hat auch darin seinen Ausdruck gefunden, daß an Stelle von PRA inzwischen häufig von ,PLA (Participatory Learning and Action) gesprochen wird. Mit zu dieser Entwicklung hat beigetragen, daß der breite und vielfältige Instrumenten- und Methodenset, der unter dem Oberbegriff PRA zusammengefaßt wird, längst nicht mehr nur für Erkundung und Diagnose eingesetzt werden kann, sondern ebenso für Aktion und Durchführung sowie Monitoring und Evaluierung.

Der PRA-Methodenset wird somit zu einem wesentlichen Instrumentarium, das insgesamt für das Prozeßmanagement eingesetzt werden kann.

1.1.3 Wer nutzt mit welchen Interessen welche Ressourcen?

Um die Dynamik der Ressourcennutzung und die Handlungsmöglichkeiten der Akteure zu identifizieren, muß von der Frage ausgegangen werden, wer überhaupt Ressourcen nutzt. Dabei wird sich ein erstes Bild von **Nutzergruppen** sowie **Nutzungsarten** (z.B. Ackerbau, Brennholz-Sammeln, Wasserentnahme, Sammlung von Nicht-Holzprodukten, Tierhaltung etc.) und **Nutzungsformen** (z.B. individuelle Nutzung, gewohnheitsrechtliche Nutzung, privatrechtlich garantierte Nutzung) ergeben. Dieses Bild wird sich nach und nach differenzieren; es werden Nutzergruppen in den Blick kommen, wie z.B. nomadisierende Tierhalter, die Ressourcen nur saisonal nutzen, oder fremdbürtige Ressourcennutzer, wie z.B. Holzkonzessionäre. Es wird sich zeigen, daß je nach Stellung in der lokalen Gesellschaft unterschiedliche Nutzungsansprüche und -rechte gegeben sind. Dies öffnet wiederum den Blick für die **Strategien der verschiedenen Nutzergruppen**, um die eigenen Nutzungsansprüche zu sichern oder ggf. zu erweitern. So werden z.B. Pächter versuchen, Nutzungsmöglichkeiten für die von ihnen gepflanzten Bäume zu erweitern und nicht automatisch zu akzeptieren, daß die Früchte dieser Arbeit nur den Landbesitzern zustehen. Landlose werden versuchen, ihren fehlenden Zugang zu eigenem Land durch Nutzungsarten im Rahmen des sogenannten ‚Open Access Regime' zu kompensieren, d.h. durch ungeregelte Weide- oder durch Sammeltätigkeiten.

Das Verständnis der Dynamik der Ressourcennutzung ist kein Selbstzweck. Es dient dem Kennenlernen der relevanten Akteure, ausgehend von der Frage: **„Mit wem müssen/sollten wir als RM-Vorhaben kooperieren?"**. ‚Kooperation' wird hier in einem sehr weiten Sinne verstanden, d.h. sie schließt die häufig als Zielgruppen bezeichneten Akteure mit ein. In der Regel sind die Nutzungskalküle der verschiedenen Nutzergruppen nicht komplementär, d.h. **konkurrierende Nutzungsansprüche** sind vorherrschend. Bei konkurrierenden Nutzungsansprüchen werden die im lokalen Machtgefüge bessergestellten Akeure bestrebt sein, ihre Nutzungsmöglichkeiten, auf Kosten anderer Gruppen, zu sichern. Gleichzeitig werden die schlechter gestellten Akteure versuchen, ihre Möglichkeiten der Ressourcennutzung zu verbessern und zu erweitern.

Konkurrierende Nutzungsansprüche weisen auf die Frage nach **Handlungsspielräumen für ein nachhaltiges Ressourcenmanagement**. Handlungsspielräume ergeben sich aus dem **Spannungsfeld von fördernden und hemmenden Kräften**, das sich durch die Frage erschließt:. „Welche Nutzungskalküle und -strategien wirken eher in ressourcenzerstörender und eher in ressourcenschonender Richtung, und welche Nutzergruppen (Akteure) sind in welchem Maße bereit, ihr Nutzungsverhalten zu ändern?" Um in der Erkundung und Diagnose an diesen Punkt zu kommen, muß eine Situation geschaffen werden, z.B. durch den Einstieg in einen PLA-Prozeß, in dem die verschiedenen Nutzergruppen sich darstellen und artikulieren können. Nur so kann ein verbessertes gemeinsames Verständnis der Dynamik der Ressourcennutzung erreicht werden, auf dessen Grundlage sich Handlungsmöglichkeiten im Sinne eines verbesserten Ressourcenmanagements identifizieren lassen.

1.1.4 Wo liegen Anfang und Ende von Analyse und Diagnose?

Die Frage nach dem Anfang scheint leichter zu beantworten zu sein als die Frage nach dem Ende von Erkundung und Diagnose. Der Anfang liegt dort, wo ein Projektteam mit den ersten Fragen eine Ausgangssituation zu verstehen versucht. Die Frage nach dem Ende läßt sich jedoch genauso leicht beantworten, da es ein genau definierbares Ende nicht gibt. Erkundung und Diagnose können immer nur einen vorläufigen Abschluß haben, d.h. wenn gemeinsam mit den Akteuren ein Punkt gefunden wurde, von dem aus erste Aktivitäten, und sei es nur mit Pilotcharakter, begonnen werden. Das **Verstehen von Prozessen** wird somit zu einer **permanenten Aufgabe im Prozeßmanagement**.

Es hat immer wieder Projekte gegeben, die mit einer weiteren Studie zu spezifischen Fragen der Ressourcennutzung den Zeitpunkt hinauszögern wollten, an dem konkrete Aktivitäten beginnen können, ausgehend von der stereotypen Feststellung: „Wir wissen noch zu wenig." Mit dieser Feststellung ließe sich eine unbegrenzte Zahl von Studien begründen, da das Wissen über eine Projektsituation immer unvollständig sein wird.

Das entscheidende Argument für **das Akzeptieren von Unsicherheit** liegt in der Erkenntnis, daß sich die Akteure erst in der gemeinsamen Aktion von einer anderen, entscheidenden Seite kennenlernen. Im gemeinsamen Handeln erweist sich, wie verbindlich die gemachten Absichtserklärungen waren, und welcher der Akteure in welchem Maße Verantwortungs- und Veränderungsbereitschaft zeigt.

1.2 Prozesse initiieren – Planung und Organisation

1.2.1 Wie kommen wir zu gemeinsamen Zielen und Strategien?

Kasten 17: Projekt und Bevölkerung: Gibt es ein gemeinsames Anliegen?

„Wird der Rat der geschulten Fachperson wirklich verstanden, in die eigene Erfahrung integriert und mit herkömmlichen Vorstellungen innerlich verknüpft? Oder wird aufgrund von Druck, Hierarchiedenken oder Resignation ein Konzept übernommen, das fremd bleibt und für welches keine Mitverantwortung verspürt wird? Beruht die Zusammenarbeit zwischen Beratern und Bauer/Bäuerin auf gegenseitigem Vertrauen und Respekt? Bringen die Berater hierzu die geeignete innere Haltung mit, oder verstehen sie sich als Experten, die es besser wissen? Gibt es in den vielfältigen menschlichen Beziehungen des Projekts... einen tragenden inneren Grund, ein verbindendes Anliegen,..., die es allen Beteiligten ermöglicht, je an ihrem Platz ganz dabei zu sein?"

Quelle: Högger, R. (1994), S. 100

Ausgehend von einer Potential- und Problemanalyse mit Blick auf ein nachhaltiges Ressourcenmanagement lassen sich gemeinsam mit den beteiligten Akteuren Ziele vereinbaren und Strategien zur Zielerreichung identifizieren.Der Prozeß der Zieldefinition und Strategieerarbeitung ist an anderer Stelle hinreichend dargestellt worden (vgl. z.B. GTZ 1997 und DEH 1992); insofern sollen nur einige aus RMSH-Sicht besonders wichtige Fragen formuliert werden:

- Wer von den Beteiligten hat welche Chance, Zielfindung und Strategieerarbeitung zu beeinflussen?
- Wessen Ziele und Strategien setzen sich durch?
- Wer identifziert sich in welchem Maße mit den vereinbarten Zielen?
- In welchem Maße werden Zieldefinition und Strategieerarbeitung durch vorgegebene institutionelle Abläufe bestimmt?

- Welchen Entwicklungsbedarf für die Strategie(n) gibt es und welche Prozeßschritte werden für die Strategie(n)entwicklung vereinbart?
- Wer wird welche Verantwortung für die Zielerreichung übernehmen?
- Was sollte nicht passieren, damit die Ziele erreicht werden können?
- Wie gehen die Beteiligten mit Unsicherheit um?
- Wer soll was gelernt haben, wenn die Ziele erreicht sind?

Kasten 18: Wer die Macht hat...

„For learning, power is a disability. Part of the explanation of persistent error lies in interpersonal power relations. Powerful professionals can impose their realities......Uppers' learning is impeded by personal dominance, distance, denial and blaming the victim. Fort their part, lowers defend themselves through what they select to show and tell, diplomacy, and deceit. Self-deception and mutual deception sustain myths. Questionnaire surveys tend to confirm the realities of uppers, imposing their constructs and mirroring their realities. Uppers, especially senior males, patriarchs and academics, are vulnerable to being out-of-touch and out-of-date. Multiple channels of positive misinformation mislead the World Bank and the self-deceiving state. Believing becomes seeing. All power deceives, and exceptional power deceives exceptionally."

Quelle: Chambers, R. (1997), S. 76

1.2.2 Wer hat welche Potentiale und Probleme in bezug auf Fähigkeiten, die für RMSH relevant sind?

Wenn ein Projekt in Situationen und Prozesse eingreift, wird es nicht nur auf Probleme, sondern auch auf Potentiale stoßen. Eine problemlose Situation ist ebenso wenig denkbar wie eine potentiallose. Oft ist gar nicht auf den ersten Blick erkennbar, was ‚Problem' und was ‚Potential' ist: Ist eine dörfliche soziale Organisation ein Problem, weil sie den Ressourcenzugang bestimmter Nutzergruppen einschränkt, oder ist sie ein Potential als Kooperationspartner für ein Projekt? Sie kann beides sein, je nach der Frage ‚Problem oder Potential in bezug worauf?' Probleme und Potentiale existieren nicht per se, sondern immer im Zusammenhang mit bestimmten Akteuren: **Welcher Akteur hat in bezug worauf welche Probleme und Potentiale?** Selbst naturräumliche Gegebenheiten können nicht scheinbar neutral betrachtet, sondern müssen im Kontext einer bestimmten aktuellen oder potentiellen Nutzung durch Akteure gesehen werden.

Eine bestimmte Situation kann daher aus der Sicht eines Akteurs ein Problem darstellen, während sie von einem anderen Akteur als Potential angesehen wird. So kann eine Wasserpumpe an einem bestimmten Ort aus der Sicht von Tierhaltern ein Potential sein (in bezug auf die besser gesicherte Wasserversorgung der Herden), während für Ackerbauern die aus ihrer Sicht zu erwartenden Probleme von Viehverbiß und Viehtritt im Vordergrund stehen. Aussagen zu Problemen und Potentialen enthalten somit immer eine subjektive Sichtweise (vgl. Abschnitt 1.1.1). Natürlich versuchen Akteure immer wieder – Projektteams sind hier mit Sicherheit nicht auszunehmen –, ihrer Problemsicht das Mäntelchen der Objektivität umzuhängen. Bei einem vermeintlich objektiven Problem ist es leichter zu begründen, daß dessen Lösung Priorität haben sollte.

In der EZ ist die Problemorientierung in Verbindung mit den einschlägig bekannten Instrumenten und Werkzeugen gängige Praxis. Eine Balance von Problem- und Potentialanalyse wird dagegen nur selten erreicht. Das in Kasten 19 dargestellte Analyseschema ist so angelegt, daß Probleme und Potentiale sozusagen in einen Blick genommen werden können. Es unterscheidet zwischen zwei „Familien" von Akteursgruppen: ‚Ressourcennutzer' und ‚Förderorganisationen (staatlich, nichtstaatlich, privat). Diese beiden „Familien" werden darauf hin betrachtet, welche Probleme und Potentiale sie in bezug auf verschiedene Fähigkeiten haben. Dies sind ausgewählte Fähigkeiten, die aus RMSH-Sicht von besonderer Bedeutung sind. Für die Ressourcennutzer sind dies:

- Organisieren und mobilisieren,
- Konflikte „managen",

- Entscheidungen treffen über Nutzungsregeln,
- konkurrierende Nutzungsansprüche verhandeln,
- Druck auf Institutionen ausüben,
- angepaßte Landnutzungstechniken (weiter)entwickeln,
- Einzelmaßnahmen planen und durchführen,
- Analyse → Reflexion → Aktion.

Kasten 19: Wesentliche Fähigkeiten der Akteure

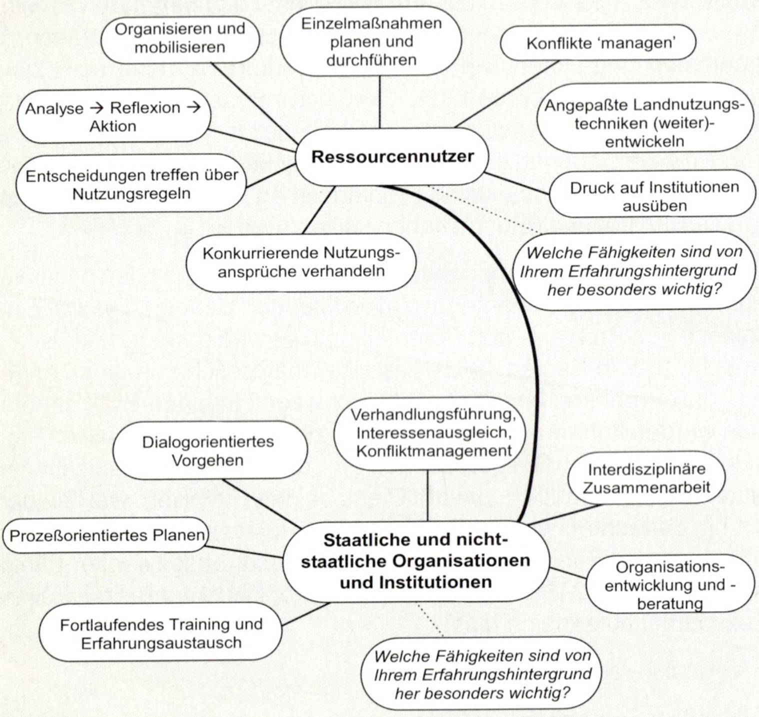

Für die „Familie“ der Förderorganisationen sind aus RMSH-Sicht folgende Fähigkeiten von besonderer Bedeutung:

- dialogorientiertes Vorgehen
- Verhandlungsführung, Interessenausgleich, Konfliktmanagement
- interdisziplinäre Zusammenarbeit
- Organisationsentwicklung und -beratung
- prozeßorientiertes Planen
- fortlaufendes Training und Erfahrungsaustausch

Durch das Kennenlernen der Akteure wird es nach und nach möglich sein, im Sinne der Klärung der Sichtweise in einem Projektteam für jede der genannten Fähigkeiten das **Verhältnis von Defiziten und Potentialen genauer** zu **bestimmen**. Beherscht die Behörde A besonders gut das Top-down-Vorgehen, so gibt es einen erheblichen Lern- und Veränderungsbedarf bezüglich ‚dialogorientiertes Vorgehen‘. Wie groß ist das korrespondierende Potential? Ist es zu gering, so wäre der Lern- und Veränderungsbedarf kaum zu bewältigen. Das Bild differenziert sich zusätzlich dadurch, daß Eigen- und Fremdeinschätzung in bezug auf eine bestimmte Fähigkeit erheblich auseinanderliegen können. So mag eine Akteursgruppe der anderen Potentiale absprechen, über die letztere aus eigener Sicht durchaus verfügt. Oder eine Akteursgruppe betont, wie groß der Lern-und Veränderungsbedarf einer Akteursgruppe ist, um den eigenen Lern- und Veränderungsbedarf zu kaschieren.

Defizite und Potentiale der Akteure zu analysieren ist kein Selbstzweck. Wenn diese Analyse gemeinsam mit den beteiligten Akteuren schrittweise realisiert wird, bieten sich **Einstiegspforten für veränderndes Handeln**: ‚Wie können wir als dörfliches Entwicklungskommittee unsere Fähigkeit verbessern, Druck auf Institutionen auszuüben?‘ Wenn dieser Frage nachgegangen würde, stieße man wahrscheinlich auf Strategien und Interessen der Akteure, aber auch auf Widerstände gegen Veränderung. Dadurch wird verständlich, warum Potentiale nicht einfach so gefördert werden können, und warum ein Akteur einen Lern- und Veränderungsbedarf nicht so ohne weiteres anerkennt, obwohl es sich andere Akteure wünschen.

1.2.3 Wer ist bereit, sein/ihr Verhalten in Sinne eines nachhaltigen Ressourcenmanagements zu verändern?

Ausgehend von einem Grundverständnis der Dynamik der Ressourcennutzung und einer ersten Bestandsaufnahme der Potentiale und Defizite der verschiedenen Akteure kann mit dem Blick auf ein verbessertes Ressourcenmanagement die Frage angegangen werden, wer dazu welche Beiträge leisten will und kann. Damit wird der Blick gerichtet auf die Veränderungspotentiale. Angesichts konkurrierender Nutzungsansprüche an natürliche Ressourcen sind Veränderungen in Richtung auf ein nachhaltiges Ressourcenmanagement nur denkbar, wenn Planung als **Verhandlungsprozeß zwischen unterschiedlichen Akteuren bzw. Nutzergruppen** verstanden wird. Aus RMSH-Sicht ist für einen derartigen Planungsprozeß vor allem von Bedeutung,

- **daß alle Nutzergruppen die Chance haben, sich zu beteiligen**. Dies verlangt ggf. besondere Anstrengungen, wenn z.B. nichtseßhafte Bevölkerungsgruppen wie nomadisierende Tierhalter mit einbezogen werden müssen oder Nutzergruppen mit geringem sozialen Status und damit verbunden geringen Artikulationsmöglichkeiten für ihre Belange und Interessen.
- **daß vom lokalen Planungsbedarf und -verständnis ausgegangen wird**. Wieviel, in welcher Intensität und über welchen Zeitraum in bezug auf die Ressourcennutzung geplant werden soll, ist bereits der erste Schritt des Verhandlungsprozesses. Hier wird es im Sinne eines partizipativen Vorgehens unverzichtbar sein, Planungskonzepte, die mit besten Absichten vom Projektteam vertreten werden, im Lichte der Vorstellungen und Ideen der

lokalen Akteure zu relativieren und ggf. grundsätzlich zu modifizieren.

- **daß bei der situationsspezifischen Ausgestaltung des Verhandlungsprozesses die lokalen Machtkonstellationen berücksichtigt werden.** Es hat wenig Sinn, einen runden Tisch aufzustellen, an dem alle Nutzergruppen Platz nehmen, obwohl aufgrund der lokalen Machtkonstellation absehbar ist, wer an diesem Tisch das Sagen haben wird. In vielen Situationen mag es sinnvoller sein, nach dem Prinzip der Perspektiventrennung mit einzelnen Nutzergruppen getrennte Diskussionen zu führen, dabei Positionen und Optionen zu klären, und alle Nutzergruppen erst dann zu einem Entscheidungsprozeß zusammenzubringen, wenn möglichst faire Beteiligungsmöglichkeiten für die verschiedenen Nutzergruppen geschaffen werden können. Hier kann das Projektteam bereits im Planungsprozeß eine wichtige moderierende Funktion übernehmen.
- **daß eine periodische Prozeßreflektion stattfindet**, vor allem mit Blick auf die Frage: Wer hat in welchem Maße Ownership für den Planungsprozeß entwickelt?

1.2.4 Wem gehört die Planung und die daraus entstehenden Pläne?

Ownership-Entwicklung für verbessertes Ressourcenmanagement fängt mit der Planung und der Organisation der Zusammenarbeit zwischen den verschiedenen Akteuren an. **Was muß passieren bzw. nicht passieren, damit Nutzergruppen sich mit einem Ressourcenmanagementplan, der ihre Flächen betrifft, identifizieren**? ‚Identifizieren' heißt in diesem Zusammenhang, daß sie die Realisierung dieses Planes zu ihrer Angelegenheit machen und diese mit dem entsprechenden Engagement vorantreiben.

In der Praxis von Ressourcenmanagement-Vorhaben ist dies oft genug ein Problem. Nutzergruppen beteiligen sich zwar in der ein oder anderen Art und Weise an der Planerstellung; wenn jedoch die praktische Arbeit mit dem Plan beginnt und das Projektteam im Plan getroffene Vereinbarungen anmahnt, zeigt sich, daß im Planungsprozeß zu wenig Ownership der Nutzergruppen entstanden ist. Woran mag das liegen?

Würde man den Planungsprozeß rückblickend analysieren, müßte man konkret der Frage nachgehen, wer im Planungsprozeß welche **Rollen und Verantwortlichkeiten** wahrgenommen hat. In einem Planungsprozeß, mit dem sich die Nutzergruppen kaum identifizieren konnten, haben die Akteure, die eigentlich nur eine unterstützende Funktion haben sollten, wie z.B. das Projektteam, eine dominierende Rolle gespielt. Das Projektteam hat möglicherweise diese dominierende Rolle gar nicht von Anfang an an sich gezogen; sie hat sich daraus ergeben, daß von Seiten der Nutzergruppen wenig Engagement für die Übernahme von Verantwortung im Planungsprozeß entwickelt wurde. Anstatt dies zum Anlaß zu nehmen für eine Lernschleife, hat das Projektteam die Dinge in die Hand genommen, um den Planungsprozeß in der vereinbarten Zeit abzuschließen.

Ownership kann nur dann entstehen, wenn die Akteure soviel Initiative und Verantwortung übernehmen „müssen“, daß sie dies bei zu geringem Interesse an dem Planungsprozeß nicht tun würden. Was das in einer konkreten Situation heißt, läßt sich nicht verallgemeinern.

Von besonderer Aussagekraft ist in diesem Zusammenhang die **Erfahrung des VARENA-Projektes in Burkina Faso**. Das Projekt hatte zu Beginn der ersten Phase einen klassischen Zonierungsansatz als Ausgangspunkt für die Landnutzungsplanung genommen. Die Flächeninanspruchnahme in der gesamten Dorfgemarkung sollte neu gestaltet werden, um die Voraussetzungen für ein verbessertes Ressourcenmanagement zu verbessern. Als die Planungsarbeit in den Dörfern begann, merkte das Projektteam nach einiger Zeit, daß der Planungsprozeß entsprechend dieses Zonierungsansatzes nur dann voranging, wenn das Projektteam die Initiative ergriff bzw. am Ball blieb. Weiterhin beobachtete das Projektteam, daß Entscheidungen bezüglich der veränderten Landnutzung nur schleppend getroffen wurden. Das Projektteam hat in dieser Situation gerade nicht so reagiert, daß es die dominierende Rolle übernommen hätte, sondern innegehalten, um die Gründe für das reservierte und zögerliche Verhalten der Nutzergruppen zu verstehen. Aus den diesbezüglichen Diskussionen ergab sich ganz deutlich, daß aus Sicht der Dörfer eine umfasende Reorganisation der Ressourcennutzung innerhalb der Dorfgemarkung nicht ihren Prioritäten entsprach. Die Dörfer konnten jedoch aus ihrer Sicht bestimmte Probleme der Ressourcennutzung benennen und für die Lösung dieser Probleme, z.B. Viehverbiß und Viehtritt durch unkontrollierte Beweidung, auch entsprechendes Engagement aufbringen.

Das Projekt hat aufgrund dieser Erfahrungen gelernt und seinen Zonierungsansatz aufgegeben zugunsten einer flexiblen Unterstützung dörflicher Initiativen zur veränderten Landnutzung. Jedes Dorf kann nunmehr entscheiden, wie weit es in der Landnutzungsplanung gehen möchte. Ein Dorf kann daher mit der Ausweisung eines Viehkorridors und Maßnahmen zum Uferschutz beginnen, ausgehend von einer als besonders drängend empfundenen Problematik, und in einem späteren Stadium zur Ausweisung von Schutzzonen oder Landwirtschafts- und Weidezonen kommen. Es gibt inzwischen auch Dörfer, die ihre gesamte Flächennutzung restrukturiert haben; dort entsprach es jedoch den Prioritäten der Nutzergruppen und war nicht durch den vom Projekt vorgegebenen Zonierungsansatz quasi erzwungen. Insgesamt gesehen hat die Abkehr von dem Anspruch der systematischen Zonierung der gesamten Dorfgemarkung Raum geschaffen für Eigeninitiative und Eigenverantwortung der Dörfer. Dadurch hat sich Ownership entwickelt und die Chancen auf Nachhaltigkeit sind erheblich gestiegen.

Ownership-Entwicklung hat mit Rollen und Verantwortlichkeiten während des Planungsprozesses zu tun, aber auch mit der **Verteilung von Aufgaben und Verantwortlichkeiten während der Durchführung**.

Wenn die Nutzergruppen eines Dorfes oder in einem Wassereinzugsgebiet von einem Projekt eine weitgehende Unterstützung im technischen und materiellen Bereich angeboten bekommen, ohne daß sie substantielle Eigenleistungen mobilisieren müssen, wird ihre Zustimmung zu der damit verbundenen Planung leicht zu bekommen sein, jedoch wird trotzdem keine oder nur in geringem Maße Ownership entstehen. Ownership-Entwicklung wird also dadurch gefördert, daß Nutzergruppen in der Durchführung nicht „nur“ Verantwortung im Sinne von Entscheidungsbefugnissen übernehmen, sondern auch **in substantiellem Maße eigene Ressourcen einsetzen**.

Welche Ressourcen die Nutzergruppen einsetzen können und wollen, und welche Ressourcen unterstützend vom Projekt eingebracht werden, ist Teil des Verhandlungsprozesses (vgl. dazu auch die Ausführungen zum Handlungsfeld 2). Ownership kann jedoch auch durch Verhandlungs- und Abstimmungsprozesse zwischen Repräsentanten verschiedener Akteursgruppen entstehen, ohne daß in größerem Umfang eigene Ressourcen eingesetzt werden müssen.

Kasten 20: Nepal: Verantwortung für den Wald übernehmen

„In der Anfangsphase des *Community Forestry Programmes* lagen die Schwerpunkte vor allem beim Schutz der noch halbwegs intakten Waldbestände, z.B. vor Beweidung, Holzdiebstahl, Feuer, sowie bei der Gründung von Baumschulen und der Aufforstung von Kahlflächen. Zunehmend rückt nun der Bewirtschaftungsgedanke in den Vordergrund. Viele der vormals geplünderten aufgelichteten Gemeinschaftswälder haben sich durch Schutzmaßnahmen erholen können bzw. wurden kahle Stellen erfolgreich wieder aufgeforstet. Durch Bewirtschaftungspläne geregelte Nutzungen, wie z.B. durch Forstungen, erbringen neben Bau- und Brennholz für den Eigenbedarf oft auch nicht zu unterschätzende Einnahmen für die Nutzergruppen. Das Holz wird zum Teil zu einem geringen Preis innerhalb der Nutzergemeinschaft, und zu einem weiteren Teil zu einem wesentlich höheren Preis an Außenstehende verkauft. Nach den Bestimmungen des Bewirtschaftungsplans wird das Geld in einen Gemeinschaftsfonds eingezahlt und für weitere forstliche Aktivitäten oder sonstige Gemeinschaftsvorhaben, z.B. Schulen, Straßen oder Gemeindehäuser, ausgegeben. Die Nutzergemeinschaft bestimmt also über den Verwendungszweck. Gleichzeitig steigt damit natürlich auch die Wertschätzung und das Interesse für den eigenen Wald.“

Quelle: Kleemann/Stoll (1996), S. 27

1.2.5 Welche Lernmöglichkeiten bieten sich?

Wenn ein Vorhaben im Ressourcenmanagement die Entwicklung von Selbsthilfefähigkeiten der verschiedenen Akteure fördern will, dann beginnt dies nicht erst nach dem Planungsprozeß, d.h. mit der

Umsetzung, mit der praktischen Aktion. Bereits der Planungsprozeß birgt für alle Beteiligten **vielfältige Lernmöglichkeiten** in sich. Dies wird umso stärker der Fall sein, je mehr die verschiedenen Akteure mit einem Verhandlungsprozeß über die Verbesserung der Ressourcennutzung Neuland betreten. In diesem Zusammenhang sollen folgende **Lernfelder** besonders betont werden:

- **Veränderung der Rollen und Verantwortlichkeiten in der Planung**. So kann es für die Mitarbeiter einer Planungsbehörde zu einem starken Lernereignis werden, wenn sie dörflichen Nutzergruppen im Planungsprozeß einen Gestaltungsspielraum überlassen, den sie vorher immer selbstverständlich für sich beansprucht haben.
- **Veränderte Kooperationsformen**. Im Planungsprozeß kann sich für beteiligte Organisationen und Gruppen die Notwendigkeit ergeben, ganz anders als bisher zusammenzuarbeiten, mit dem gemeinsamen Ziel eines verbesserten Ressourcenmanagements.
- **Umgang mit Konflikten**. Im Planungsprozeß kann eine Situation entstehen, in der ein scheinbar unlösbarer Konflikt zwischen verschiedenen Nutzergruppen sinnvoll bearbeitet wird (s. dazu auch die Ausführungen in Handlungsfeld 4).
- **Partizipationsmechanismen.** Wenn in einem Planungsprozeß Nutzergruppen Beteiligungsmöglichkeiten haben, die ihnen bisher nicht offenstanden, kann das ein vielversprechender Ansatzpunkt für verbesserte Partizipationsformen und -mechanismen sein.

Kasten 21: Lernprozesse und die Gefahr der Überforderung

„Bei der Realisierung partizipativ-kooperativer Planungsverfahren werden von allen Beteiligten, im Dorf, im Projekt, in den staatlichen Diensten, gemeinsam neue Erkenntnisse und Fähigkeiten erworben. Es werden andere Sichtweisen und Einstellungen erkannt, verstanden und respektiert, und es werden unter Umständen Rollen neu definiert. Das Zulassen (Zeit-lassen!) und die Gestaltung der Lernprozesse sind für den langfristigen Erfolg, die Instititutionalisierung des Beteiligungsverfahrens und die Nachhaltigkeit von wesentlicher Bedeutung.

Vorsicht ist jedoch auch vor einer Überforderung geboten. „Forcierte“ Partizipation, permanente Dorfversammlungs-Marathons in der arbeitsintensiven Jahreszeit oder die Gründung von Komitees für jeden Bedarf und bei jedem Anlaß, werden rasch die physischen Kapazitäten sowie die psychische und soziokulturelle Belastbarkeit von Bevölkerung und lokalen Institutionen überfordern. Enttäuschung und Resignation werden umso größer sein, wenn kurzfristig keine greifbare Verbesserung der Lebenssituation der Bevölkerung daraus resultiert.“

Quelle: GTZ (Arbeitsgruppe Integrierte Landnutzungsplanung) (1995), S. 106

1.2.6 Was kann wie detailliert geplant werden?

Ein detaillierter Plan, der genaue Handlungsmaßgaben für alle Beteiligten über einen längeren Zeitraum enthält, hat etwas Faszinierendes: Er vermittelt den Eindruck, nach einer intensiven gemeinsamen Plananstrengung den erarbeiteten Plan „nur noch“ umsetzen zu müssen. Alle Erfahrungen sprechen jedoch dagegen, Handlungsweisen verschiedener Akteure in einem komplexen Setting als vorhersehbar anzusehen. Möglicherweise hat sich eine gewisse Planungseuphorie eingestellt; ein Plan ist unter Zeitdruck fertiggestellt worden, die Beteiligten haben mehr oder weniger erfolgreich ihre ‚hidden agendas‘ verborgen; und bald wird sich erweisen, wie gering letztlich der Realitätsgehalt des Planes gewesen ist.

Wenn Planung als ein Hilfsmittel verstanden wird, um Vereinbarungen zwischen verschiedenen Akteuren über konkrete Aktionen bzw. Handlungsschritte zu erreichen, dann hängt der Grad der Detaillierung bei der Planung davon ab, wieviel Detaillierung den Beteiligten zu einem bestimmten Zeitpunkt sinnvoll erscheint, und wieviel Planungsunsicherheit die Beteiligten auf der anderen Seite in Kauf zu nehmen bereit sind bzw. als notwendig ansehen.

Wenn sich Akteure z.B. auf die Rehabilitierung eines Wassereinzugsgebiets im Sinne eines nachhaltigen Ressourcenmanagements verständigen, dann können sie gemeinsame Ziele definieren. Ausgehend von diesen Zielen können sie sich auf Strategien verständigen, um diese Ziele zu erreichen. Möglicherweise müssen aber wichtige Elemente dieser Strategien noch entwickelt werden, wie z.B. die Festlegung von Regeln und Organisationsformen für kontrollierte Beweidung. Die Planung würde sich dann zu einem frühen Zeitpunkt darauf konzentrieren, das ‚wie?' und ‚wann?' und ‚mit wessen Beteiligung?' der Strategieentwicklung festzulegen.

Die Umsetzung bzw. Anwendung der Strategien wird den **Einsatz von Instrumenten und Methoden** beinhalten, und damit im Zusammenhang auch zur **Realisierung von konkreten Aktivitäten** führen. Wenn Strategien teilweise erst entwickelt werden müssen, ist das Schnüren eines fertigen Maßnahmenpaketes zu einem frühen Zeitpunkt nicht sinnvoll. Dann würde auch hier gelten, daß die **Prozeßschritte definiert** werden, über die spätere Entscheidungen zu Maßnahmen zur Rehabilitierung des ‚watersheds' möglich werden. Es kann aber durchaus sinnvoll sein, zu einem frühen Zeitpunkt **Pilotaktivitäten,** z.B. zur Bepflanzung von Erosionsschutzstreifen, **konkret und detailliert** für einen überschaubaren Zeitraum zu **planen.**

Die Herausforderung in der konkreten Projektarbeit besteht somit darin, eine Balance zu finden zwischen strategischer Planung, die gemeinsame Orientierungen formuliert, der Planung von Prozeßschritten (z.B. zur Strategieentwicklung) sowie der detaillierten Planung von bestimmten Maßnahmen bzw. -bereichen.

Nun mag eingewendet werden von Praktikern, daß häufig die administrativen Abläufe in den Geberorganisationen und häufig auch in den staatlichen Partnerinstitutionen eine Planungstiefe und -detailliertheit zu einem frühen Zeitpunkt erfordern, durch die nachgewiesen werden soll, welche Aktivitäten wann und mit welchen Kosten durchgeführt werden sollen. Wenn Handlungsspielräume für die flexiblere Gestaltung des Planungsablaufs nicht bestehen oder nicht hinreichend genutzt werden, muß in Kauf genommen werden, daß unrealistische und ohne genügend Ownership entwickelte Pläne zur

Grundlage von Finanzierungs- und Bewilligungsentscheidungen gemacht werden.

Aus RMSH-Sicht ist es dringend erforderlich, daß Pläne verbindlich sind, damit sich die Beteiligung für die verschiedenen Akteure auch gelohnt hat, andererseits aber in der Durchführung so flexibel mit den Plänen gearbeitet wird, daß auf veränderte Bedingungen reagiert werden kann und sich ändernde Sichtweisen der Akteure berücksichtigt werden können. Dadurch entsteht die Offenheit, aus Erfahrungen zu lernen und in der Planung getroffene Vereinbarungen zu überprüfen – ‚sind wir noch auf dem richtigen Wege?' –, zu modifizieren oder ggf. grundsätzlich zu ändern.

Kasten 22: Planung und Verläßlichkeit

„Wenn ein Plan Menschen verbinden und Vertrauen schaffen soll, muß er Gültigkeit beanspruchen dürfen. Anders ist gemeinschaftliches Handeln auf Veränderungen hin nicht möglich. Gemeinschaftliche Planung setzt gegenseitige Verläßlichkeit voraus. Andererseits sind in der lebendigen Wirklichkeit alle äußeren Faktoren, so gut wie alle inneren Haltungen und alle Beziehungen, einem stetigen (länger- oder kürzerfristigen) Wandel unterworfen. Kein Plan kann endgültig sein. Eine gute Planung muß deshalb immer auch den nötigen Raum dafür vorsehen, daß der Plan später angepaßt werden kann. Er soll verpflichten – aber nur auf Zeit. Das heißt, bis zu jenem Zeitpunkt, da das gemeinsam Geleistete miteinander evaluiert und allenfalls angepaßt wird, oder wenn andere wichtige Umstände dies erfordern. Die Selbstevaluation ist eine Möglichkeit, auf diesen Wandel partnerschaftlich einzugehen."

Quelle: DEH (1992), S. 31

1.3 In Prozessen handeln – Aktion und Durchführung

Wenn in diesem Abschnitt von ‚in Prozessen handeln' gesprochen wird, dann ist damit das **gezielte Eingreifen in bzw. das Einwirken auf Prozesse** gemeint. Wenn sich ein Projektteam z.B. entscheidet, seine Rolle in der Planung anders zu definieren, um damit anderen Akteuren mehr Handlungsspielraum im Planungsprozeß zu geben, dann ist dies ein gezielter Eingriff in den Prozeß der Ownership-Entwicklung. Ob ein Projektteam gezielte Impulse setzt oder nicht, es bleibt ein Akteur und damit eingewoben in den Systemzusammenhang der verschiedenen Akteure und der zwischen ihrem Handeln bestehenden Wechselwirkungen.

1.3.1 Wer engagiert sich für welche Art von Aktion?

Zunächst soll der Frage nachgegangen werden, welchen **Charakter** Aktionen haben können. Hier sind ganz unterschiedlichen Szenarien zu beobachten:

- Es werden **Initiativen einzelner Akteure** aufgegriffen und als Pilotaktivitäten beispielhaft unterstützt. Die Initiative geht somit nicht vom Projektteam aus; das Projektteam bietet lediglich eine bestimmte Art der Unterstützung an, um mit Pilotaktivitäten Erfahrungen zu sammeln.
- Von einem Projekt im Ressourcenmanagement werden **Aktionen** unterstützt, **zu denen bereits vielfältige Erfahrungen vorliegen** und nur noch ein relativer geringer Unterstützungsbedarf des Projektes erforderlich ist. In diesem Falle wird das Projekt seine Unterstützung besonders auf die Verbreitung der positivien Erfahrungen richten.
- Im Planungsprozeß sind **Aktionen** vereinbart worden, an denen die lokalen Akteure beteiligt sind, in denen das **Projektteam** aber noch **eine maßgebliche Verantwortung** übernimmt. Diese Verantwortung kann darin bestehen, daß substantielle Anreize für eine Mitwirkung der lokalen Akteure gegeben werden.
- Ein Projektteam mag zu der Entscheidung gekommen sein, daß es **Pilotaktivitäten in Eigenregie** durchführt, d.h. ohne Betei-

ligung der Zielgruppen. Damit sollen in einem bestimmten Bereich Erfahrungen gesammelt werden, aus denen in einem späteren Stadium konkrete Aktionsvorschläge resultieren, die dann mit den Akteuren zusammen diskutiert und realisiert werden.

Bei diesem Szenario übernimmt das Projekt die 100%ige Verantwortung und das Risiko, daß Pilotaktivitäten entwickelt werden, die später den Zielgruppen quasi angedient werden müssen. Wenn in einem Projektgebiet in bezug auf eine bestimmte Nutzungsart keinerlei Erfahrungen gegeben sind und keiner der lokalen Akteure genügend Innovationsbereitschaft aufbringt, um sich an einer Pilotaktivität zu beteiligen, sollte sich ein Projektteam sehr gut überlegen, ob es die Pilotaktivität trotzdem in Eigenregie durchführen will.

Je nach Charakter der Aktion(en) wird sich die Zusammenarbeit mit den Akteuren unterschiedlich gestalten. Je stärker die Initiative bereits von den Akteuren ausgeht, desto mehr kann sich das Projekt auf nachfrageorientierte Unterstützungsmaßnahmen konzentrieren. Gerade in einem frühen Projektstadium, in dem Pilotaktivitäten noch einen größeren Raum einnehmen, stellt sich jedoch die Frage, wer von den Akteuren Verantwortungs- und Innovationsbereitschaft zeigt.

Im dörflichen Ressourcenmanagement oder auch im ‚Micro watershed development' wird ein Projektteam bald merken, wie **unterschiedlich die Dynamik in einzelnen Dörfern** ist. Eine Pilotaktivität, für die in einem Dorf relativ schnell Ownerhsip entsteht, geht möglicherweise im Nachbardorf nur schleppend voran. In der konkreten Aktion wird somit offenbar, welche soziostrukturellen Besonderheiten auf der Mikroebene als **treibende oder hemmende Kräfte** wirksam werden. Die Kunst im konkreten Vorgehen besteht darin, vor allem mit den Dörfern zusammenzuarbeiten, in denen das Verhältnis zwischen treibenden und hemmenden Kräften relativ günstig ist, aber auch wiederum nicht so günstig, daß Lernerfahrungen nur unter untypisch günstigen Rahmenbedingungen möglich sind. Zu dieser Kunst gehört aber auch, konsequent genug zu sein, um eine Kooperation ggf. auszusetzen oder gar abzubrechen, wenn die hemmenden Kräfte ein zu großes Gewicht bekommen. Das kann z.B.

dann der Fall sein, wenn die Nehmerhaltung sehr ausgeprägt oder wenn die interne Machtbalance so prekär ist, daß Entscheidungen, gerade bei nutzungsrechtlichen Fragen, nur mühsam zu treffen sind.

1.3.2 Welche Rolle sollte das Projekt spielen?

Je nach Charakter einer Aktion bewegt sich die Rolle des Projektes zwischen „Macher" und begleitendem Unterstützer und Impulsgeber. Je weniger Initiativen seitens der Akteure und je weniger Nachfrage nach Unterstützungsleistungen des Projektes artikuliert wird, desto größer wird die Versuchung für ein Projektteam sein, die „Macher"-Rolle zu übernehmen. In der folgenden Abbildung (Kasten 23) wird dieser Zusammenhang illustriert. Dabei wird die Beziehung zwischen den dörflichen Akteuren und dem unmittelbaren Ansprechpartner von Projektseite fokussiert. Auch wenn in der Projektrealität Zwischenformen denkbar sind, bewegt sich die Rolle des Projektteams zwischen den drei Grundkonstellationen:

- „Macher"
- Partner in einem gemeinsamen Aktion
- Berater/in, der/die nur auf Nachfrage tätig wird.

Aus RMSH-Sicht sind für den Prozeß der Rollenklärung des Projektteams die folgenden Fragen von ausschlaggebender Bedeutung:

Wieweit sollte das Projektteam eingreifen?

Das Projektteam sollte dem **Subsidiaritätsprinzip** folgen. Entscheidungen sollten soweit wie möglich von den unmittelbar Betroffenen gefällt werden, d.h. denjenigen mit der größten Problemnähe. Dies würde z.B. im Fall der Festlegung von Nutzungseinschränkungen für einen Gemeindewald heißen, den Diskussionsprozeß zu unterstützen, die Entscheidungen aber den dörflichen Akteuren zu überlassen. Nur diese können einschätzen, welche Akzeptanz welche Art

Kasten 23: Different roles of a project

Quelle: Ndione u.a., (1995), S. 61

	Promotion project	Support project	Consultative structure
Nature of activities	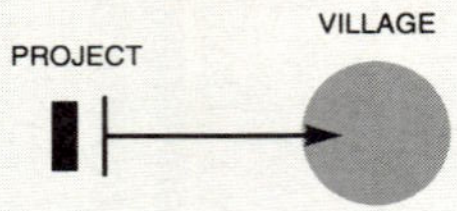 The project organizers seek the participation of the local people in order to implement their programme.	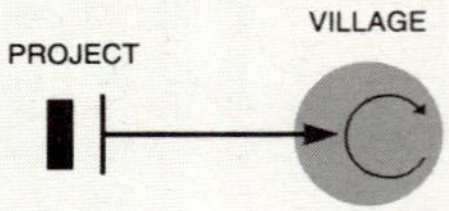 The project participates in local initiatives, ultimately by aiding reorientation or restructuring.	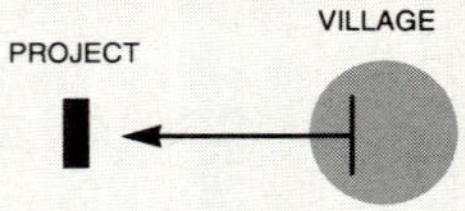 The 'project' (the structure) responds to a request for services from the village community or association.
Origin of impetus	The demand comes from the project, which provides the motivation.	The project maintains (or 'boosts') motivation.	The demand comes from the village. Motivation depends on the villagers alone.
Operational lever	Awareness-raising and incentives to gain the 'commitment' of the local people and encourage them to participate.	Backing for village initiative. Possible supply of additional resources. Promotion of communication.	Work to specifications. The village expects availability and competence.
Definition of success criteria	By the project	By the project and the village	By the villagers, who have sole responsibility for the operations
Role of the local people	Participation	Joint management of action (in interaction with the project)	Control: the action is the villagers' affair
Role of the project	Control over the action	Participation in the project at various levels	Specific activities in clearly defined areas
Planning	*Ex ante* (determined beforehand by the project)	*Ex post* (defined by the project and the village)	*Ex ante* (decided by the village)
Rationale behind the action	Transfer	Self-development	Matching of supply with a demand for services

von Nutzungseinschränkungen hätten. Es würde sich also verbieten, von Seiten des Projektteams ein Regelwerk vorzuschlagen und bei den dörflichen Akteuren auf Zustimmung zu drängen. Gerade afrikanische Dörfer wären in einer solchen Situation flexibel genug, auch Nutzungsregeln „aufzunehmen“, die dem Projektteam besonders am Herzen liegen, ohne sich natürlich für deren Einhaltung verantwortlich zu fühlen.

Was sollte das Projektteam tun, um Ownership zu fördern?

Die Orientierung am Subsidiaritätsprinzip fördert die Entstehung von Ownership. Darüber hinaus ist es entscheidend, **Raum für Ownership-Entwicklung** zu **lassen**, gerade wenn Eigenveranwortung nicht von den lokalen Akteuren eingefordert wird. Dies wird in vielen Fällen daran liegen, daß die dörflichen Akteure mit gar nichts anderem rechnen, als das Projektteams oder Behördenmitarbeiter die Veranwortung an sich ziehen. Wenn das Projektteam entgegen der vorherrschenden Erwartungen den Raum für Verantwortungsübernahme läßt, werden die dörflichen Akteure ihn zunächst nur zögerlich besetzen, weil es für sie eine ganz neue Erfahrung ist. Wird dies von einem Projektteam falsch interpretiert und die Schlußfolgerung gezogen „Offensichtlich müssen wir doch die Dinge mehr in die Hand nehmen!“, dann bricht der Lernprozeß wieder ab. Hält das Projektteam die Unsicherheit jedoch aus und gehen daraufhin die dörflichen Akteure zuversichtlich in den neu gewonnenen Raum für Eigenverantwortung hinein, dann ist die Ownership-Entwicklung auf einem guten Wege.

Wie kann eine Balance gefunden werden zwischen Verbindlichkeit und Flexibilität?

Wenn Akteure ihre kostbaren Ressourcen in einem gemeinsamen Planungsprozeß investiert haben, mit einem einigermaßen ausgewogenen Ergebnis, dann sollte sich die Aktion, um der Verbindlichkeit willen, an den Planvorgaben orientieren. Die Entmutigung der Beteiligten wäre erheblich, wenn der Planungsprozeß rückblickend als beliebig darstünde. Diese Verbindlichkeit sollte jedoch nicht den

Blick trüben für unvorhergesehene Chancen, die sich in der Aktion bieten, um sie noch besser zu machen als geplant. Eine ebensolche Chance wäre es, wenn sich gleich bei den ersten Aktionen eine Planvorgabe als nicht sinnvoll oder unrealistisch erweist. Der Umgang mit den eigenen Plänen in der Aktion sollte flexibel und offen wie möglich sein, ohne jedoch die Verbindlichkeit der Planung – so sie es war! – grundsätzlich in Frage zu stellen.

1.3.3 Wie kann ich das Lernen der Akteure fördern?

In der Aktion sollte **Raum** geschaffen werden **für Prozeßbeobachtung und -reflexion**. Häufigkeit und Intensität werden davon abhängen, wie sicher sich die Beteiligten in bezug auf eine bestimmte Aktione bereits fühlen. Der Einstieg ist einfach: z.B. kann es, nach einer gemeinsamen Arbeit an einem Pilotstandort zur Konturlinienbepflanzung, sehr fruchtbar sein, selbst für eine kurze Weile der Frage nachzugehen: Wie habt ihr die Zusammenarbeit zwischen uns während dieser Aktion erlebt? In Verbindung damit wäre es für das Projektteam auch gut, sich nach Rückkehr an den Projektstandort Zeit zu nehmen, um seine Rolle in dieser Aktion zu reflektieren, ausgehend von den Rückmeldungen der dörflichen Akteure (vergleiche dazu auch den Abschnitt 1.4).

Insgesamt gilt, daß **Aktionen** eher als **reale Lernsituationen** gestaltet werden sollten denn als künstliche Experimentierfelder. Je ernsthafter und realer die Situation für alle Beteiligten ist, desto eher wird auch ein Lernen über praktische Schwierigkeiten in der Aktion möglich sein. Die Schaffung von künstlichen Experimentiersituationen, in der Regel verbunden mit starken, vom Projekt zur Verfügung gestellten Anreizen, begünstigt häufig das Entstehen von Insellösungen, die wenig Chancen auf Verbreitung haben.

Das Lernen der Akteure wird auch dadurch gefördert, daß **positive Erfahrungen,** die in Aktionen gewonnen wurden, **verbreitet** werden. Je mehr Ownership für eine Aktion bereits entwickelt werden konnte, desto besser sind die Chancen, daß sich positive Erfahrungen über die bestehenden informellen Kommunikationskanäle zwischen den Akteuren verbreiten. Nichtsdestotrotz kann und sollte ein Projekt die Verbreitung durch systematischem Erfahrungsaustausch zwischen den Akteuren fördern. Dazu liegen vielfältige praktische Erfahrungen vor.

Besonders interessant sind hier die Erfahrungen des **VARENA-Projektes in Burkina Faso** nach der Flexibilisierung des Zonierungsansatzes (vgl. Abschnitt 1.2.2). Nachdem die Dörfer, mit denen das VARENA-Projekt zusammenarbeitet, für einzelne Initiativen zur Reorganisation der Ressourcennutzung substantielle Ownership entwickelt hatten, verbreiteten sich diese Erfahrungen über informelle Kontakte zwischen den Dörfern. Für das Projektteam drückte sich dies darin aus, daß sie aus Dörfern, teilweise außerhalb der Interventionszonen des Projektes, Unterstützungsanfragen bekamen. Da das VARENA-Projekt gleichzeitig Ansätze zur zwischendörflichen Organisation unterstützt, waren diese auch Foren für den Erfahrungsaustausch.

Diese Form der Erfahrungsverbreitung war wesentlich effizienter und kostengünstiger als der in klassischen Beratungsansätzen praktizierte: Feldberatern/innen werden positive Erfahrungen über entsprechende Trainingsveranstaltungen beigebracht, damit sie diese als Multiplikator/innen in andere Dörfer tragen. Aus RMSH-Sicht sind Ansätze wie **‚farmer-to-farmer extension‘** oder **‚group-to-group extension‘** oder **‚exposure and dialogue‘** sehr viel effizienter und kostengünstiger. Sie bieten die Chance, einen Schneeballeffekt zu bewirken, so daß die Verbreitungsdynamik mehr und mehr in die Verantwortung der beteiligten Akteure übergeht.

1.4 Aus Prozessen lernen – Monitoring und Evaluierung

1.4.1 Wie verhalten sich Ergebnis- und Prozeßorientierung zueinander?

Es entsteht manchmal der Eindruck, als gäbe es zwischen Ergebnis- und Prozeßorientierung ein Entweder-Oder: wer in der Projektarbeit

‚Prozesse' in den Vordergrund rückt, gibt ‚Ergebnissen' nur geringe Priorität – „Es kommt alles auf den Prozeß an!" – und umgekehrt. Der Eindruck eines Entweder-Oder ist auch dadurch gefördert worden, daß in manchen Vorhaben der Schwenk von der Ergebnis- zur Prozeßorientierung wie ein Pendelschlag vollzogen wurde, so daß der Eindruck entstand, Ergebnisse seien nun nicht mehr wichtig. **Ergebnis- und Prozeßorientierung sind jedoch aufeinander angewiesen!** Die an einem Projekt Beteiligten vereinbaren Ergebnisse, die sie nach einer bestimmten Zeit erreichen wollen. Die Prozeßorientierung öffnet den Blick dafür, daß die Erreichung von Zielen und Ergebnissen nicht linear-mechanistisch verstanden werden kann – wie es einem rein technischen Denken entsprechen würde – sondern als ein Prozeß, der vermeintliche Umwege, Unvorhersehbarkeiten und Lernschleifen einschließt. Die Fähigkeiten der Akteure entwickeln sich eben nicht so sehr auf Grund vorhersehbarer Trainings- und Beratungs-„Injektionen", sondern als schrittweiser Lernprozeß mit der Praxis.

Die Prozeßorientierung hat auch dadurch Auftrieb erhalten, daß in Ressourcenmanagement-Vorhaben **Ergebnisse häufig mit quantitativen Indikatoren belegt** werden, wodurch qualitative Momente, wie z.B. ‚verbesserte Selbsthilfefähigkeit' oder ‚Selbstvertrauen armer Bevölkerungsgruppen erhöht', nur sehr unzureichend beobachtet und bewertet werden können.

Aus Prozessen lernen heißt also im Sinne von RMSH, daß die hinter quantitativen und qualitativen Informationen verborgenen Prozesse sorgfältiger beobachtet und ausgeleuchtet werden, um sie gezielter beeinflussen zu können.

So bringt z.B. die Information, daß auf x m Erosionsschutzstreifen die Menge n von Bäumen gepflanzt wurde, keine Information über die dahinter sich verbergenden Lern- und Organisationsprozesse derjenigen, die die Erosionsschutzstreifen bepflanzt haben. Wenn wir im 14. Monat einer Projektphase feststellen, daß die Zahl derjenigen, die ihre Erosionsschutzstreifen mit Bäumen bepflanzen, dramatisch abnimmt, dann hat es möglicherweise bezüglich Ownership-Entwicklung schon vorher einen entscheidenden Einbruch gegeben. Wenn wir bereits im Monat 7 oder 8 versucht hätten, genauer zu verstehen, welche Organisations-, Lern- und Identifikationsprozesse sich hinter den Zahlen über die bepflanzten Erosionsschutzstreifen verbergen, hätten wir früher aktiv werden können, um die Entwicklung von Ownership positiv zu beeinflussen.

Das eine geht jedoch nicht ohne das andere: In der Projektarbeit brauchen wir möglichst exakte Informationen, die uns periodisch darüber Auskunft geben, in wieweit die Ergebnisse erreicht sind. Das kann sich auf physische Realisierungen, wie z.B. die Menge der Konturlinienbepflanzung, aber auch auf die Zahl durchgeführter Kurse für Kooperationspartner oder die Zahl der Informationsbesuche zwischen Dörfern, mit denen das Projekt zusammenarbeitet, beziehen. Aus prozeßorientierter Sicht interessiert die Frage, was diese Informationen z.B. in bezug auf Ownership-Entwicklung oder die Förderung von Selbsthilfefähigkeiten aussagen.

Bezüglich der Frage, in welchem Maße z.B. die durchgeführten Kurse zur Entwicklung von Selbsthilfefähigkeiten beigetragen haben, müsste der Dialog mit den Kurs-Teilnehmer/innen gesucht werden. Er könnte um die Frage kreisen, was die Teilnehmer/innen in den Fortbildungsveranstaltungen für sich lernen konnten, und was für Erfahrungen sie mit der Anwendung des Gelernten gesammelt haben. Handlungsorientiert wäre die Diskussion auf Verbesserungsvorschläge für Inhalt und Didaktik der Kurse hinzuführen. Ggf. müßte auch das Kurskonzept insgesamt auf den Prüfstand.

1.4.2 Wer sollte was monitoren und evaluieren?

Im Sinne von RMSH schließt ‚Entwicklung von Selbsthilfefähigkeiten' Monitoring und Evaluierung ein. Wenn Akteure zunehmende Eigenverantwortung im Ressourcenmanagement übernehmen sollen, dann sollte sich die Eigenverantwortung auch darin ausdrücken, daß Aktivitäten und Prozesse beobachtet und bewertet werden und daraus ggf. Schlußfolgerungen für Veränderungen, Umorientierungen und Modifikationen gezogen werden. Dies hängt nicht unbedingt von der Unterstützung bzw. von Impulsen von außen ab.

Wenn z.B. eine Dorforganisation nach schwierigen Verhandlungen und schwierigen Entscheidungsprozessen einen Viehkorridor eingerichtet hat, um die Beweidung der Dorfgemarkung durch Tiere von nomadisierenden Hirten besser zu regeln, dann werden sie nicht darauf warten, daß ihnen jemand von außen sagt „Ihr müßt jetzt aber die Nutzung dieses Viehkorridors monitoren und evaluieren!" Ein sinnvoller Impuls von außen kann jedoch sein, die Aufmerksamkeit auf die Systematik und Transparenz von

M&E zu legen. Die Frage der Verantwortung wäre aber klar: Obwohl das Projekt Ressourcen eingesetzt hat, um diese Dorforganisation bei der Einrichtung des Viehkorridors zu unterstützen, ist die Verantwortung für das Management des Viehkorridors klar in den Händen der Dorforganisation. Das Projekt wird also nicht ein eigenes Monitoring aufbauen, um unabhängig von dem M&E, das die Dorforganisation macht, Informationen darüber zu bekommen, ob die Unterstützung des Projektes sinnvoll im Sinne von positiven Wirkungen war oder nicht. Vielmehr sollte das Projekt die M&E-Aktivitäten der Dorforganisation als Anknüpfungspunkt dafür nehmen, um den Dialog über die Frage der positiven Wirkungen des Viehkorridors, gerade auch mit Blick auf die Bedeutung als Lernerfahrung für andere Dorforganisationen, zu führen.

Dieses Beispiel sollte deutlich machen, daß die Verantwortung für M&E geklärt und vereinbart werden muß. Zu dieser Vereinbarung gehört auch eine Verständigung über die Frage: **„Wer sammelt wie und wann welche Informationen für welchen Zweck?“**.

Hier sollte das **Verantwortungs- und das Subsidiaritätsprinzip** gelten, d.h. wenn z.B. eine Dorforganisation Informationen zu bestimmten Aktivitäten sammelt, sollte nicht gleichzeitig ein Feldberater im Auftrag des Projektes dieselben Informationen sammeln. Vielmehr sollte sich das Projekt an den Informationen orientieren, die im Verantwortungsbereich eines Akteurs gesammelt werden. Das Verantwortungsprinzip schließt das Vertrauen ein, daß die Verantwortung auch wahrgenommen werden kann.

Wenn ein Projektteam zu der Einschätzung kommt, daß ein Monitoring mit kontrollierender Absicht notwendig ist, dann sollte nicht gleichzeitig der Appell an die Verantwortungsübernahme lanciert werden. Das wäre für den entsprechenden Akteur eine mißverständliche Doppelbotschaft! „Macht Euer M&E selber; wir machen aber auch unser M&E, weil wir wissen wollen, ob Ihr unsere Unterstützung sinnvoll nutzt!“ Oft verbirgt sich hinter einem derartigen Vertrauensproblem ein Ownership-Problem: Das Projekt hat in Zusammenarbeit mit einem Akteur reichlich Unterstützung bereitgestellt und möchte natürlich wissen, ob diese Unterstützung auf fruchtbaren Boden gefallen ist. Wegen wenig ausgeprägter Ownership ist der Akteur jedoch versucht, seine ‚hidden agenda‘ durchzubringen. Anstatt das Ownership-Problem offen zu thematisieren, versucht das Projekt, an die Informationen zu kommen, um seine Befürchtungen zu bestätigen oder hoffentlich zu zerstreuen, während der betreffende Akteur bemüht sein wird, dem Projekt entsprechende Informationen vorzuenthalten.

1.4.3 Was leistet Prozeßmonitoring?

Prozeßmonitoring kann von Projektteams im Ressourcenmanagement dazu genutzt werden, um **systematisch aus Erfahrungen** zu **lernen.** Dieses Lernen beinhaltet, daß regelmäßig und systematisch bestimmte Prozesse beobachtet werden als Anlaß für gemeinsame Reflexion und zur Vereinbarung weiterer, ggf. veränderter Handlungsschritte. Prozeßmonitoring macht damit das Projektteam und alle beteiligten Akteure handlungsfähiger, weil letztlich schneller und gezielter auf Veränderungen und unvorhergesehene Entwicklungen reagiert werden kann. Dies setzt eine erhebliche Flexibilität im Umgang mit den eigenen Plänen voraus.

Kasten 24: Das Profil von Prozeßmonitoring

„ProM holt die Leute ins Boot. Es gibt keinen anderen Zugang zu den Erfahrungen und Handlungsstrategien der Akteure. Und es gibt keinen anderen Zugang zu mehr Selbststeuerung und mehr Verantwortungsübernahme. Beteiligung ist ein selbstverständlicher Teil von ProM...

Unspezifische Beteiligung aller an allem verhindert Übersicht und Transparenz. Unterschiede in den Interpretationen, Interessenlagen und Machtpositionen werden nur erkennbar, wenn wir sie herausarbeiten und nicht einebnen. Dies bedeutet häufig, daß wir zunächst mit interessengleichen Gruppen arbeiten müssen."

Quelle: GTZ-RMSH (1996), S. 8

Prozeßmonitoring schafft einen Rahmen, in dem mit den Akteuren periodisch ein (selbst-)kritischer Dialog geführt wird, bei dem folgendes im Vordergrund steht:

- Erkenntnis der Wahrnehmungsmuster und Erfahrungen der Akteure, Verstehen unterschiedlicher Interessenlagen und Handlungsstrategien der Gruppen und Organisationen;
- Verstehen von passivem und aktivem Widerstand gegen Veränderung, Förderung der Bereitschaft der verschiedenen Akteure, unterschiedliche Perspektiven zu respektieren;

- Entwicklung von praxisnahen Lösungen, die auf Erfahrungen und Handlungsstrategien der Akteure beruhen;
- Übernahme von Verantwortung.

Durch Prozeßmonitoring ist es möglich, den „Zoom“ auf verschiedene Handlungsebenen einzustellen, aber auch die Verbindung zwischen verschiedenen Handlungsebenen aufzuzeigen. Die Arbeit mit Prozeßmonitoring dient somit der Verknüpfung zwischen Mikro- und Makroebene.

Kasten 25: Die Handlungsebenen von Prozeßmonitoring

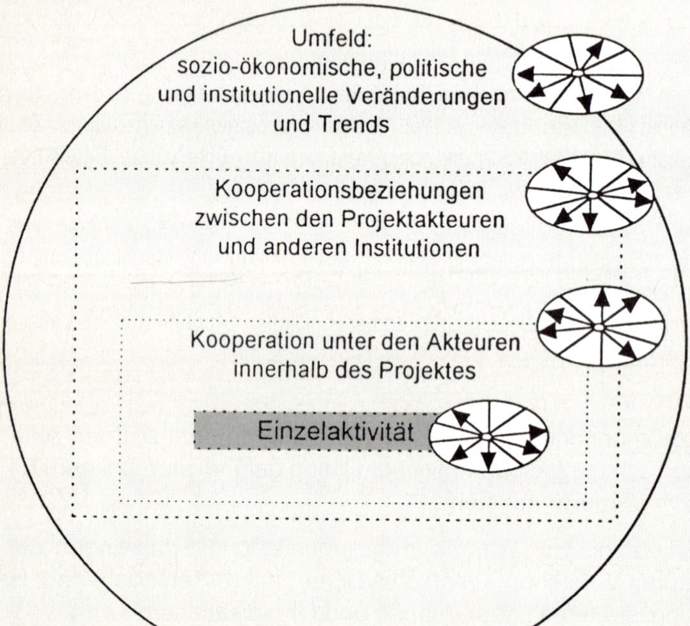

Quelle: GTZ-RMSH (Zimmermann, A./Engler, M.) (1996), S. 11

Die Arbeit mit Prozeßmonitoring erfordert auch ein komplementäres Vorgehen auf unterschiedlichen Ebenen innerhalb der Projektorganisation. Die Selbsthilfegruppen werden andere Prozesse „monitoren“ als die Feldberater, die wiederum andere Aufgaben im ProM haben als z.B. der Leiter der Beratungssektion.

1.4.4 Wie wird gelernt durch Prozeßmonitoring?

Lernen durch Prozeßmonitoring findet in einer Sequenz von vier Schritten statt, die sich an folgenden Fragen orientieren:

- **Prozeßauswahl**: Was (welche Prozesse) wollen wir beobachten?
- **Beobachten**: Wer beobachtet wen und was?
- **Nachdenken**: Welche Schlüsse ziehen wir daraus?
- **Handeln:** Was verändern wir aufgrund unserer Beobachtungen?

Wer ‚wir‘ ist, wird je nach Akteuren und Handlungsebenen unterschiedlich sein. Die Qualität von Prozeßmonitoring und damit auch des Lernens liegt darin, diese Sequenz für einen bestimmten Prozeßausschnitt regelmäßig und systematisch zu durchlaufen.

Systematik heißt z.B. in bezug auf die Beobachtung:

- Sie muß zu verschiedenen Zeitpunkten erfolgen, damit Veränderungen sichtbar werden.
- Die Beobachtung unterschiedlicher Akteure und von verschiedenen Standorten aus muß vergleichbar sein.
- Den Beobachtungen muß die Vermutung zugrunde liegen, daß sie für die Entscheidungsfindung nützlich sind.

Der Lernprozeß beginnt in der Regel schon dann, wenn die Frage der **Prozeßauswahl** gestellt wird. Das Projektteam muß zunächst für sich und dann gemeinsam mit den Akteuren klären, welche Prozesse als so wichtig angesehen werden, daß Ressourcen für Prozeßmonitoring eingesetzt werden. Sinnvolle Leitfragen sind:

- Worauf richten wir unsere Konzentration?
- Mit wem wollen wir wichtige Prozesse auswählen?
- Was hat das mit unseren Zielen zu tun?

Beim zweiten Schritt, der **Beobachtung,** geht es darum festzulegen, was wir wie wahrnehmen können. Beobachtung sollte hier in einem sehr weiten Sinne verstanden werden, d.h. bis hin zur teilnehmenden Beobachtung reichen, die Dialog und Austausch einschließt. Sinnvolle Leitfragen sind:

- Was können und wollen wir beobachten?
- Welche Beobachtungs- bzw. Dialogsituation wollen wir schaffen?
- Auf was wollen wir unsere besondere Aufmerksamkeit richten, um Stand und Dynamik der ausgewählten Prozesse einschätzen zu können? (Woran machen wir z.B. fest, daß eine Dorforganisation ihre Fähigkeiten zur Selbstorganisation entwickelt und verbessert hat?)
- Wie können wir die gewonnenen quantitativen und qualitativen Informationen sinnvoll aufbereiten und darstellen?

Der dritte Schritt, das **Nachdenken,** ist fast der schwierigste, weil er oft durch den Handlungsdruck des Projektalltags unangemessen beschnitten wird. Die besondere Qualität entsteht hier durch gemeinsames Reflektieren im Projektteam und zwischen Projektteam und anderen Akteuren. Sinnvolle Leitfragen sind:

- Was hat sich in unserem Vorgehen, d.h. in unserer Projektstrategie, bewährt?
- Was haben wir darüber in Erfahrung bringen können, warum sich unser Vorgehen bewährt hat? (Warum haben z.B. bestimmte von uns angebotene Unterstützungsmaßnahmen offensichtlich Ownership bei den lokalen Partnern fördern können?)

- Wie schätzen wir die Dynamik der ausgewählten und beobachteten Prozesse ein?
- Was ist anders gelaufen, als wir es uns gedacht hatten?
- Inwieweit war unser Vorgehen in der Beobachtungs- bzw. Dialogsituation sinnvoll und angemessen?

Im vierten Schritt wird der Bezug zu **zukünftigem, ggf. verändertem Handeln** hergestellt, ausgehend von folgenden Leitfragen:

- Was wollen wir anders machen als bisher?
- Was erhoffen wir uns davon?
- Was kann uns dabei unterstützen?

Das Durchlaufen der Vierer-Sequenz stellt, je nach Fokus, eine größere oder kleinere **Lernschleife** dar. Die Herausforderung in der Projektpraxis besteht darin, Zeit und Ressourcen für das Durchlaufen der Lernschleifen einzusetzen. Häufig kann der als übermächtig empfundene Implementierungsdruck zu einer Verkürzung von Lernschleifen führen, womit die Chancen und Möglichkeiten von Prozeßmonitoring nur zu einem kleinen Teil genutzt würden. In der Praxis hat sich gezeigt, daß ein Projektteam zunächst für sich eine gewisse Sicherheit im „Durchlaufen" dieser Lernschleifen gewinnen muß, bevor es die verschiedenen Akteure im – teilweise gemeinsamen – Prozeßmonitoring beratend begleiten kann. Beim „Einüben" von Prozeßmonitoring bietet sich für das Projektteam auch die Chance, den Blick auf den Prozeß der Zusammenarbeit im Team zu richten.

1.5 Prozesse begleiten – Beratung und Coaching

Prozeßbegleitung soll hier so verstanden werden, daß Prozesse des ‚capacity development' und damit verbundene Lernprozesse beratend unterstützt werden. Beratende Unterstützung kann innerhalb des Projektteams stattfinden, z.B. zwischen Langzeitberater und

Counterpart, es kann aber auch zwischen dem Projektteam und anderen Akteuren vereinbart werden. Die Prozeßbegleitung kann auch darin bestehen, daß ein externer prozeßbegleitender Berater intermittierend mit dem Projektteam arbeitet. Dabei hat der externe prozeßbegleitende Berater Möglichkeiten, die der Langzeitberater nicht hat, und umgekehrt (s. Kasten 26).

Kasten 26: Der beteiligte Außenseiter oder der außenstehende Insider

Als Berater bin ich eine Art *„in-outsider“*, d.h. ich bewege mich gleichzeitig innerhalb und außerhalb des Projekts. Im Grunde und formal betrachtet bin ich ein Außenseiter, weil ich weder Projektmitarbeiter noch Entscheidungsträger bin und mich nicht mit dem Projekt identifiziere; aber gleichzeitig machen mich meine indirekte Verwicklung in das Projektgeschehen und mein Einfluß darauf zu einem Insider, einem faktischen „Mitstreiter“ dessen, was in der Folge meiner Anregungen geschieht. In dieser Rolle des beteiligten Außenseiters oder des außenstehenden Insiders sehe ich meinen Beitrag auf fünf Ebenen:

- Als Ressourcenperson sollte ich etwas von dem Thema der Beratung verstehen (Einbringen von Ideen und Konzepten, Methoden und Instrumenten, Konzepten, Informationen, vergleichbaren Erfahrungen und einer Vorstellung davon, in welcher Sache man wie vorgehen könnte ...).
- Als *Co-Animator* oder Fazilitator versuche ich, Denk- und Kommunikationsprozesse anzuregen und zu begleiten, indem ich die Interaktion zwischen den Menschen und damit die Menschen selber aufzuwerten suche.
- Als *Advocatus Diaboli* veranlasse ich die Menschen, mit denen ich arbeite, ihre Position oder ihre Vision zu vertiefen, indem ich Zweifel äußere, Unverständnis vorgebe oder einen widersprüchlichen Standpunkt vertrete.
- Als Nonkonformist bin ich derjenige, der „Ich singe hier im Regen“ ruft, wenn alle anderen singen: „Gott rette den König“.
- Als Wegbegleiter, „Mitstreiter“ und Partner biete ich, falls notwendig, ein Minimum an Sicherheit und Strukturierung der Wegstrecke an, weil die Unvorhersehbarkeit des Prozesses die Menschen, mit denen ich arbeite, manchmal verwirrt und verunsichert, Unbehagen und sogar Ängste auslöst.

Philippe De Leener über seine Rolle als prozeßbegleitender Berater

1.5.1 Was leistet prozeßbegleitende Beratung?

Durch prozeßbegleitende Beratung von außen können **Lernprozesse eines Projektteams in der Arbeit mit Beteiligungs- und Selbsthilfeansätzen sinnvoll unterstützt** werden. Durch die relativ unvorbelastete, distanzierte Sichtweise der von außen periodisch kommenden Berater/innen wird es ihnen leichter, **Lernsituationen** für das Projektteam und die mit dem Projektteam kooperierenden Akteure zu **schaffen**. Erfahrungsgemäß ist es für die ständig zusammenarbeitenden Akteure nicht immer leicht, eine innovative Lernsituation zu schaffen. Häufig unterstützt die Anwesenheit eines prozeßbegleitenden Beraters auch die Bereitschaft eines Projektteams, Zeit und Ressourcen für systematisches Lernen einzusetzen, d.h. in stärkerem Maße, als dies in der täglichen Projektarbeit stattfindet. In Kasten 27 wird ein Beispiel für eine Lernschleife dargestellt, die im Kontext einer prozeßbegleitenden Beratung initiiert wurde.

Der Berater/die Beraterin begleitet somit die Lernprozesse eines Projektteams in der Interaktion mit bestimmten Akteuren. Er/sie fördert damit die Selbsthilfefähigkeiten der Beratungsklienten. In der Beratungssituation macht sich dies immer an ganz konkreten Themen fest, wie z.B. Organisationsentwicklung, partizipative Planung oder Selbstevaluierung. Die Beratung gewinnt dadurch eine ganz besondere Qualität: Es wird nicht nur *über* Selbsthilfe und Partizipation im Ressourcenmanagement gearbeitet, sondern das Vorgehen in der Selbsthilfe- und Beteiligungsförderung wird quasi simuliert. **Der Berater/ die Beraterin tut genau das, was ein Projektteam in der Beratung der Akteure tun sollte**: Potentiale erkennen und fördern, Problemlösungs-, Entscheidungs- und Lernfähigkeit fördern, lieber gute Fragen stellen als gutgemeinte Ratschläge geben (s. dazu Kasten 29), und dem Subsidiaritätsprinzip folgend nur dann eigenes Wissen einbringen, wenn es tatsächlich gebraucht wird. Je besser ein Projektteam die eigenen Selbsthilfefähigkeiten entwickelt, desto besser kann es auch zur Entwicklung der Selbsthilfefähigkei-

Kasten 27: Eine Lernschleife in der prozeßbegleitenden Beratung

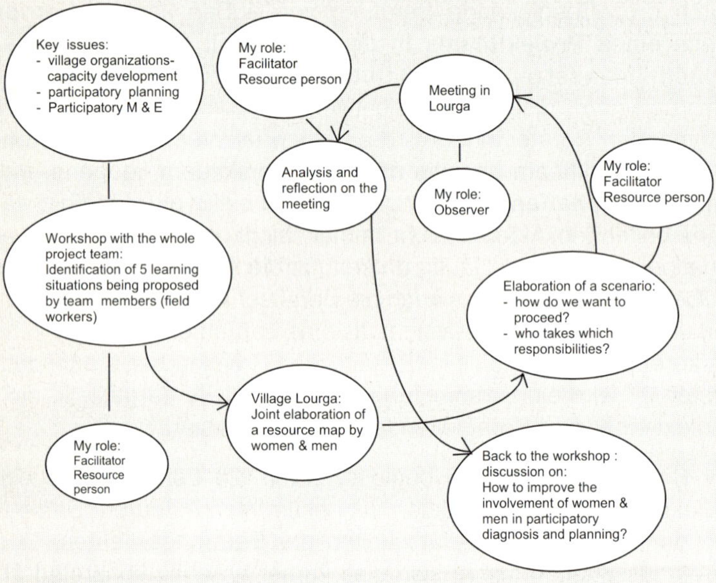

Thomas Schwedersky: Beispiel für eine Lernschleife im Rahmen einer prozeßbegleitenden Beratung im von der GTZ unterstützten Vorhaben ‚Wadibewirtschaftung in der Region Ouadai/ Biltine', Tschad (November 1995)

ten seiner „Klienten" beitragen. Damit stimmt auch der Umkehrschluß.

Prozeßbegleitende Beratung gewinnt ihre besondere Qualität durch wiederholte Beratungsinterventionen durch ein und denselben Berater in einem bestimmten Projekt. Der entscheidende Grund dafür liegt in der Natur von Lernprozessen: die menschlichen Kommunikations- und Kooperationsfähigkeiten lassen sich nur allmählich, Schritt für Schritt verbessern – in einem Prozeß, der, wenn nicht eine kontinuierliche, so doch eine periodische Begleitung erfordert.

- Die Vorteile der wiederholten Beratungsinterventionen liegen auf der Hand: Indem die Berater/innen immer wieder aufs neue jeden Folgeeinsatz und dessen inhaltliche Ausrichtung mit dem Projektteam vereinbaren, können sie jene Flexibillität wahren, die wegen der sich im Entwicklungsprozeß wandelnden Gegebenheiten erforderlich ist. Auf diese Weise können sie eine starke Nachfrage- und Prozeßorientierung gewährleisten.
- So können die Berater/innen ihre Interventionen besser auf aktuelle Probleme und Potentiale des Projekts und seiner Mitarbeiter/innen abstimmen und laufen gleichzeitig weniger Gefahr, als permanent anwesende Berater/innen Entwicklungen zu dominieren oder gar faktisch Linienfunktionen im Projekt zu übernehmen.
- Die zeitlichen Abstände der Beratungsinterventionen können – ganz im Sinne der Nachfrageorientierung – gemäß der jeweiligen Phase, in der sich das Projektteam gerade befindet, festgelegt werden. So besteht die Chance, Arbeitsschritte zu bestimmen, die sich das Projektteam bis zur nächsten Beratungsintervention vornimmt und auf deren Ergebnisse diese dann aufbauen kann.

Kasten 28: Wo fängt die prozeßbegleitende Beratung an, und wo hört sie auf?

„Eine prozeßbegleitende Beratung hat einen klaren Anfang, aber keinen eindeutig im voraus bestimmbaren Abschluß. Ein Abschluß ist dann erreicht, wenn ein Projektteam zu der Überzeugung gelangt ist, daß es ohne beratende Unterstützung seinen Lernprozeß fortsetzen kann. Ob dieser Punkt nach ein, zwei oder drei Jahren erreicht ist, ist nicht prognostizierbar. Teilweise wird versucht, von der Bedeutung des Einstiegsthemas, z.B. partizipative Planung oder dörfliche Organisationsentwicklung, auf die jeweilige Dauer und Häufigkeit der Beratungseinsätze zu schließen. Dabei wird die hohe Wahrscheinlichkeit der Verschiebung thematischer Schwerpunkte im Beratungsprozeß übersehen. Oft öffnet eine erste Bearbeitung des Einstiegsthemas den Blick auf Formen und Strukturen von Zusammenarbeit und Kommunikation innerhalb des Projektteams und vor allem in bezug auf andere Akteure, woraus sich neue Themen und Fragestellungen ergeben können."

Quelle: GTZ-RMSH (Müller-Glodde, U.) (1996), S. 45

Kasten 29: Key Questions as close companions for the consultancy process

Clarification of role + mandate	Setting of scene + stage	Introducing + supporting learning cycles	Self-assessment: * who? *what? *why? *when? *with *whom? *How?	Understanding the social/ organizational landscape	Developing ownership	Looking ahead, follow-up	Cross-cutting questions
Initially clarify: Whose TOR is it?	Overall aim of the consultancy within the project or organization?	Potential and commitments of clients and key actions for learning cycles?	Degree of „fit“ between client's values, interests/ expectations and consultants' own values + interests?	What is the social constellation + dynamics? Open and hidden power structure? („Front stage“/„Back stage“)	Who has the ownership over the process and its intended results?	Degree of commitment of different actors and mechanisms of follow-up?	Potentials/limitations of lasting effects of consultancy within the project/ organization?
Expectations from the consultant and criteria for client's satisfaction?	Possibilities of preparatory dialogue before contracting in order to influence TOR?	How to negotiate time with the client for joint analysis, action and reflection?	With which roles do I feel → at ease → uncomfortable?	What is the position of an organization/project within a national/social/cultural setting?	Possibilities and means of supporting, strengthening, speeding up ownership of different actors?	Unforeseen promising opportunities for the follow-up process?	
Clients and other key actors?	How explicit to be one's consultancy approach?	How to initiate learning cycles at every stage?	Personal and professional capacities and limitations?	Change agents and potential coalition partners?			
Responsibilities of different key actors: - overall - within the consultancy?	Potential time frame + major steps?	Alternative approach, methods and tools to speed up the learning cycles?	Possibilities of cooperation with other (local/regional) colleagues to overcome limitations, and enhance learning?	Linkage between consultant's understanding of the situation and developing client's analytic capacities?			
Commitments of clients and key actors for change?	What are the preferred technologies used by client(s)?	How to make use of local social/cultural aspects to make learning more specific to the local context?	Are we comfortable with the overall working conditions (people, time, payment, logistics)?				
Documentation and reporting?		Utilization of a process documentation as a learning tool?	What is my actual responsibility in the process and does it drive/hinder the development of ownership?				

Quelle: GTZ-RMSH (Schwedersky/Engler/Kievelitz) (1997), S. 17

1.5.2 Wer hat welche Verantwortung für Prozeßbegleitung in der laufenden Projektarbeit?

Die Herausforderung in der täglichen Projektarbeit besteht für die Mitglieder eines Projektteams darin, bestimmte Funktionen, die externe prozeßbegleitende Berater wahrnehmen können, auch intern zu organisieren und zu vereinbaren. Konkret verbindet sich damit die Anforderung, innerhalb des Projektteams, aber auch in der Zusammenarbeit mit den verschiedenen Akteuren, gezielt Reflexion und Lernprozesse zu fördern. Dies müßte für die im Projekt bestehenden Beratungsbeziehungen im einzelnen definiert werden, wie z.B. für den Leiter der Beratungssektion in seiner Beziehung zu einem Team von Feldberater/innen, oder z.B. die Beratungsbeziehung zwischen einem GTZ-Langzeitberater und der Leiterin der Landnutzungsplanungsabteilung. Vielfältige Ansatzpunkte gerade auch im Hinblick auf Leitfragen und Werkzeuge bietet dazu das Prozeßmonitoring (vgl. dazu die Ausführungen in Abschnitt 1.4).

1.5.3 Literaturhinweise zu ‚Prozeßmanagement'

- Asia Forest Network, (1995) Transitions in Forest Management. Shifting Community Forestry from Project to Process. Research Network Report No. 6.
- Chambers, Robert, (1997) Whose Reality Counts? Putting the first last. London (Intermediate Technology Publications Ltd.)
- DEH, (1992) Zusammenarbeit planen. Eine Arbeitshilfe für erfahrene Planer und solche, die es werden wollen. Bern
- Gill, Gerard J., (1993) O.K., The Data's Lousy, But Its All We've Got (Being a Critique of Conventional Methods) London (IIED Gatekeeper Series No. 38)
- GTZ-RMSH (Müller-Glodde, U.), (1996) Prozeßbegleitende Beratung: Eine Arbeitshilfe für Beraterinnen und Berater im Ressourcenmanagement. Bonn/Eschborn
- GTZ-RMSH (Zimmermann, A., Engler, M.), (1996) Prozeßmonitoring: Eine Arbeitshilfe für Projektmitarbeiter/-innen. Bonn/Eschborn
- GTZ, (1997) Zielorientierte Projektplanung – ZOPP. Eine Orientierung für die Planung bei neuen und laufenden Projekten und Programmen. Eschborn
- GTZ (Waters-Bayer, Ann; Bayer, Wolfgang), (1994) Planning with Pastoralists. PRA and more. A Review of Methods focussed on Africa. Eschborn
- GTZ-RMSH (1995), Second Workshop on Process-Supportive Consultancy Bonn, June 26-28, 1995. Bonn/Eschborn
- GTZ-RMSH; ENDA GRAF Sahel, (1995), Pratique de la Consultation interne. Compte rendu des travaux de l'atelier de Kongoussi du 15 janvier au 22 janvier 1995.
- GTZ-Arbeitsgruppe Integrierte Landnutzungsplanung, (1995) Landnutzungsplanung: Strategien, Instrumente, Methoden. Eschborn
- GTZ-RMSH, (1997) Consultancy Report Process Monitoring 10.-13.02.1997. Bonn
- GTZ-RMSH, (Schwedersky/Engler/Kievelitz) (1997), In-Process Consultancy – Asian Consultants Develop Their Capacities. Documentation of the Training Workshop in Nagarkot/Nepal, 15–21 February, 1997. Volume I.
- GTZ-VARENA, (1996) Towards Decentralised Natural Resource Management. Case Study: The Village of Balingnar in Burkina Faso. Eschborn/Diébougou
- Högger, Rudolf, (1994) Wasserschlange und Sonnenvogel. Die andere Seite der Entwicklungspolitik.

- Kleemann; Stoll, (1996) „Verantwortung für den Wald übernehmen“ in: DED. Sonderheft Ressourcensicherung. Berlin
- LBL, DEH (Hg.), (1990) Landwirtschaftliche Beratung. Ein Leitfaden für Beraterinnen und Berater im ländlichen Raum. Lindau
- Ndione, Emmanuel; De Leener, Philippe; Ndiaye, Mamadou; Jacolin, Pierre; Périer, Jean-Pierre, (1995), The Future of Community Lands. Human Resources. London (Intermediate Technology Publications Ltd.)
- Pretty, Jules N.; Guijt, Irene; Thompson, John; Scoones, Ian, (1995) Participatory Learning and Action. A Trainer‘s Guide. London (International Institute for Environment and Development)
- Schönhutz, Michael; Kievelitz, Uwe, (1994) Participatory Learning Approaches. Rapid Rural Appraisal. Participatory Appraisal. GTZ, Roßdorf
- Sülzer, Rolf; Zimmermann, Arthur, (1996) Organisieren und Organisationen verstehen. Wege der internationalen Zusammenarbeit. Opladen (Westdeutscher Verlag)

HANDLUNGSFELD 2:

2 Handlungsfeld 2: Förderung von Vertrauen und Zusammenarbeit aller Akteure

2.1 Vertrauen und Kooperationsbereitschaft auf Seiten der lokalen Bevölkerung – Voraussetzungen und Herausforderungen

In diesem Handlungsfeld stellen wir uns die Frage, warum die lokale Bevölkerung oft wenig Neigung zeigt, das Ziel von Vorhaben im RM – nämlich eigenverantwortliches, langfristiges ökologisches Handeln – aktiv aufzugreifen. Denkbar sind folgende Antworten:

1 Frühere Projekte mit ähnlicher Zielsetzung haben der Bevölkerung keine Vorteile gebracht oder ihr gar geschadet.

2 Projektmitarbeiter gehen in einer Weise vor, daß das Projekt als Störung, Fremdkörper oder sogar als „Feind" empfunden wird, z.B. bei Vorhaben des Naturschutzes.

3 Die Zielsetzung entspricht nicht den „felt needs", d.h. den Entwicklungsprioritäten der Bevölkerung.

4 Es besteht kein hinreichender Problemdruck, das Verhalten bezüglich der Ressourcennutzung zu ändern.

5 Das von einem Projekt vertretene Konzept für schonende, nachhaltige Nutzung ist mit materiellen und immateriellen Kosten verbunden, welche die lokalen Akteure nicht tragen wollen bzw. können. Den Kosten stehen keine entsprechenden Vorteile bzw. Erträge gegenüber.

6 Von den politischen und ökonomischen Rahmenbedingungen gehen zu geringe Anreize aus, sich ressourcenschonend zu verhalten.

Diese Gründe für mangelnde Kooperationsbereitschaft sind teilweise miteinander verwoben bzw. überlappen sich und sind demnach nicht immer gegeneinander abzugrenzen. Immerhin lassen sich **drei Problemfelder** definieren:

- Defizite in der Vorgehensweise des Projekts selbst, die sich in den ersten zwei Gründen zeigen;
- Unzureichende Berücksichtigung sozio-ökonomischer Handlungsrationalitäten einzelner Nutzer(gruppen) und/oder Betriebe, wie sie in den Punkten 3-6 zum Ausdruck kommt, und schließlich
- „Negative Anreize“ („disincentives“), die im politischen, institutionellen und ökonomischen Umfeld ihren Ursprung haben.

Im Umkehrschluß bedeutet dies, daß sich die **Kooperationsbereitschaft der Nutzer** in dem Maße erhöhen wird,

- wie sie aufgrund der Vorgehensweise eines Vorhabens des RM den Eindruck gewinnen, im Projekt einen vertrauenswürdigen Partner zu haben,
- wie sich in ihren Augen die Aussichten für ein eigenverantwortliches, rechtlich sanktioniertes und politisch toleriertes Handeln verbessern und
- gleichzeitig Optionen entwickelt werden können, die unter sozioökonomischen Gesichtspunkten attraktiv sind.

2.2 Vertrauen und Partnerschaft – Entstehungsbedingungen und Grundorientierungen

Eine den Grundorientierungen von RMSH folgende Vorgehensweise ist geeignet, die notwendige Vertrauensbasis für Vorhaben im RM zu schaffen. Auf folgende Aspekte im Zusammenhang mit der **Bildung von Vertrauen** soll jedoch besonders hingewiesen werden:

- **Offenlegung und Diskussion der Ziele des Projekts**, damit falsche Erwartungen abgebaut werden und ein Konsens über die Ziele gemeinsam hergestellt werden kann. Es gilt, „eine gemeinsame Sprache“ zu finden. Dadurch wird es auch gelingen, anfängliche Unsicherheiten und Ängste abzubauen.
- **Soziale Interaktion außerhalb der Arbeitssituation** kann wesentlich dazu beitragen, eine offene, kommunikative und vertrauenbildende Atmosphäre zu schaffen. Die Teilnahme an Festen, Familienfeiern und Ritualen kann diesbezüglich sowohl eine menschliche wie inhaltliche Bereicherung bringen. Die Schwierigkeit liegt hier allerdings darin, das richtige Maß von Nähe und Distanz zu finden, denn allzu große Nähe kann problematisch sein (Verlust an Glaubwürdigkeit und Status, Steigerung der Erwartungshaltung, Entstehung unabweisbarer Verpflichtungen).
- **Größtmögliche Respektierung des Zeitverständnisses**, der Lebensrhythmen („Eigenzeiten“) und der Vorgehensweisen der lokalen Partner: Gewinnen diese den Eindruck, unsere größte Sorge gelte der Einhaltung formaler Zeitvorgaben (etwa aus der Projektplanung), werden sie bald das Vertrauen in unsere erklärte Absicht verlieren, es gehe uns allein um eine Verbesserung ihrer Lebensbedingungen.

Kasten 30: Beispiele für kulturell bedingte Unterschiede im Zeitverständnis

Westliches Zeitverständnis	Mögliches anderes Zeitverständnis
Die Zeit ist gegliedert in Vergangenheit – Gegenwart – Zukunft.	Die Zeit ist ein ungegliederter Fluß.
Über die Vergangenheit muß Rechenschaft abgelegt, die Zukunft muß geplant werden.	Wichtig und wirklich ist nur die Gegenwart.

Die Zeit ist objektiv meßbar in Minuten und Sekunden.	Es gibt kurze und lange Minuten je nach Ereignis und Umständen.
Daten und Jahreszahlen ordnen den Zeitablauf.	Ereignisse und Begebenheiten bringen Ordnung in den Zeitablauf.
Die Armbanduhr ist ein Meßgerät.	Die Armbanduhr ist ein Prestigeobjekt.
Zeit ist Geld!	Zeit und Geld haben keinen Zusammenhang.
Zeit ist Mangelware. („Ich habe keine Zeit!")	An Zeit fehlt es nicht. („Morgen ist auch noch ein Tag.")
Warten ist Zeitverlust.	Warten ist Erholung.
Quelle: SKAT/LBL (E. Bollinger u.a.) (1990), S. C 3f.	

- **Vom Einfachen zum Komplizierten**: Der Einstieg muß einfach gewählt werden, nicht zuletzt wegen der zu erwartenden Widerstände. Das heißt: Die Anzahl der Beobachtungs- und Tätigkeitsfelder sollte zunächst klein sein, das Gewicht liegt auf dem Dialog über Erfahrungen und Einschätzungen und dem Action-Learning im Rahmen von Pilotaktivitäten.

Vertrauen schaffen heißt nicht, Vertrauen zu „kaufen" – „Wir finanzieren Euch eine Schule, und Ihr akzeptiert dafür unseren Nationalpark!" –, und insofern sind sogenannte „vertrauenbildende Maßnahmen" mit Bedacht einzusetzen. In der Projektpraxis wird jedoch immer wieder versucht, die abwartende oder gar abwehrende Haltung der Bevölkerung gegen Vorhaben im RM dadurch „aufzuweichen", daß zunächst **sektorbegleitende Maßnahmen** durchgeführt werden, die den empfundenen Prioritäten der Menschen entsprechen. Damit verbindet sich die Hoffnung, die Bevölkerung von den guten Absichten des Projektes zu überzeugen, um sie damit für eine Beteiligung am RM zu gewinnen. Derartige „vertrauenbildende Maßnahmen" bergen jedoch **vielfältige Gefahren** in sich:

- Die Erwartungshaltung der Bevölkerung verfestigt sich, und nicht selten werden die Menschen sogar regelrecht korrumpiert: Beteiligung gewähren sie nur dann, wenn von Seiten des Projekts eine Gegenleistung erbracht wird. Aus einem Naturschutzprojekt in Zaire wird berichtet, daß die Bevölkerung schließlich jedes Mal damit drohte, erneut geschützte Tiere zu wildern, wenn das Projekt ihre vielfältigen Wünsche nach sozialer Infrastruktur in den Dörfern ablehnte!
- Die „vertrauenbildenden Maßnahmen“ absorbieren erhebliche Ressourcen des Projekts und „verselbständigen“ sich schließlich: So kann es geschehen, daß nach drei Jahren zwar mehrere Vorhaben der dörflichen Infrastruktur durchgeführt, aber keinerlei Fortschritte in Richtung einer nachhaltigen Ressourcennutzung erzielt wurden.
- Nur selten wird den Zielgruppen ein Zusammenhang zwischen (schonender) Ressourcennutzung und den sektorbegleitenden Maßnahmen deutlich, wenn er denn überhaupt herzustellen ist.

Kasten 31: Vertrauenbildende Maßnahmen“ in Vorhaben des Ressourcenmanagements dürfen sich nicht „verselbständigen“.

Das *Selous Conservation Programme* (SCP) in *Tansania* verfolgt das Ziel, die Bestände des größten afrikanischen Wildreservats, die durch Wilderei erheblich bedroht sind, nachhaltig zu sichern.

Zu Beginn seiner Tätigkeit bot das SCP der Bevölkerung an, Selbsthilfeprojekte, die der Einkommensteigerung bzw. der Verbesserung der sozialen Infrastruktur dienen sollten, zu unterstützen. Mit diesen Maßnahmen sollte das gestörte Verhältnis zwischen Bevölkerung und Projektträger entspannt und ein Vertrauensverhältnis hergestellt werden. In der Folgezeit beantragten sowohl Dorfkomitees als auch SH-Gruppen und Einzelpersonen Projekte der verschiedensten Art, die vom SCP gefördert wurden: Maisanbau, Geflügelzucht, Herstellung von Ziegeln, Ölmühlen, Einzelhandel, Teestuben, Vorratslager, Brunnen, Schneiderwerkstätten, eine Sekundarschule und ein Landkrankenhaus.

Diese Aktivitäten beanspruchten schließlich einen großen Teil der Ressourcen des Projekts und drohten, die Beteiligten von dem eigentlichen Ziel – die nachhaltige Bewirtschaftung der gefährdeten Wildbestände – abzulenken. Nach einer Evaluierung wurde die Fehlentwicklung erkannt und korrigiert.

Quelle: J. Kachare und R. Hayata (1992)

Aus diesen Erfahrungen lassen sich die **Voraussetzungen** ableiten, unter denen vertrauenbildende Maßnahmen im Kontext von RMSH sinnvoll sein können:

- Planung, Durchführung und Nutzung der Maßnahme müssen in den Kontext eines nachhaltigen RM gestellt werden. Entsprechende Bezüge dürften in der Regel nicht schwer herzustellen sein, ob es sich nun um Trinkwasserprojekte, Dispensarien oder Schulen handelt.

Kasten 32: Water harvesting

„Project activities concentrate on the repair or new construction of springheads and the installation of community and individual water tanks. Locally, there is a very high demand for these measures; they usually rank first in the villagers' resource planning.

People contributed up to 60% the construction and repair of more than 50 springheads where water was previously lost to runoff. Community tanks have allowed a better yield and proper management of water to compensate the often erratic supply of tap water. Roof-water collection and its storage in small tanks for minor irrigation has been extremely successful. Enterprising farmers recouped their investments by returns from intensive irrigated off-season vegetable production within one year.

The water shortage during the dry season and the long distance women have to cover when fetching water even during monsoons have been considerably reduced in the first participating villages."

Quelle: GTZ (Indo-German Changar Eco-Development Project) (1996), S. 31

- Wir müssen darauf achten, daß die Maßnahmen nicht nur als Selbstzweck, sondern als Lernfelder im Sinne von ‚capacity development' konzipiert sind. Hierüber sollte ein intensiver Dialog mit den (staatlichen) Partnerorganisationen geführt werden, um das notwendige Verständnis für diesen Ansatz zu fördern und „Implementierungsdruck" abzubauen.
- Die Maßnahmen müssen so konzipiert sein, daß sie nicht nur Vertrauen bilden zwischen bestimmten Akteuren und dem Projekt, sondern daß sie vor allem auch auf Seiten der lokalen Bevölkerung das **Vertrauen in sich selbst** fördern: Vertrauen in die eigene Organisationsfähigkeit ebenso wie in die eigene Kompetenz, Maßnahmen zu planen und durchzuführen. Wenn „vertrauenbildende Maßnahmen" ein gemeinsames Erfolgserlebnis in diesem Sinne ermöglichen, sind sie sicherlich positiv zu bewerten.

Sogenannte „vertrauenbildende Maßnahmen" können bei entsprechender Gestaltung einen guten „Einstieg" für den Dialog mit der Bevölkerung und den Beginn des Lernprozesses darstellen, der zu notwendigen Verhaltensänderungen führt. Maßnahmen dieser Art haben den Vorteil, bei dem zu beginnen, was die Menschen unmittelbar bewegt.

Kasten 33: Vertrauenbildende Maßnahmen mit Ressourcenmanagement-Bezug in der Orientierungsphase: Ein Beispiel aus Vietnam

Das von der GTZ unterstützte regionale Vorhaben ‚Sustainable Management of Resources in the Lower Mekong Basin' hat im Rahmen einer Pilotkomponente in der Dak Lak Provinz in Vietnam vielversprechende Erfahrungen mit vertrauenbildenden Maßnahmen. Ausgehend von einem intensiven PRA-Prozeß in zwei Gemeinden wurden Pilotmaßnahmen auf zwei Aktionslinien durchgeführt: Verringerung der Arbeitsbelastung von Frauen durch die Nutzung energiesparender Öfen und Einführung verbesserter Getreidesorten zur landwirtschaftlichen Intensivierung. Auf beiden Aktionslinien wurde in kleinem Maßstab im Sinne von ‚Action Learning' gearbeitet. Dabei wurden Prozeß und Ergebnisse gemeinsam mit den Nutzern diskutiert und reflektiert. Die Pilotmaßnahmen dienten insbesondere der Entwicklung von vertrauensvollen Kooperationsbeziehungen zwischen Projektteam, lokalen Organisationen und Ressourcennutzern auf Dorfebene. Diese Kooperationsbeziehungen sind ein wichtiges „Kapital" für den gerade begonnenen Prozeß der partizipativen Landnutzungsplanung.

2.3 Formen von Anreizen

Die **Motivation der lokalen Bevölkerung**, sich an Maßnahmen des RM zu beteiligen, wird vor allem davon bestimmt, ob dem notwendigen Aufwand ein **lohnender (oder lohnend erscheinender) Nutzen** gegenübersteht. Dabei müssen wir bedenken, daß dieser Nutzen auf verschiedene Weise entstehen kann:

- über den **Markt:** so können z.B. höhere Erlöse für Brennholz die Bevölkerung veranlassen, Bäume zu pflanzen;
- über **Transferleistungen** (Subventionen, Kompensationen), die den Nutzern von anderen gesellschaftlichen Gruppen als Gegenleistung für ein bestimmtes ressourcenschonendes Verhalten erbracht werden;
- über Wiederbelebung bzw. Stärkung auf **Reziprozität** beruhender (traditioneller) Sicherungssysteme: „Ich pflanze heute einen Baum, weil ich weiß, Du wirst mich im Alter mit Brennholz versorgen." Oder: Ackerbauern gestatten Nomaden, ihr Vieh auf die abgeernteten Felder zu treiben. Den Bauern verhilft dies durch den Dung zu besseren Böden, die Nomaden können auf Ausdehnung der Weideflächen verzichten.
- über **Regelungen des direkten Zugangs** zu Ressourcen, die zuvor der Nutzung entzogen waren: „Schutz durch Nutzung", z.B. in Pufferzonen von Wildreservaten.

Kasten 34: Verbriefte Rechte können mehr bedeuten als erhöhte Geldeinkommen: Den ganzen Spielraum für Anreize nutzen!

„Vorstudien zur Einrichtung von Pufferzonen in einem ökologisch sensiblen Gebiet in Guatemala haben gezeigt, daß die Vergabe von Landtiteln auf Ausgleichsflächen an die formal illegalen Siedler eine höhere Priorität für die Empfänger hat als Subventionen, die auf eine Erhöhung der Produktivität zielen. Die geplante Kompensationsleistung des Projektes zielt daher auf eine organisatorische Unterstützung, die eine Beschleunigung der Landtitelvergabe ermöglicht."

Quelle:GTZ/RMSH (G. Balzer und A. Engel) (1995), S. 14

Einem RM-Projekt steht also eine ganze „Palette" verschiedener Anreize zur Verfügung, um Kooperationsbereitschaft der lokalen Akteure zu fördern. Der Blick sollte dabei aber nicht einseitig auf rein betriebswirtschaftliche Aufwand-Ertrags-Überlegungen gerichtet werden. Fragen der gesellschaftlichen Organisation und der institutionellen Rahmenbedingungen sind in ihrer Bedeutung für Beteiligungsmotivation im RM mindestens gleichgewichtig. Dies gilt umso mehr, wenn wir uns die unterschiedlichen, aus differierenden Lebens- und Produktionsbedingungen resultierenden **Handlungsrationalitäten verschiedener Akteure** vergegenwärtigen: was für einen Akteur ein Anreiz sein mag, kann für einen anderen ein „disincentive" sein.

Beispiel: Anreize für landlose Bauern werden sicher von denen großer Landbesitzer verschieden sein müssen, weil für sie unterschiedliche relative Knappheitsgrade für Güter und Dienstleistungen gelten, weil die einen vorwiegend von der Subsistenzlandwirtschaft leben, die anderen aber für den Markt produzieren: Der Landlose wird vermutlich eher auf die Gewährung eines Jagdrechts, der Großgrundbesitzer aber auf subventionierte Agrarkredite positiv reagieren.

2.4 Rechtliche und institutionelle Spielräume als Anreize zur Kooperation im Ressourcenmanagement

Das institutionelle Umfeld mit seinen Rechtsvorschriften, Regeln und Regelungen beeinflußt die Möglichkeiten bzw. die Anreize zur Kooperation in vielfältiger Weise. Dabei sind sowohl die Merkmale der in Frage stehenden Ressource als auch die Art ihrer Nutzung wichtige Variablen. Diese Zusammenhänge werden im Handlungsfeld „Organisationsentwicklung und Capacity Development“ eingehend erörtert; sie werden daher an dieser Stelle nicht im einzelnen dargestellt.

Fragen wie die folgenden sollen jedoch illustrieren, auf welche Weise **Regeln und Regelungen demotivierend im Hinblick auf die Kooperationsbereitschaft der Bevölkerung** in Vorhaben des RM wirken können:

- Wird sich die Bevölkerung an Aufforstungsmaßnahmen auf brachliegendem Land beteiligen, wenn sie an der Auswahl der Baumarten nicht beteiligt wurde und zudem der in Aussicht gestellten Beteiligung an dem Nutzen der Bäume mißtraut?
- Werden sich die Bewohner einer „catchment area“ für Maßnahmen des Gewässerschutzes gewinnen lassen, wenn sie wissen, daß nomadisierende Viehzüchter ihr Vieh an Quellen und Flüsse treiben, ohne Strafen fürchten zu müssen, weil die bestehenden Gesetze von der ineffektiven und korrupten Aufsichtsbehörde nicht durchgesetzt werden?
- Ist damit zu rechnen, daß die lokale Bevölkerung motiviert ist, sich am Schutz der Wildreserven zu beteiligen, wenn die für ein Wildreservat geltenden Rechtsvorschriften zwar die Zahlung einer Abschußgebühr vorschreiben, diese jedoch von der Naturschutzbehörde vereinnahmt wird, ohne daß dadurch für die Anrainerbevölkerung irgendein Nutzen entstünde?

Viele der heute noch geltenden Rechtsvorschriften basieren auf der Vorstellung, der Bestand natürlicher Ressourcen lasse sich nur durch deren Schutz vor Nutzung durch die Bevölkerung erhalten. In ganz bestimmten Situationen mag dies sinnvoll sein. Insgesamt erweist sich eine **ausschließliche Verfolgung des Schutzgedankens** jedoch als **verfehlt**, weil

- die Kompetenz der mit der Kontrolle beauftragten Institutionen nicht ausreicht, um dem Einfallsreichtum und den Obstruktionsmöglichkeiten interessierter Nutzer begegnen zu können;
- Schutzmaßnahmen in der Regel auf Dauer zu teuer werden und vor allem, weil
- sich durch eine geregelte, angepaßte Nutzung sehr oft ökologische Nachhaltigkeit und Entwicklung vereinbaren lassen.

Kasten 35: Schutz vor Nutzung. Eine Dauerfehde zwischen Bevölkerung und Staat. Ein Beispiel aus Mali

„Villagers generally countered the foresters‘ formal rules with a strategy of benign neglect. Their working rule could be translated as, „We get by with a little help from our goats.“ The village chief, or whoever else felt most exposed to pressure from the forester, occasionally checked on the woodlot. Most villagers, however, did nothing to prevent breaks in the fence. Animals got into many woodlots during the first year and destroyed most of the seedlings. The foresters at first insisted the villagers repair the fences and replant.

However, in Mirriah Arrondissement and in some Magaria communities, foresters eventually got the message of popular disinterest after several years and simply gave up on those villages.“

Quelle: Thomson (1992), S. 47

Zahlreiche Projekterfahrungen belegen jedoch, daß **Schutz und nachhaltige Bewirtschaftung erneuerbarer Ressourcen am besten durch die lokale Bevölkerung selbst** gewährleistet werden können, die diese Ressourcen zur Befriedigung ihrer Grundbedürfnisse nutzt. Die Vorteile dieses Ansatzes sind vielfältig:

- „Nachhaltigkeit“ wird zu einem wesentlichen Teil der Handlungsrationalität der Nutzer („Wir handeln so, daß wir auch morgen noch etwas haben; unsere Kinder und Enkel überleben; unsere Ahnen sehen, daß wir ihr Erbe achten…“)
- Die Nutzungsregelungen sind standort- und situationsspezifisch zwischen den Nutzern ausgehandelt, sie können mit vergleichsweise niedrigen Transaktions-

kosten an neue Situationen flexibel angepaßt und mit Hilfe sozialer Kontrolle überwacht werden.

Kasten 36: Schutz durch Nutzung: Ein Beispiel aus Indien

„The Gorela Forest Protection Commitee (FPC) has 117 members. ... Each extended household is allowed to have one representative on the FPC. ... The FPC is responsible for organising regular patrols of the area by members on a rotational basis. Everyday two villagers and the forester make rounds of the protected area. Village problems and forest protection matters are discussed in meetings of the FPC. ... In return for protection the FPC member households have the right to collect fallen wood, fodder grasses and other non-timber forest products from the protected areas but felling trees is strictly forbidden. The FPC has the authority to detain anyone caught breaking rules and may impose fines. Although they have no legal rights to impose sanctions the villagers accept this as they realise it is in everyone's interest. Sometimes the villagers even resort to a social boycott of the person who has broken the rules. The fines collected for illegal grazing and tree felling are deposited with the FD.“

Quelle: Zutshi P. (1993), S. 45

- Die Bewahrung bzw. Erneuerung von Ressourcen kann in vielen Fällen weitaus besser durch den wirtschaftenden Menschen (also durch Nutzung), als durch technische Maßnahmen erfolgen (Beispiele: Schutz vor Versandung von Oasen, Regenerierung bzw. Verbesserung von degradierten Böden durch erhöhte Produktion von Biomasse und Schutz vor Auswaschung durch starke Regenfälle).

Im Kontext von Schutz durch Nutzung ist es auch von besonderer Bedeutung, **kurzfristige Nutzeffekte mit langfristig angelegten Maßnahmen zur Ressourcenerhaltung** zu **verbinden**. Hierfür liegen u.a. folgende Beispiele vor:

- Aufgeforstete Areale können (in der Anfangsphase oder auch auf Dauer) vielfältig genutzt werden, so daß bereits vom ersten Jahr an den Beteiligten Vorteile entstehen („Alley-cropping“, Mischkulturen mit Feldfrüchten, Sträuchern oder Gräsern, Nutzung als Waldweide usw.). Die Wahl geeigneter Sorten und die Berücksichtigung der standortspezifischen landwirtschaftlichen Betriebssysteme ist in diesem Zusammenhang von großer Bedeutung (s. Kasten 37).

Kasten 37: Kurzfristiger Nutzen aus einem geschützten Waldbestand. Ein Beispiel aus Rajastan/Indien

„On the 1990, 1991 and 1992 plantations the indigenous species of grass that are found include *Apluda mutica, Sehima nervosum, Eragrostis tremula* and *Dicanthium annulatum.* Normally as trees grow they shade out the undergrowth and the amount of grass decreases. These species are however shade resistant.

This grass is the most immediate benefit of the forest protection activity in Gorela. It is collected by women of households that are members of the FPC after the rains during the months of October, November and December. They first have to obtain a permit for Rs. 15 that is valid for a one year period. The cash collected from permits is deposited in the community fund by the cashier of the committee. Grass collection is subject to a ceiling of 30 kg per day. Excess grass has to be deposited in the common pool which is later auctioned in the village.

Grass is used as cattle feed by the Guars and as a source of income for the Gametis who sell the grass in the market. Rajputs also collect grass for their cattle. Villagers report that there has been a considerable increase in grass leading to substantial returns from grass harvesting. During the past year 60,000 kg of grass were collected. Though Gujjars are still buying grass the main difference is that a large part of their demand is now being met from the protected areas and less is brought in from outside."

Quelle: Zutshi P. (1993), S. 46

- Im Rahmen der langfristigen Verbesserung des Wasserangebots in einer „catchment-area" können kurzfristige Nutzen für die lokale Bevölkerung dadurch geschaffen werden, daß z.B. die Versorgung mit sauberem Trinkwasser (etwa durch den Bau von Quellfassungen) gewährleistet wird.

Die vorgenannten Maßnahmen dienen dazu, die unzumutbar langen „Produktionsumwege" von Umweltschutzmaßnahmen abzukürzen bzw. einen Teil der in ferner Zukunft zu erwartenden Erträge von getätigten Investitionen in die Gegenwart zu verlagern. Dies mag in einzelnen Fällen gewisse Abstriche bei der langfristigen Zielformulierung erfordern, wie z.B. den Verzicht auf einen Teil der technisch möglichen Holzerträge infolge multipler Nutzung des Waldes, die jedoch durch eine deutlich erhöhte Ownership auf Seiten der lokalen Bevölkerung mehr als aufgewogen werden.

2.5 Zur Bedeutung sozio-ökonomischer Anreize

Der stärkste Anreiz, sich ressourcenschonend zu verhalten, geht auf Dauer von einem konkreten materiellen Nutzen in Form einkommenerhöhender bzw. existenzsichernder Effekte aus.

Teilweise ist es jedoch so, daß die positiven Effekte eines nachhaltigen RM vorwiegend der Gesellschaft insgesamt oder anderen Regionen zugute kommen, weniger dagegen den direkten Zielgruppen – was deren Motivation zur Kooperation naturgemäß beeinträchtigt. Diese Sachverhalte begründen die Schaffung ökonomisch-finanzieller Anreize („incentives“) für ressourcenschonendes Verhalten, wobei die Bestimmung der Art und Höhe derartiger Anreize nicht „spekulativ“ erfolgen darf. Wichtig ist vielmehr, daß der Einsatz dieses Instruments zielgerichtet und unter eindeutig geklärten Voraussetzungen und Bedingungen erfolgt.

Im Folgenden werden die verschiedenen Arten von Anreizen, ihre Relevanz für Vorhaben des RM, ihre möglichen Wirkungen und Gefahren sowie Fragen zu Durchführung und Wirkungsbeobachtung dargestellt.

2.5.1 Wann sind Subventionen berechtigt bzw. vertretbar?

Subventionen sind ein Instrument, um eine effektivere, ökologisch vorteilhaftere Nutzung der Produktionsressourcen zu stimulieren. Sie **sollen dazu beitragen**, daß

- externe, umweltrelevante Kosten und Nutzen bei Produktionsentscheidungen berücksichtigt werden, d.h. externe Effekte zum Teil internalisiert werden,
- neue ökologisch und ökonomisch tragfähigere Produktionsverfahren entwickelt und von den Zielgruppen angewandt werden.

Subventionen werden im Rahmen von RM-Projekten meist durch die kostenlose oder verbilligte Abgabe von Produktionsinputs (z.B. Pflanzmaterial) geleistet bzw. durch die Übernahme von bestimmten Arbeiten (z.B. Transporte). Subventionen reduzieren die Preise für die Produzenten und erhöhen damit die betriebswirtschaftliche Rentabilität einer Produktion.

Anreize in der Form von **Subventionen lassen sich ökonomisch rechtfertigen**, wenn

- die volkswirtschaftliche Rentabilität (Economic Rate of Return) größer ist als die betriebswirtschaftliche Rentabilität (Financial Rate of Return), d.h. die ökonomisch gerechtfertigte Höhe von Subventionen ist begrenzt durch die volkswirtschaftliche Rentabilität der entsprechenden Produktion bzw. Technologie;
- die betriebswirtschaftliche Rentabilität ohne Subventionen unterhalb der Schwelle liegt, die den Produzenten zur Übernahme der entsprechenden Technologie motiviert. Die Subvention hebt also die einzelwirtschaftliche Rentabilität über einen kritischen Wert, der einen Anreiz zur Teilnahme bildet;
- die notwendigen Investitionen für die Übernahme neuer Produktionsverfahren von den Zielgruppen nicht allein aufgebracht werden können und eine Finanzierung durch private Kapitalmärkte nicht zu erwarten ist;
- das Risiko eines neuen Produktionsverfahrens für die Zielgruppen nicht überschaubar ist bzw. zu groß ist, um ohne zusätzliche Unterstützung die Innovationen zu übernehmen (insbesondere in Pilot- und Testphasen);

Kasten 38: Experimentieren mit neuen Technologien durch Anreize unterstützen

„In einem Regionalentwicklungsprojekt in Sri Lanka werden an bäuerliche Gruppen sehr geringe Subventionen gezahlt für die testweise Einführung neuer Pflanzen. Diese Anreize sollen jedoch nicht zur Übernahme eines neuen RM führen, sondern zunächst nur die Bereitschaft der Bauern stärken, mit neuen Sorten und Produktionsverfahren zu experimentieren. Den Empfängern wird von Seiten des Projekts immer wieder deutlich gemacht, daß es sich um einen gemeinsamen Lernprozeß handelt, daß aber für die breite Anwendung der Innovationen keine weiteren Subventionen gezahlt werden können."

Quelle: GTZ/RMSH (Balzer, G./Engel, A.) (1995), S. 14.

- es keinen Markt für bestimmte Produkte, z.B. verbessertes Pflanzmaterial, oder Leistungen, z.B. Transport, gibt, ihre Produktion aber unter gesamtwirtschaftlichen und ökologischen Gesichtspunkten sinnvoll ist.

2.5.2 Wie hoch dürfen Subventionen sein?

Die Höhe von Subventionen wird in der Praxis oft nur grob geschätzt, weil entsprechende Kriterien im Projekt nicht verfügbar sind. Eigenleistungen beschränken sich häufig auf symbolische Beiträge. Es ist jedoch zu berücksichtigen, daß auch quantitativ geringe Eigenbeiträge eine wichtige Funktion haben, da so Mitnahmeeffekte minimiert werden können. Die systematische Anwendung von materiellen Anreizen für einzelne Individuen, Familien oder Selbsthilfegruppen erfordert eine genaue situations- und zielgruppenspezifische Festlegung der Art und Höhe, die in wesentliche stärkerem Maße als bisher auch ökonomische Faktoren einbeziehen muß. Dazu ist in der Regel ein **intensiver Verhandlungsprozeß mit den beteiligten Akteuren** erforderlich, um eine angemessene Balance von Subventionen und Eigenleistungen zu finden.

Zunächst muß dabei berücksichtigt werden, daß Subventionen nur dann zu einer **gewünschten und dauerhaften Verhaltensänderung** führen werden, wenn sie

- einen relativ hohen Wert erreichen, der von den Begünstigten als signifikanter Beitrag zum Haushaltseinkommen betrachtet wird;
- die Kosten für ein neues Produktionsverfahren deutlich senken;
- andere, nicht-monetäre Nutzen bringen, die einen hohen Stellenwert für die Empfänger haben.

Bei der **Bestimmung der angemessenen Höhe von Subventionen** im konkreten Einzelfall sind dann vor allem folgende Aspekte relevant:

- Die Höhe des entgangenen Nutzens („in cash" oder „in kind") durch die Aufgabe der bisherigen ökologisch schädlichen Ressourcennutzung.
- Die Höhe und der Zeitpunkt bzw. die Dauer des erwarteten Einkommens aus der alternativen Nutzung.
- Die Risikobereitschaft der Zielgruppen (zur Ermittlung einer Mindestrentabilität, bei der die Übernahme der propagierten Verfahren erwartet werden kann).
- Die Zahlungsbereitschaft der Zielgruppen, die unter anderem durch ihre Prioritätensetzung bestimmt wird.
- Die Zahlungsfähigkeit der Zielgruppen.
- Der Eigenbeitrag in einer Höhe, die Mitnahmeeffekte ausschließt.
- Die Art der Ressourcennutzung, d.h. des Nutzungskalküls, welches auch nicht-monetär sein kann (z.B. Jagd aus rituellen Gründen).

Die **Festlegung der Höhe (und Dauer!) von Subventionen** stößt in der Praxis gerade im RM auf nicht leicht zu lösende Probleme:

- Lange Prognosenzeiträume machen Rentabilitätskalkulationen extrem schwierig.
- Der Schwellenwert, der die Übernahme von neuen Produktionsverfahren durch Zielgruppen stimuliert, bleibt meist spekulativ, denn:
  - die Opportunitätskosten (= Rentabilität) traditioneller Anbauprodukte bzw. -verfahren ist häufig unbekannt;
  - die ökonomische Bewertung des ökologischen Nutzens ist häufig grundsätzlich problematisch;
  - Risiken sind schwer abzuschätzen.

Sofern Subventionen nicht nur für die Einrichtung eines neuen Produktionsverfahrens, sondern zeitlich begrenzt für den Unterhalt gezahlt werden (z.B. Pflegemaßnahmen bei Baumkulturen), muß bei der Bestimmung der Subventionshöhe auch bedacht werden, daß die Zielgruppe die Produktionstechnologie auch nach Auslaufen der EZ-finanzierten Zuschüsse finanziell und kapazitätsmäßig fortführen kann bzw. die Unterstützung aus dem Staatshaushalt gezahlt werden muß.

2.5.3 Wie können Kompensationen sinnvoll eingesetzt werden?

Kompensationen kommen auf die Tagesordnung, wenn ein Ausgleich für eine Einschränkung oder den Verlust der bisherigen Ressourcennutzung geschaffen werden soll. Dies kann landwirtschaftliche Nutzung ebenso betreffen wie die Nutzung von Waldressourcen.

Kompensationen haben also den Charakter einer Entschädigung. Dabei dient die bisherige Ressourcennutzung als Bezugsgröße, sofern deren Aufgabe für die Betroffenen gravierende Nachteile und Härten mit sich bringt. Kompensationen können Ausgleichszahlungen umfassen oder die Bedingungen für eine alternative Ressourcennutzung und/oder neue Einkommensquellen schaffen bzw. verbessern.

Typische Beispiele für Kompensationen in RM-Vorhaben sind:

- Direkte Ausgleichszahlungen (z.B für Ernteausfälle, Verlust von Land oder Besitz).
- Tausch von gewohnheitsmäßig beanspruchten Nutzungsrechten gegen formale Eigentumstitel oder Nutzungsrechte, ggfs. auf Ausgleichsflächen (z.B im Rahmen der Pufferzonenentwicklung).
- Schaffung alternativer Produktionsmöglichkeiten und Einkommensquellen (im landwirtschaftlichen oder nicht-landwirtschaftlichen Sektor).
- Überlassung zukünftiger Einkünfte aus der alternativen Ressourcennutzung (z.B. Anteile aus Tourismuseinkünften, Jagdlizenzen aus neu geschaffenen Naturparks).

Kompensationen sind im Rahmen von RMSH begründbar, wenn folgende **Bedingungen** vorliegen:

- Die Aufgabe der traditionellen Ressourcennutzung würde eine unzumutbare Härte für die Betroffenen bedeuten.
- Die Betroffenen sind nur bei entsprechender Entschädigung bereit, im RM Naturschutzmaßnahmen zu unterstützen oder haben sogar faktisch die Möglichkeit, neue Nutzungsarten zu torpedieren („Obstruktionspotential").
- Die gesamtgesellschaftliche Rentabilität der neuen Nutzungsarten liegt über der betriebswirtschaftlichen Rentabilität der bestehenden Ressourcennutzung.

2.5.4 Was ist bei der Gewährung von Kompensationen zu bedenken?

Ähnlich wie im Falle von Subventionen muß bei der **Ausgestaltung von Kompensationen mit Sorgfalt** vorgegangen werden, damit sie zielgerecht wirken und nicht etwa kontraproduktive Konsequenzen haben:

- So ist es wichtig, den entgangenen Nutzen, für den eine Entschädigung gewährt werden soll, zu quantifizieren oder zumindest so exakt wie möglich zu beschreiben. Die Höhe der Kompensationen sollte jedoch in der Praxis das Ergebnis eines **Verhandlungsprozesses** sein. Davon ist umsomehr auszugehen, als nutzungsrechtlich unklare Situationen – dies gilt insbesondere für das subsahare Afrika – vorherrschend sind. Die Untergrenze der Höhe der Kompensation ist die Höhe des Verlustes, die Obergrenze der volkswirtschaftliche Nutzen der alternativen Nutzung.
- Insbesondere bei Kompensationsmaßnahmen stellt sich die Frage nach der **rechtlichen Grundlage von Entschädigungszahlungen.** Ressourcennutzung in ländlichen Gebieten erfolgt häufig auf der Basis von Gewohnheitsrecht, oft auch entgegen den geltenden formalen Rechtsvorschriften (z.B. Jagd in Staatswäldern oder Squatter in Nationalparks). In diesen Fällen sind zunächst die gewohnheits- und formalrechtlichen Grundlagen zu klären, bevor Entscheidungen über Anreize getroffen werden.
- Wenn Kompensationen nachhaltig wirken sollen, muß ein **direkter Bezug** hergestellt werden **zwischen der Kompensation und der dauerhaften neuen Ressourcennutzung.** Die Höhe und Dauerhaftigkeit der Einkünfte, die aus der Kompensation erwachsen, müssen also abhängig sein vom dauerhaften Schutz der neuen Ressourcen bzw. der nachhaltigen Praktizierung veränderter Produktionsmethoden.
- Kompensationen scheinen demnach wirksamer zu sein, wenn eine direkte Beziehung zwischen aufgegebenen Ressourcen und **neuen Nutzungsmöglichkeiten** hergestellt werden kann. Dies wäre bei Geldzahlungen nicht der Fall. Außerdem entstehen geringere Probleme bei der Ermittlung der angemessenen Höhe und es besteht eine geringere Gefahr, daß die Betroffenen in Erwartung von Zahlungen zu ökologisch negativen Praktiken greifen.
- Zu berücksichtigen ist schließlich, daß unterschiedliche Gruppen der Bevölkerung durch eine neue Form der Ressourcennutzung

unterschiedlich betroffen sein können und daher auch **verschiedene Kompensationssysteme** brauchen. Solche Probleme tauchen häufig auf, wenn der formale Besitz von Landflächen und die faktische Nutzung auseinander fallen. In diesem Fall werden die Besitzer und die Nutzer unterschiedlich betroffen sein. (s. Kasten 39).

Kasten 39: Kompensationen müssen einen direkten Bezug zum entgangenen Nutzen haben

„In einem Programm zum Schutz von Wassereinzugsgebieten in Pakistan wird privates Ödland aufgeforstet. Diese Gebiete wurden zwar von den Besitzern kaum genutzt, dienen aber Landlosen als Weideflächen. Aus Sicht der Besitzer waren die Opportunitätskosten für diese Flächen also gleich Null. Für die Weidenutzer hingegen entsteht ein echter Nutzen-Ausfall: Sie sind die eigentlichen „Verlierer" der neuen RM-Maßnahmen. Die bisherigen Erfahrungen mit dem Projekt zeigen, daß Landbesitzer und Landnutzer unterschiedlich kompensiert werden müssen"

Quelle: Balzer, G. und Engel, A. (1995), S. 10

2.5.5 Die Wirkungen von Anreizen als Beobachtungs- und Lernfeld

Anreize der geschilderten Weise stellen Eingriffe vielfältiger Art dar: Sie verändern Einkommen und Budgets, sie führen zu Umverteilungen, sie verändern relative Knappheitsgrade usw. Die Wirkungen sind zum Zeitpunkt der Planung im einzelnen jedoch ungewiß. Umso wichtiger ist es, durch partizipatives, prozeßbegleitendes Monitoring (vgl. dazu auch Handlungsfeld 1) die von Anreizen ausgehenden Wirkungen zu beobachten, damit möglichst rechtzeitig und möglichst sachgerecht Korrekturen vorgenommen werden können.

An dieser Stelle wollen wir daher lediglich auf besonders relevante Fragestellungen hinweisen, die im Zusammenhang mit der Gewährung sozio-ökonomischer Anreize zur Förderung der Kooperationsbereitschaft der lokalen Akteure im RM bei der Wirkungsbeobachtung zu stellen sind (vgl. dazu auch Abschnitt 1.4):

Kasten 40: Wichtige Fragen zur Beobachtung der Wirkungen (und Nebenwirkungen) von Anreizen zur Erhöhung der Beteiligungsmotivation im RM

- Führen die sektorbegleitenden Maßnahmen tatsächlich zu einer höheren Akzeptanz und Motivation für RM-Maßnahmen?
- Nutzen die Empfänger von Subventionen und Kompensationen die Ressourcen in der intendierten Art?
- Werden die mit den Subventionen verbundenen Eigenleistungen und Auflagen eingehalten?
- Wie entwickeln sich die Fähigkeiten der Zielgruppen zur Übernahme von eigenverantwortlichen Leistungen bei RM-Maßnahmen?
- Führen die Zielgruppen die neue Form der Ressourcennutzung auch nach Auslaufen der Anreize fort?
- Ist die betriebswirtschaftliche Rentabilität der alternativen Produktionsverfahren gesichert?
- Werden dauerhaft zusätzliche Einkommen erwirtschaftet?
- Entspricht der volkswirtschaftliche Nutzen den Erwartungen bzw. den projektierten Zahlungsströmen?
- Ist die Gesamtsumme der gezahlten Kompensationen und Subventionen angesichts des gesamtwirtschaftlichen Nutzens angemessen?

Zusätzlich zu diesen geplanten Größen ist die Gefahr, daß unerwünschte Nebenwirkungen auftreten, durch ein Monitoringsystem zu beobachten. Wichtige Fragen hierbei sind u.a.:

- Führt das Angebot von Subventionen und Kompensationen zu ökologisch schädlichem Verhalten der Zielgruppen, d.h. induzieren oder verstärken Anreize eine unerwünschte Ressourcennutzung?
- Drängen weitere Gruppen in ökologisch sensible Gebiete, um an den Anreizsystemen partizipieren zu können?
- Entsteht bei den Empfängern von Subventionen und Kompensationen eine „Nehmermentalität", die Eigeninitiative und -verantwortung eher lähmt?

- Haben Subventionen und Kompensationen unerwünschte soziale Auswirkungen, z.B in Form einer stärkeren sozialen Differenzierung der ländlichen Bevölkerung oder einer Schwächung der Stellung einzelner Familienmitglieder?
- Werden bestimmte Gruppen deutlich besser gestellt?

Quelle: GTZ-RMSH (Balzer/Engel) (1995), S. 16f.

2.6 Zum Umgang mit Gefahren und Schwierigkeiten beim Einsatz von Anreizen

Erfolgszwang der Projekte kann zum unreflektierten Angebot von Anreizen ohne RM-Bezug führen, die dann von den Bevölkerungsgruppen ohne Gegenleistung angenommen werden („Mitnahmeeffekte"). Wie im Falle der sektorbegleitenden Maßnahmen besteht die grundsätzliche Gefahr, daß hohe Zuwendungen in der Anfangsphase eines Projekts zu einer „erkauften" Beteiligung führen, die nicht auf nachhaltigen Interessen beruht und dem Projektteam eine echte Partizipation lediglich vorspiegelt. Weiterhin sind mit dem Einsatz von Subventionen und Kompensationen auch eine Reihe von zusätzlichen Gefahren verbunden:

- Anreize können kontraproduktiv wirken, indem sie die Eigeninitiative eher lähmen als stärken („Nehmermentalität").
- Die Kenntnis von Anreizen kann dazu führen, daß neue Gruppen versuchen, ebenfalls eine Berechtigung zu erhalten („Pull-Effekt" von Subventionen/Kompensationen). Daher ist es unabdingbar, eine präzise Erfassung aller potentiell Begünstigten in einer frühen Phase durchzuführen.
- Eine besondere Schwierigkeit entsteht, wenn Anreize, insbesondere Subventionen, im Verlauf von Pilotphasen oder im Rahmen der Entwicklung von Innovationen eingesetzt werden. Die Nei-

gung, mit Anreizen für die Zielgruppe schnelle Erfolge sicherzustellen, ist hier besonders groß. Durch Subventionen verursachte Veränderungen der Preisverhältnisse führen dabei jedoch leicht zu unrealistischen Ergebnissen bei der Entwicklung von Innovationen, die nachträglich kaum mehr „bereinigt“ werden können. Der Einsatz von Subventionen in Pilotphasen sowie bei der Entwicklung von Innovationen muß daher besonders genau im Hinblick auf mögliche Verfälschungen der Entwicklungsergebnisse analysiert und sehr genau beobachtet werden (s. auch Abschnitt 2.5.4). Grundsätzlich sollten Anreize in Pilotphasen lediglich zur Absicherung von Risiken der zu testenden neuen Produktionsverfahren eingesetzt werden.

- Subventionen können zu einer betriebswirtschaftlichen Fehlallokation von Produktionsfaktoren führen, indem sie z.B. durch kostengünstige oder kostenlose Bereitstellung von Setzlingen eine nicht nachhaltige Ressourcennutzung fördern.

Kasten 41: Designing subsidies with minimal distortions to incentives

„One way to reduce the harmful impact of subsidies is to require matching labour contributions by landowners on whose land conservation structures are built. The idea is as follows. Farmers may choose their own labour (either family or hired). They may then request the conservation programme to construct the second half, according to the design specified by the farmer. The conservation programme would hire the workers under the programme to do so; these workers would be paid only after the farmer certifies that the work is acceptable to him. This approach has several advantages. First, it helps ensure that the technology suits the farmer's and is built according to standards that satisfy him. Second, the farmer never receives any payment, reducing the chances that he will participate in the programme for unexpected reasons.“

Quelle: Kerr, John et al. (1996), S. 14.

- Die Ankündigung bzw. Ausgabe von kompensatorischen Maßnahmen kann bei Ressourcennnutzern unter Umständen in einer ersten Phase auch negative Verstärkereffekte hervorrufen. Durch die Ankündigung der Kompensation selbst kann die Bevölkerung dazu veranlaßt werden, in der Hoffnung auf höhere Entschädigung die kritischen Ressourcen noch stärker zu nutzen.

- Die Vergabe von Nahrungsrationen als Kompensation für Arbeitsleistungen ist mit einer ganzen Reihe von Problemen belastet, wie sie für Projekte mit „food-for-work"-Komponenten generell typisch sind (Schwierigkeiten einen adäquaten Warenkorb zusammenzustellen und zeitgerecht an die Empfänger zu verteilen, großer organisatorischer Aufwand, Gefahr der Marktverzerrung etc.). Mit Ausnahme von Situationen krassen Marktversagens (etwa aufgrund von Flutkatastrophen oder extremer monopolistischer Abschöpfung) scheint daher die Verteilung von Nahrungsrationen als Kompensation weniger geeignet.

- Anreize in Form von Subventionen (insbesondere in Form von durch Projekte kostenlos bereitgestellten Leistungen) oder Kompensationszahlungen werden in der Projektplanung in vielen Fällen nicht explizit diskutiert und offengelegt. Falls solche Maßnahmen als nötig erachtet werden, sollte dies zusammen mit der gewählten Form in den Projektdokumenten deutlich begründet werden. Auch das Grundprinzip der Nachhaltigkeit muß dabei besonders beachtet werden. Die Kosten für die Finanzierung von Anreizen und die entsprechenden Finanzierungsquellen müssen entsprechend in der Budgetplanung berücksichtigt und offengelegt werden.

- Bei der Einrichtung von Anreizsystemen wird in der Regel die Implementierungsorganisation mit zusätzlichen organisatorischen Aufgaben belastet. Daher sind deren Kapazitäten, entsprechende Güter und Dienstleistungen bereitzustellen, besonders zu beachten. Gelegentlich neigen Projekte in diesen Fällen auch dazu, neue Aufgaben auf vorhandene Dorfgruppen zu übertragen (z.B. für die Abwicklung von monetären Leistungen) und gefährden mit dieser Überlastung das Funktionieren der Gruppen (vgl. zu dieser

Problematik auch Handlungsfeld 3). Grundsätzlich gilt, keine Anreize vorzusehen, für deren Abwicklung keine organisatorischen Kapazitäten vorhanden sind oder nicht mit vertretbarem Aufwand geschaffen werden können.

RMSH ist geeignet, aufgrund des Beteiligungsansatzes und der Dialogorientierung vielen der genannten Gefahren zu begegnen: Durch Dialog und Verhandlung können die Chancen auf eine situationsspezifische und damit akzeptable und angemessene Bestimmung von Art, Höhe und Dauer der in Frage stehenden Anreize wesentlich verbessert werden. Das partizipative Vorgehen schafft auch die Voraussetzung dafür, daß die notwendigen Verhandlungen über Kompensationen bzw. Subventionen einerseits sowie Eigenbeiträge der Zielgruppen andererseits in vertrauensvoller Atmosphäre geführt werden können. Ähnliches gilt für die Frage, wer (langfristig) für Kontrolle und Organisation von Anreizsystemen verantwortlich ist.

Kasten 42: Erfahrungen mit Anreizen in einem Vorhaben zur Wadibewirtschaftung im Tschad

„Das GTZ unterstützte Projekt Wadibewirtschaftung in der Region Ouadai/Biltine ist deswegen besonders interessant, weil es 1989 mit einem rein technischen Ansatz begann und erst seit 1992 mit einem partizipativen Ansatz arbeitet. Im Zentrum der Projektaktivitäten stehen Maßnahmen der Boden- und Wasserkonservierung, um bei durchschnittlichen Niederschlägen von 350mm pro Jahr die Feuchtigkeit besser zu nutzen und Abschwemmungen in den Wadis zu vermindern. Dies erfordert u.a. den Bau von Dämmen und durchlässigen Wällen in den Wadis. In der ersten Projektphase wurde die Bevölkerung für die Mitarbeit an diesen Baumaßnahmen entlohnt. Die Maßnahmen waren vom Projekt initiiert und blieben auch nach Fertigstellung in dessen „ownership“, da sich die beteiligten Bäuerinnen und Bauern nicht damit identifizierten. Unerwartete Effekte und notwendige Reparatur- und Folgemaßnahmen waren Angelegenheit des Projekts. Die beteiligten Dörfern engagierten sich nur, wenn wieder Entlohnung in Aussicht gestellt wurde.

Ab 1992 wurde ein ganz anderer Ansatz praktiziert: Das Projekt beteiligt sich an Verbauungsmaßnahmen in den Wadis, die von den Dorforganisationen („Groupements") vorgeschlagen werden. Die jeweilige Maßnahme wird gemeinsam mit dem interessierten Dorf – teilweise sind auch mehrere Dörfer beteiligt – geplant. Das Projekt stellt die Baumaterialien zur Verfügung, gibt technische Unterstützung und hilft beim Transport von Steinen. Das jeweilige Groupement ist für die gesamte Arbeitsorganisation verantwortlich. Eine Entlohnung gibt es nicht mehr. Die Beteiligung des Projektes ist konditioniert. Wenn ein Groupement seine Zusagen nicht einhält, kann die Zusammenarbeit auch vorübergehend eingestellt werden.

Einige Dörfer waren nicht bereit „umzuschalten". Die meisten Dörfern zeigten sich aber interessiert, auch unter den neuen Partizipationsbedingungen mit dem Projekt zusammenzuarbeiten. Bezüglich „ownership" bietet sich jetzt ein ganz anderes Bild als in der ersten Projektphase. Es gibt genügend Anhaltspunkte dafür, daß sich das jeweilige Groupement für seine Verbauungsmaßnahmen verantwortlich fühlt. Steine werden auch transportiert, wenn der Projekt-LKW nicht zur Verfügung steht, Folge- und Erweiterungsmaßnahmen werden teilweise in Eigenregie durchgeführt oder mit Unterstützung des Projekts, sofern diese vom jeweiligen Groupement nachgesucht wird."

Quelle: Schwedersky, Th. (1996), S. 12

2.7 Zur Entwicklung und Gestaltung von Kooperationsbeziehungen zwischen den Akteuren

Aus RMSH-Sicht können Vorhaben im Ressourcenmanagement nur als gemeinsame Anstrengung unterschiedlicher Akteure erfolgreich sein. Der Blick auf *eine* Organisation, die ein Ressourcenmanagement-Projekt plant, durchführt und abschließt, ist überholt. Vielmehr besteht die Herausforderung, unterschiedliche Akteure mit ihren spezifischen Ressourcen in einen **Kooperationsverbund** zu bringen, der von gemeinsamen Zielen im Ressourcenmanagement getragen wird. Dabei läßt sich ein derartiger Kooperationsverbund nicht ein für allemal „zusammenschmieden". Durch die Zusammenarbeit werden sich unweigerlich die Beziehungen zwischen den beteiligten Organisationen und Institutionen verändern. Kooperationsbeziehungen müssen also entwickelt und gestaltet werden. ‚Gestaltung' heißt in diesem Zusammenhang, Kooperationsbeziehungen zu pflegen, aber auch periodisch zu überprüfen, in wieweit sie noch tragfähig sind. Dies kann zu einer Veränderung der Zusammenarbeit oder auch zu ihrem Abbruch führen.

Anknüpfungspunkt für die Entwicklung von Kooperationsbeziehungen ist in jedem Falle die Analyse der Organisationslandschaft (vgl. dazu Abschnitt 3.2 in Handlungsfeld 3 „Organisationsentwicklung und Capacity Development").

Kooperationsbeziehungen werden sich nur dann entwickeln, wenn für die Beteiligten aus der Zusammenarbeit ein Vorteil, d.h. ein **Kooperationsnutzen**, erwächst. Ein derartiger Kooperationsnutzen besteht nicht etwa nur in ökonomischen Vorteilen. Verbesserter Zugang zu Dienstleistungen, Erweiterung der eigenen Handlungsmöglichkeiten, Festigung von Beziehungsnetzen oder Sicherung von Nutzungsrechten können auf der Positivseite einer Kooperationsbilanz stehen.

Der Einstieg in die Entwicklung von Kooperationsbeziehungen bildet die **Klärung von Rollen und Aufgaben**. Folgende Fragen können dabei hilfreich sein:

- Welche Organisationen sind aufgrund der personellen, wirtschaftlichen und technischen Anforderungen in der Lage, welche Aufgaben zu übernehmen?
- Über welche diesbezüglichen Erfahrungen verfügen sie (Stärken und Entwicklungspotentiale)?
- Welche Aufgaben wollen diese Organisationen übernehmen?
- Über welche Kooperationserfahrung verfügen diese Organisationen?

- Was erwarten wir von anderen Organisationen bzw. der anderen Organisation/ Institution?
- Erwarten wir von der anderen Organisationen zuviel/zuwenig?
- Was erwarten die anderen Organisationen von uns, dem Projektteam?
- Welche Erwartungen werden ausdrücklich formuliert, und welche mögen auf der „hidden agenda" stehen?
- Welche dieser Erwartungen können/wollen wir erfüllen?
- Wie sieht unser Beitrag zur Kooperation aus?
- Was ist zur Erfüllung der eigenen Rolle unabdingbar und notwendig?

Diese Fragen sind nicht nur für den Einstieg in eine Kooperationsbeziehung hilfreich, sondern auch für eine periodische Überprüfung der Kooperationsbeziehung(en)[3].

Die Gestaltung von Kooperationsbeziehungen zielt auf eine schrittweise Verbesserung der Qualität von Zusammenarbeit. In der nachfolgenden Übersicht werden einige Kriterien angegeben, die in diesem Zusammenhang Orientierungspunkte darstellen. So kann z.B. die regelmäßige kritische Auseinandersetzung mit der Kommunikation zwischen dem Projektteam und anderen Organisationen Einsichten und Ansatzpunkte für eine qualitative Verbesserung der Kommunikation erbringen.

3) Hierzu finden sich in der Arbeitshilfe „Prozeßmonitoring" weitergehende Fragen und Werkzeuge. (s. GTZ-RMSH (Zimmermann/Engler) 1996).

Kasten 43: Kriterien für eine tragfähige Zusammenarbeit

1 **Zielvereinbarungen**
Wir legen periodisch gemeinsame Ziele fest.

2 **Vertrag**
Wir treffen unmißverständliche, klare schriftliche oder mündliche Abmachungen über Rechte und Pflichten.

3 **Vertragstreue**
Wir halten uns an die getroffenen Vereinbarungen oder melden Abweichungen frühzeitig an.

4 **Vorteile**
Wir ziehen einen Nutzen aus der Zusammenarbeit.

5 **Vertrauen**
Wir informieren aktiv über unsere Absichten.

6 **Kommunikation**
Wir bezeichnen Ansprechparter/innen, reagieren so schnell als möglich und stellen geeignete Kommunikationsmittel zur Verfügung.

7 **Konflikte**
Wir sprechen Konflikte frühzeitig und direkt an und machen Angebote zur Konfliktbearbeitung.

8 *Welche Kriterien sind von Ihrer Erfahrung her besonders wichtig?*

Quelle: GTZ-RMSH (Zimmermann/Engler) (1996), S. W-15/3

Da sich die Beteiligten mit zunehmenden Erfahrungen in der Zusammenarbeit verändern, ist es von besonderer Bedeutung, Störungen und mögliche Konflikte in der Zusammenarbeit frühzeitig zu erkennen. In der nachfolgenden Übersicht werden einige diesbezügliche kritische Faktoren und Symptome genannt.

Kasten 44: Was sind Anzeichen für krisenhafte Kooperationsbeziehungen?

Es gibt eine Reihe von kritischen Faktoren oder Symptomen, die auf eine sich ankündigende Krise im Kooperationssystem hinweisen:

- Wenn die Aufbereitung und der Austausch von Information nicht auf akzeptierten Vereinbarungen beruht, entstehen Ungleichgewichte und Mißtrauen. Die Informationslücken werden durch Phantasien über die Partner gefüllt, die gegenseitige Berechenbarkeit und das Vertrauen schwinden.
- Während der Zusammenarbeit verschieben sich Einfluß und Macht. Das schließt auch die Entstehung von Rivalitäten und Konkurrenz nicht aus. Wachsen die Spannungen zu einem disfunktionalen Konflikt an, der zu einem Gewinner-Verlierer-Spiel zu werden droht, dann ziehen sich mögliche Verlierer zurück, unabhängig davon, wie wichtig sie für andere Kooperationspartner sind.
- Wenn sich einzelne Organisationen von mächtigeren Partnern kontrolliert fühlen und sich dadurch ein vertikales Verhaltensmuster durchsetzt, steigen schwächere Partner aus der Kooperation aus.
- Eine Organisation ist der Auffassung, daß sich eine andere in ihre internen Angelegenheiten einmischt und zieht sich in der Folge aus der Zusammenarbeit zurück.
- Im Laufe der Zusammenarbeit bilden sich unter den Partnern neue Allianzen, die auf andere bedrohlich wirken, weil sie dadurch de facto aus dem inneren Kreis ausgeschlossen werden. Das kann dazu führen, daß das ganze Kooperationsnetz in sich zusammenfällt und sich neu formieren muß.

Quelle: GTZ-RMSH (Zimmermann/Engler) (1996), S. W-15/2

Die Gestaltung von Kooperationsbeziehungen kann im einzelnen nur situationsspezifisch gelingen[4]. Als ein Lernbeispiel soll hier jedoch das **Indo-German Watershed Development Programme** an-

4) Eine Reihe von Erfahrungsberichten aus von der GTZ unterstützten Vorhaben ist kürzlich als Dokumentation unter dem Titel „Beyond the toolkit" erschienen. Die Entwicklung und Gestaltung von Kooperationsbeziehungen wird darin unter dem Aspekt der Institutionalisierung von partizipativen Ansätzen beleuchtet.

geführt werden. In diesem von der KfW und der GTZ unterstützten Vorhaben spielte eine Nichtregierungsorganisation (NRO), ‚Social Centre', die sich nach und nach mit anderen NRO zu einem Trust zusammenschloß, eine zentrale Katalysator- und Innovatorenrolle für die Beziehungen zwischen lokaler Bevölkerung und staatlichen Diensten, aber auch zwischen verschiedenen staatlichen Organisationen. Im nachfolgenden Kasten wird an einem Beispiel aufgezeigt, welche besonderen Anforderungen mit dieser Katalysatoren- und Innovatorenrolle verbunden waren.

Kasten 45: Forging agreements among government organisations

„The Programme has obtained the agreement of the National Bank for Agriculture and Rural Development (NABARD) that the staff vetting the submissions and proposals from villages and NGOs for the Full Scale Implementation Phase (FIP) should be drawn from a defined cadre and not from the pool of NABARD technical staff. This enhances the prospects of constructive interaction between NABARD, Watershed Organisation Trust, the Programme Coordinator and the Line Departments involved at field level (Agriculture, Soil and Water Conservation, and Forestry). The benefits of this approach were highlighted in a meeting observed by the authors in November 1996 in which staff from all four organisations discussed the norms and procedures to be applied in the forestry aspects of FIP proposals from 16 villages. The District Forestry Officer, who hosted the meeting, explained that the Continuous Contour Terraces (CCT) that he intended to use in the villages involved some departure from standard DoF practice, but could be achieved within the cost norms agreed between the DoF and the Programme. Following agreement over the technical details of the CCT approach to be used, the discussion turned to the ways in which the intended Joint Forest Management (JFM) agreement with the village and supporting NGO was likely to influence costing levels. Agreement was quickly reached that the standard DoF ‚watch and ward' and ‚inspection path' provisions could be removed, since these were now the responsibility of the Forest Protection Committee. It was also agreed that the standard per hectare charge for a raingauge could be deleted from the costing, since the Programme would maintain raingauges in each of the villages.

The most complex issue on the agenda was the lack of synchronisation between DoF procedures, under which the interventions in any one site would conventionally be phased over fours years (ten years was foreseen under the Government of Maharashtra Resolution on JFM of 16 March 1992), and the requirement of the funders of the Programme that all disbursements should be completed before the end of the current Programme, i.e. in four years' time. But to start all DoF work in the current year in order to meet the deadline would be logistically infeasible, not least because the DoF would have to time its work outside the agricultural seasons in order to meet its obligation to use village labour. After some discussion, a complex but feasible formula of draw-down of funds and reporting on work completed was agreed to allow obligations to be met within the specified timeframe."

Quelle: Farrington, J./ Lobo, C. (1997), S. 3

Abschließend soll noch einmal die Komplexität der Kooperationsbeziehungen im Projektkontext aufgeblendet werden. Im folgenden Schaubild wird ein möglicher Kooperationsverbund von Akteuren auf unterschiedlichen Handlungsebenen dargestellt.

Kasten 46: Netzwerkstruktur von Organisationen

„Mit der zunehmenden Ausdifferenzierung von Organisationen in staatliche, privatwirtschaftliche, nichtstaatlich-gemeinnützige oder soziale Bewegungen etc. und mit ihrer zunehmenden Professionalisierung wächst das Potential zur Kombination von Organisationen zu einem bestmöglichen Mix. Berücksichtigt man die verschiedenen Ebenen von Organisationen, ist es augenfällig, daß es die Alternative zwischen lokalen und nationalen Partnern überhaupt nicht gibt. Es stellt sich vielmehr die Frage, wie sich die verschiedenen Ebenen ergänzen müssen, damit die anstehenden Aufgaben gelöst werden können."

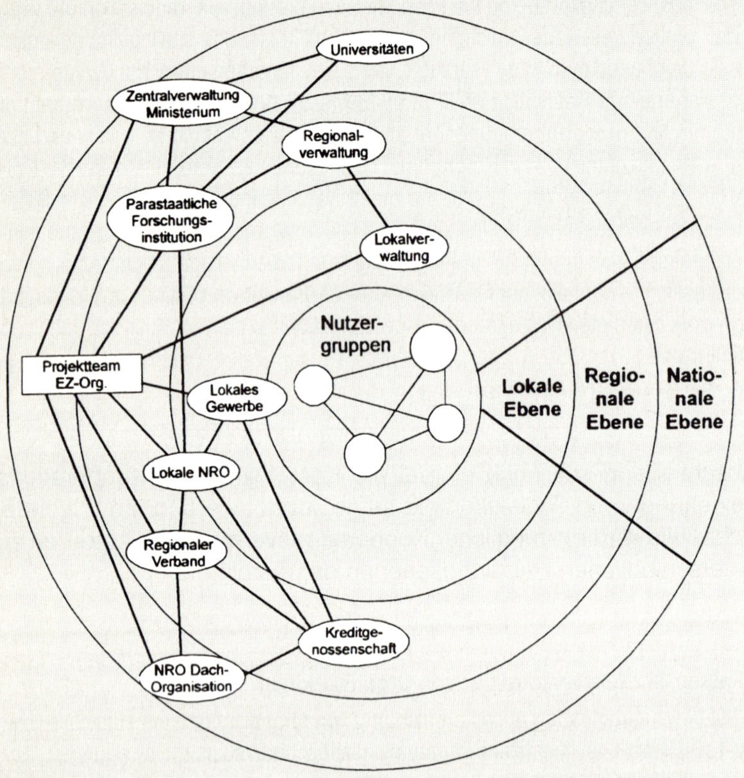

Quelle: Sülzer, R./Zimmermann, A. (1996), S. 31

Literaturhinweise zu ‚Förderung von Vertrauen und Zusammenarbeit aller Akteure'

- Farrington, J./Lobo, C., (1997), Scaling Up Participatory Watershed Development in India: Lessons from the Indo-German Watershed Development Programme. London (odi Natural Resource Perspectives No. 17)
- Fisher, R.J., (1995) Collaborative Management of Forests for Conservation and Development. (IUCN, WWF)
- GTZ, (March 1996) Akzente Special Edition: Focus People and Ecology. Eschborn
- GTZ-RMSH, (1995) Die Rolle von Anreizen bei der Anwendung von RMSH als Vorgehensweise. Bonn/Eschborn
- GTZ-RMSH, (1992) A Case Study for Selous Conservation Programme. Bonn, Eschborn
- GTZ-PVUR/RMSH, (1993) Kompensation und Interessenausgleich in der Pufferzonenentwicklung. Band II, Fallstudien Asien und Afrika. Bonn
- GTZ-Indo-German Changar Eco-Development Project, (1996) Global Challenges – Local Visions: Experiences in people-centered eco-development in the Himalayan foothills. New Delhi
- Hinchcliffe, Fiona; Guijt, Irene; Pretty, Jules N., (1995) Shah, Parmesh. New Horizons: The Economic, Social and Environmental Impacts of Participatory Watershed Management. London (IIED Gatekeeper Series No. SA50)
- IUCN, (1996) Communities and Forest Management: With Recommendations to the Intergovernmental Panel on Forests. Washington
- Kerr, John M.; Sanghi, N. K.; Sriramappa, G., (1996) Subsidies in Watershed Development Projects in India: Distortions and Opportunities. London (IIED Gatekeeper Series No. SA 61)
- Lobo, Crispino; Kochendörfer-Lucius, Gudrun, (1995) The Rain Decided to Help Us: Participatory Watershed Development in the State of Maharashtra, India. Washington (The World Bank EDI Learning Resources Series)
- Schwedersky, Thomas, (1996.1) „Nachhaltige Dorfentwicklung" in: E+Z, Jg. 37
- SKAT/LBL (Bollinger, E. u.a.) (1990) Landwirtschaftliche Beratung. Ein Leitfaden für Beraterinnen und Berater im ländlichen Raum.
- Thomson, J. T., (1992) A Framework for analyzing institutional incentives in community forestry. FAO.
- Zutshi, P., (1993), Securing a livelihood – a good basis for protecting forest resources. in: FTP Newsletter No. 22

HANDLUNGSFELD 3:

3 Handlungsfeld 3: Organisationsentwicklung und Capacity Development

3.1 Organisationen und Ressourcenmanagement: Stellenwert und Besonderheiten

3.1.1 Warum sind Organisationen und Institutionen im Ressourcenmanagement so wichtig?[5)]

Fragen der Organisations- und Institutionenentwicklung erfahren im Zusammenhang mit Vorhaben des Ressourcenmanagements eine besondere Bedeutung, und zwar aus folgenden Gründen:

- Die Nutzung bestimmter Ressourcen übersteigt häufig die Möglichkeiten des Einzelnen und wird erst möglich – oder zumindest erheblich erleichtert –, wenn sich Menschen organisieren und ihre Potentiale zusammenlegen (z.B. Anlage und Unterhalt aufwendiger Bewässerungssysteme; Abbau von Bodenschätzen).
- Die Nutzung einer Ressource ist bei konkurrierenden Ansprüchen gegenüber anderen Nutzern oft nur durch gemeinschaftliche Inter-

5) Die Unterschiede zwischen „Organisation" und „Institution" sind hier folgende: Organisationen sind Zusammenschlüsse von Menschen zur Verfolgung gemeinsamer Ziele unter Beachtung freiwillig eingegangener „Spielregeln". Ihre Struktur ist vergleichsweise flexibel, besonders in der Anfangsphase (hoher Prozeßanteil). Institutionen dagegen fußen auf allgemein gültigen Normen mit hoher Verbindlichkeit für eine größere Zahl von Menschen, sie sind schwer veränderbar (hoher Strukturanteil). Organisationen können im Zeitablauf zu Institutionen werden (Beispiel: Vom Arbeiterverein zum Deutschen Gewerkschaftsbund). Als Institutionen bezeichnen wir auch abstrakte Normen, die das Zusammenleben in einer Gemeinschaft allgemeinverbindlich regeln. (Beispiele: Das Bürgerliche Gesetzbuch, Fastenzeit im Kirchenjahr, das Grundgesetz).

essenvertretung („Lobbying“) durchsetzbar (Beispiel: Waldbauern-Vereinigung vs. Holzkonzessionär).

- Die nachhaltige Inanspruchnahme von „common properties“ (z.B. Weide- und Fischgründe) verlangt allgemein akzeptierte und durchsetzbare Regelungen sowie funktionstüchtige Institutionen.
- In einem Gemeinwesen müssen individuelle Nutzungsansprüche an die natürlichen Ressourcen mit übergeordneten Gesichtspunkten (wie dem Wohlergehen künftiger Generationen, sozialer Gerechtigkeit, Umweltschutz usw.) in Einklang gebracht werden. Dies wird nur durch die Existenz effektiver Institutionen sichergestellt.
- Nachhaltige Bewirtschaftung von Ressourcen sind in vielen Fällen langfristige und dauerhafte Aufgaben, die nur im Rahmen von stabilen Sozialstrukturen bewältigt werden können, die über Generationen hinweg Bestand haben.
- Durch Bevölkerungsdruck (in den Entwicklungsländern), erhöhten pro-Kopf Verbrauch (in den Industrieländern) und Klimaveränderungen haben sich die Knappheitsgrade natürlicher Ressourcen dramatisch erhöht, was die Notwendigkeit eines vorausplanenden Managements im Rahmen leistungsfähiger Organisationen und Institutionen weiter gesteigert hat. Dabei kann häufig die Beobachtung von Veränderungen auf lokaler Ebene schneller und kostengünstiger erfolgen, und entsprechende Anpassungen können durch lokale Entscheidungsbefugnisse beschleunigt werden.

Nicht alle dieser Aspekte werden im Kontext eines jeden RM-Projektes den gleichen Stellenwert haben, in jeder Situation gibt es jedoch **Schlüsselfunktionen**, welche nur von geeigneten Organisationen wahrgenommen werden können. Selten sind alle im jeweiligen Kontext benötigten **Fähigkeiten und Leistungen im institutionellen Umfeld** ausreichend ausgeprägt. Vorhaben im Ressourcenmanagement stehen somit vor Herausforderungen, Organisationen und Institutionen in ihrer Entwicklung zu unterstützen.

Kasten 47: Resource management and institutional development

„Communities under the right circumstances, can be effective institutions for resource management. The *obverse* is also true. The management of common property resources can act as a powerful catalyst for communal institutional development in modern rural African conditions. This is particularly the case if the potential resources concerned have significant revenue-generating potential and are thus central to community development aspirations. For too long „community development" has been conceptualised in Africa as an extension to local levels of central government institutions. (There...) are examples of something different; a demand-driven institutional building, the demand being local economic interest and the necessity of creating institutional structures to manage common property and balance individual and collective interest. Thus resource management and local institution development are mutually reinforcive."

Quelle: Murphree, M. (1993), S. 13

3.1.2 Welche Faktoren beeinflussen Entstehung und Gestaltung von Organisationen und Institutionen im Ressourcenmanagement?

Entstehung und Ausformung von Organisationen und Institutionen im Zusammenhang mit dem Management natürlicher Ressourcen weisen einige Besonderheiten auf, die Bemühungen um Förderung von Organisationen im RM erleichtern, aber auch erschweren können. So hängt beispielsweise der Stellenwert von „Organisation" im Bewußtsein der Nutzer – und damit ihre Motivation, sich an Organisationen zu beteiligen – in hohem Maße sowohl von der Art der in Frage stehenden Ressource wie von der Art der beabsichtigten Nutzung ab. Die folgenden Beispiele mögen dies verdeutlichen:

- Es gibt Ressourcen, zu deren optimaler Nutzung eine dauerhafte und äußerst effiziente Organisation erforderlich ist; die entsprechenden Aufwendungen versprechen eine gute Rendite (Beispiel: Wassernutzung für Bewässerungszwecke).

- Bei anderen Ressourcen, deren Verfügbarkeit nicht mit Gewißheit vorhersehbar ist, sind Risikominderung und Wohlfahrtsziele die im Vordergrund stehenden Motive für eine Gruppenbildung, Profitmaximierung ist von untergeordneter Bedeutung. (Beispiel: Küstenfischerei durch Gruppen).
- Allgemein leicht zugängliche Ressourcen (z.B. Weidegründe) legen eine Gruppenbildung nahe, um sich vor Übergriffen anderer Nutzer zur Wehr zu setzen. Sie veranlassen aber auch die Nutzer dazu, sich auf verbindliche Regelungen und Institutionen zur nachhaltigen Nutzung von „common properties" zu verständigen. Lediglich im Falle, daß die betreffende Ressource im Überfluß vorhanden ist, bedarf es keiner Regelungen („open-access regime").
- Die Ressource Wasser beispielsweise kann zum Trinken, als Energieerzeuger, zum Waschen oder auch zur Bewässerung von Feldern verwendet werden. Die Anforderungen bezüglich der notwendigen Organisation und die Voraussetzungen zu ihrer Entwicklung werden sicherlich in jedem Fall sehr unterschiedlich sein.

Dabei gibt es folgende Zusammenhänge: Zum einen hängen die Notwendigkeit, Form, Effizienz und Nachhaltigkeit lokaler Organisationen mit der Beschaffenheit bzw. der Nutzungsart der natürlicher Ressourcen zusammen. Zum anderen beeinflußt die Kompetenz von Nutzern (organisatorisch, betriebswirtschaftlich und technisch) die Bewirtschaftung der Ressourcen und deren Nachhaltigkeit. Wenn Nutzer in einer stabilen Gruppe zusammenarbeiten, die ihrerseits über ökologisch angepaßtes und institutionalisiertes technisches Wissen und die für ihre Leistungen notwendigen Fähigkeiten und Ressourcen verfügt, sind zweifellos gute Voraussetzungen gegeben für eine effiziente (d.h. auch nachhaltige) Bewirtschaftung von Ressourcen. Sicherlich kann dieser Zusammenhang zwischen effektiver Gruppenorganisation und Ressourcennutzung auch entgegengesetzte, unerwünschte Folgen haben: Wenn nämlich die Gruppe, von Eigeninteressen geleitet, ihr Potential vornehmlich zur Ausbeutung von Ressourcen einsetzt.

3.2 Die Organisationslandschaft verstehen

3.2.1 Warum ist eine „Trägeranalyse" nicht ausreichend?

In der Regel ist ein Vorhaben formal einer bestimmten Organisation oder Behörde („Partner/Träger") zugeordnet, deren Eignung im Rahmen der Projektprüfung mehr oder weniger eingehend analysiert wurde. Vorhaben des RM bedürfen jedoch eines leistungsfähigen Netzes von Organisationen und Institutionen auf verschiedenen Ebenen (Betrieb-Familie-Dorf-Region-Staat) und in verschiedenen Sektoren, und zwar aus folgenden Gründen:

- Der Zwang zum Konsens im RM macht eine gute Kommunikation und Kooperation zwischen den zuständigen staatlichen Institutionen, nicht-staatlichen Organisationen (NRO) und dörflichen bzw. sublokalen Organisationen notwendig.
- Die verschiedenen Institutionen und Organisationen agieren auf unterschiedlichen Handlungsebenen in verschiedenen Funktionen und üben im Idealfall jene Aufgaben aus, für die sie besonders qualifiziert sind. Erst durch komplementäres Vorgehen im Rahmen eines abgestimmten Gesamtprogramms kommt jedoch die Stärke der einzelnen Akteure voll zur Wirkung.
- Die Anforderungen an ein nachhaltiges Management von Ressourcen erfordern in der Regel eine breite institutionelle Beteiligung.

Es geht somit nicht nur darum, das Potential der eigenen Partner-Institution oder Organisation zu erkennen, sondern um das Verständnis der „Organisationslandschaft" insgesamt, in der die Partnerorganisation lediglich einen der Akteure darstellt. Dabei handelt es sich um einen kontinuierlichen Prozeß, da im Laufe des Entwicklungsprozesses einzelne Organisationen sich verändern und deren Zusammenspiel davon nicht unbeeinflußt bleibt. Eine herkömmliche „Trägeranalyse" ist nicht ausreichend, um die **„Organisationslandschaft" sowie die in ihr enthaltenen Lernbedarfe und Entwicklungspotentiale** zu erkennen. Fragen im Zusammenhang mit der

Analyse und Entwicklung von Organisationen bzw. Institutionen sowie deren Zusammenspiel und Zusammenarbeit gewinnen somit eine wichtige Bedeutung. Neuere Vorhaben haben daher auch meist nicht einen Partner oder Träger im herkömmlichen Sinne, sondern stützen sich auf die Zusammenarbeit mit unterschiedlichen Partnern der Organisationslandschaft. Auch Vorhaben, welche formell an einen Träger gebunden sind, können dennoch unterschiedliche Kooperationsvereinbarungen eingehen.

3.2.2 Wer macht was, wer kann mit wem in der „Organisationslandschaft"?

Als erster Schritt ist eine Bestandsaufnahme der für das Management der Ressourcen relevanten Organisationen und Institutionen sinnvoll. Dabei können folgende Fragen hilfreich sein:

- Welche Organisationen/Institutionen beeinflussen die Nutzung der in Frage stehenden natürlichen Ressourcen? Auf welche Weise tun sie das?
- Welche Organisationen/Institutionen haben ein Mandat, sich mit Aufgaben des RM zu befassen?
- Wie werden die identifizierten Organisationen/Institutionen ihren Aufgaben gerecht?
- Wie beeinflussen die Organisationen/Institutionen sich gegenseitig, sind ihre Aktivitäten aufeinander abgestimmt?
- Welche Organisationen/Institutionen verfolgen Ziele, die denen des Vorhabens nicht entsprechen?

Kasten 48: Die Akteure in einer Organisationslandschaft: Das Beispiel des Forest Protection and Resource Use Management Project in Ghana

Die Hauptakteure auf lokaler Ebene (im Hinblick auf die Nutzung der Forstressourcen)

Administrator of Stool Lands: Soll 10% der Netto-Einnahmen aus den Forest-Reserves erhalten

Tradional Council und Landeigentümer: Sollen künftig 40% der Netto-Einnahmen aus den Forest-Reserves erhalten (Verhältnis 18:22)

Bauern: Profitieren von zahlreichen Produkten der Bäume, fällen Bäume zur landwirtschaftlichen Nutzung des Landes

Holzkohlehersteller: Nutzen Holz als Einnahmensquelle

Schnapsbrenner: Nutzen Feuerholz und können durch das Brennen Waldbrände auslösen

Palmweinhersteller: Nutzung der ganzen Bäume

Konzessionäre: Haben oft Kontrolle über weite Waldgebiete, nutzen meist nur Werthölzer, andere werden beschädigt

Kettensägebesitzer: Werden von Bauern gegenüber Konzessionären zur Holzernte vorgezogen, da die meist einzelnen Unternehmer meist weniger zerstörend arbeiten

Jäger

Nutzer von Nichtholzprodukten (vor allem Frauen)

Kommerzielle Händler mit Nichtholzprodukten

FVS (Fire Volunteer Squads): Verantwortlich auf dörflicher Ebene für die Bekämpfung von Feuer, für die Organisation des Dorfes bei der Feuerbekämpfung und Kontakt und Information zu GNFS

Nicht-Regierungsorganisationen (NRO): Für bewußtseinsbildende Maßnahmen

Technical Officers and Forest Guards als Repräsentanten des Forest Department

Akteure auf regionaler und nationaler Ebene:

Regional Rural Forestry Office/"Projektträger" (MLF):* Technischer Schutz (Feuerschutz, Grenzkontrollen), nachhaltige Bewirtschaftung der Forest Reserves nach den gesetzlichen Bestimmungen, Tierschutz innerhalb der Forest Reserves, Beratung bei der Schaffung von Privat- und Gemeindewäldern

Lands Department (MLF): Kontrolle der Forstressourcen außerhalb der Forest Reserves

Game and Wildlife Department (MLF): Schutz von Fauna und Flora in Wild- u. Naturreservaten

Forestry Commission: Auf nationaler Ebene zuständig für Grundsatzfragen, Konzepte

Sägewerksbesitzer: Meist größere Unternehmen, deren Kapazitäten nicht ausgelastet sind, also Interesse an billigen Hölzern in großen Mengen haben

Ministry of Food and Agriculture: Maßnahmen zur langfristigen Erhaltung der Bodenfruchtbarkeit (Erosionsschutz, Einführung von Agro-forestry-Systemen), Förderung einkommenschaffender Maßnahmen als Alternative zur Waldbewirtschaftung

National Energy Board: Maßnahmen zur Reduzierung des Holzverbrauchs (Einführung energiesparender Herde etc.)

Weltbank: Führt zwei ähnlich gelagerte Projekte durch („Forest Resource Management Project" und das „Ghana Environmental Resource Management Project")

Forest Research Institute: Möglicher Kooperationspartner für Auftragsforschung

Environmental Protection Council: Aufklärung der Bevölkerung in ökologischen Fragen

Ministry of Education: Ausbildung von Schülern in ökologischen Fragen, Einrichtung von Baumschulen und Baumpflanzaktionen durch Schulen

Ministry of Education (non-formal education division): Maßnahmen zur Alphabetisierung der ländlichen Bevölkerung, u.a. auf der Grundlage von Sachthemen wie „Bäume pflanzen" oder „Energie sparen"

District Chief Executive and District Assembly (gewählte Dorfvertretung): Distrikte erhalten 50% der Netto-Einnahmen aus den Forest-Reserves, haben künftig Gesetzgebungs- und Verwaltungsfunktionen auf Distriktebene.

* MLF = Ministry of Lands and Forestry

Quelle: Aus der Projektdarstellung anläßlich des Regional-Workshops der Abt.424/GTZ vom 18.-22.7.94 in Tansania, ergänzt durch die Autoren

Nach der Zusammenstellung der relevanten Akteure erschließt eine weitere Differenzierung das Verständnis für die Organisationslandschaft. Dies kann nach unterschiedlichen Kriterien sinnvoll sein. Der „Regenbogen" (Kasten 49) unterscheidet staatliche und private Organisationen auf unterschiedlichen geographischen Ebenen, während die anschließende Illustration (Kasten 50) unterschiedliche Wahrnehmungen der Ressource „Baum“ durch die Akteure der Organisationslandschaft betont. Zum anderen sind Fragen der Rollen der Organisationen, der Zusammenarbeit, formeller und informeller Beziehungen, Interessen und Zielen von Bedeutung. Diese können jedoch in einer Analyse nicht befriedigend erfaßt werden, sondern werden sich erst im Verlaufe der Zusammenarbeit genauer klären lassen. Erste Kooperationsaktivitäten des Vorhabens werden sich somit auf Einschätzungen und Hypothesen gründen, wodurch zudem die Bildung einer vorschnellen und statischen Beurteilung vermieden wird.

Geeignete Aktivitäten eines Vorhabens zum besseren Verständnis der Organisationslandschaft können auch darin bestehen, Fragen von Rollen, Zusammenarbeit und Leistungen der Organisationen gemeinsam zu diskutieren[6)]. Das Zusammentreffen unterschiedlicher Sichtweisen kann dabei nicht nur für das Projektteam eine Lernsituation bedeuten. Vom Ergebnis derartiger Diskussion können die Beteiligten folgendes erwarten:

- Die Perspektiven für eine „Trägerdiversifizierung“, d.h. die Identifizierung potentieller Kooperationspartner für Aufgaben des Vorhabens werden klarer;
- Abstimmung über Aufgaben und notwendige Funktionen und deren Übertragung auf die jeweils am besten geeignete Organisation/Institution;
- konkreten Handlungsbedarf für eine Weiterentwicklung der „Organisationslandschaft“ anreißen;

6) Die Arbeitshilfe „Prozeßmonitoring“ bietet dafür einige wertvolle Anregungen und Werkzeuge (Aufgabenanalyse, Rollenklärung, Interaktionsanalyse, Kooperationsnutzen, qualitative und quantitative Kooperationsanalyse, Kundenorientierung, Zusammenarbeit auf lokaler Ebene). GTZ-RMSH (Zimmermann, A./Engler, M.) (1996)

- erwünschte Weiterentwicklung einer Organisation feststellen, Veränderungen des Leistungsprofils, Lern- und Veränderungsbedarf definieren;
- Bedarf an Schaffung neuer Organisationen definieren;
- Unterstützungsbedarf zur Förderung von Organisationen/Institutionen klären.

Kasten 49: Regenbogen

Quelle: GTZ-Kursunterlagen „Organisationsberatung in der TZ" (1995), S. 159

Kasten 50: Was Bäume für unterschiedliche Akteure bedeuten können

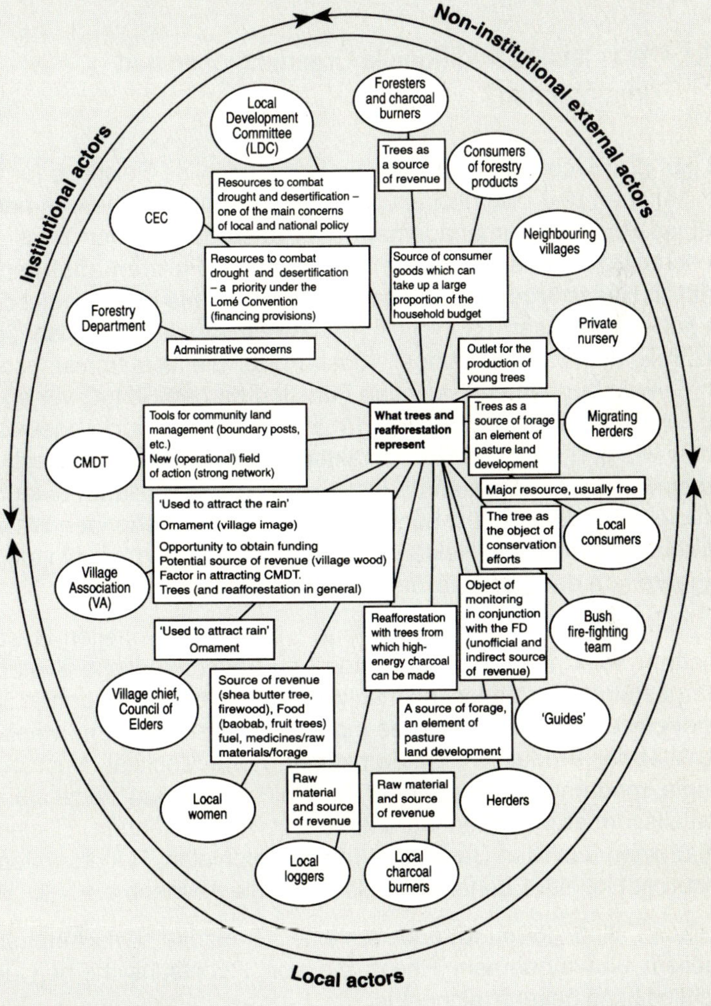

Quelle: Ndione u.a. (1995), S. 78

3.3 Situationsangepaßte Organisationsformen entwickeln – Organisationen beraten

3.3.1 Was leisten traditionelle Organisationen und Institutionen?

Es gibt praktisch aus allen Kulturkreisen unzählige Beispiele für Organisationen und Institutionen, die über Jahrhunderte hinweg nachhaltiges Ressourcenmanagement oder auch dauerhaften Ressourcenschutz gewährleistet haben. **Traditionelle Formen auch eines strikten Ressourcenschutzes erweisen sich bis heute vielerorts als äußerst wirksam:** Sowohl in Asien wie in Afrika haben insbesondere religiöse Stätten, Tempel, Klöster oder die Versammlungsorte von Geheimbünden eine wichtige Funktion für den Schutz vor allem von Wäldern und Gewässern. In afrikanischen Trockengebieten finden wir dort oft die letzten intakten Ökosysteme mit ganzjährig Wasser führenden Quellen. In Ostasien (Japan, Thailand) belaufen sich die unter dem Schutz buddhistischer Tempel stehenden Wälder auf zehntausende von Hektar, und Mönche sind darüber hinaus zu Wegbereitern der Ökologie-Bewegung geworden.

Mit dem Vordringen westlicher Werte wurden traditionellen Gesellschaften meist neue, diesen fremde und unverständliche Systeme „übergestülpt“. Die Menschen machten sich deren neue Normen und Regeln, wie z. B. Betonung des Individualeigentums, hohe Kapitalintensität der Produktion, Geldwirtschaft, hohe Mobilität, Hochtechnologie, moderne Bürokratie usw., aber nicht „zu eigen“, weshalb sie allenfalls formal „von oben“ durchgedrückt werden können: Effiziente Institutionen auf der Basis der (nach-)kolonialen Rechtssysteme blieben auf lokaler Ebene daher bis heute die Ausnahme.

In vielen Fällen stoßen wir auch auf eine „Grauzone“ zwischen traditionellem und modernem Recht, die von Rechtsunsicherheit und Rechtlosigkeit gekennzeichnet ist.

Kasten 51: Wiederbelebung, Anpassung und Integration traditioneller Institutionen: Das Beispiel Dagashida in Tanzania.

„A Forestry officer facilitated a team of local researchers (villagers) to carry out a PRA to discuss with people environmental problems and possible solutions in Sukumaland in Northern Tanzania. This exercise resulted in the revitalisation of the Dagashida – a community assembly at village level which formulates sanctions under customary law, regulating the use of natural resources by means of participatory democracy... Despite the fact that women had traditionally been excluded from Dagashidas, the community leaders now favoured the participation of women on the grounds that it would be necessary in order for the Dagashida to recover powers in natural resources management, where the relations between men and women are crucial. In one village, the Dagashida held was the first in 18 years. The Dagashidas, in the course of time, resulted in a number of common decisions, for example:

- that the Dagashida should resume its former responsibilities in regulating access to natural resources;
- that sanctions should be imposed against passing cattle on farmland without the consent of the person cultivating such land;
- that farmers should have the right to prohibit destruction of planted as well as naturally regenerating trees on farmland, grazing reserves and forest land – in effect reintroducing the customary tenure disrupted by villagisation.

The implication is that a dormant customary institution has been recognised and given new legitimacy under current political conditions, and that the Dagashida and similar institutions could assume powers to arbitrate in land conflicts, much like local land boards.“

Quelle: Mlenge, W. u. Johansson, L. (1993), S. 36f

Als Folge sind oft früher effizient geregelte Nutzungssysteme von natürlichen Ressourcen in de facto unkontrollierte „open-access regimes“ überführt worden, wo jeder Nutzer versucht, das meiste für sich herauszuholen, dabei aber keine Verantwortung für die Ressourcen selbst übernimmt bzw. keine Verantwortung zugestanden bekommt. Darin liegt eine der Hauptursachen für die Übernutzung von Gewässern, Böden oder Wäldern.

Die Kenntnis von traditionellen Organisationen und Institutionen und das Erkennen derartiger Zusammenhänge im spezifischen Kontext des Projektes kann als Grundlage für eine Diskussion dienen, ob und wie traditionelle Organisationen und deren Potential für das Management der Ressourcen genutzt werden können. In den meisten Fällen ist ein Ansatz an Bestehendem und eine Weiterentwicklung traditioneller Formen der Selbstorganisation im Hinblick auf das Erarbeiten perspektivischer Entwicklungsziele oder die generelle Stärkung der Handlungsautonomie der Beteiligten einer Neugründung von Organisationen vorzuziehen. Meist ist dies alleine allerdings nicht ausreichend, um eine nachhaltige Nutzung zu errreichen. Neue Nutzungsarten und neue Nutzergruppen konkurrieren mit den eher traditionellen Nutzern. Der notwendige Dialog- und Abstimmungsprozeß stellt alle Beteiligten vor neue Aufgaben. Welche Aufgaben dies sein können, und wie das Projekt dabei unterstützend wirken kann, wird in 3.4 diskutiert.

Kasten 52: Regelung des Fischfangs in Sierra Leone: Ein Beispiel für die Wirksamkeit traditioneller Institutionen

„Inland fisheries are regulated by a complex system of traditional local rules. These aim primarily at stock conservation/reproduction, i.e. sustainable yields. The rules concentrate on the control of fishing activities in environments, which are important for fish reproduction (spawning grounds) and growth of the juveniles (nursing grounds):

When the fish are expected to arrive, the islands are closed by the local controlling authority (the „fish-watchers“) for fishing and the fish-watchers anchor their canoes over the spawning areas, which by then lie 3-4 m beneath the lake surface. The arrival of fish is indicated by a high turbidity of the water, caused by the nest-digging activities of the mature spawners. Nest construction is in its finishing stages when capillary roots of the trees, the construction material for the Tilapia nests, float to the surface. From now onwards, it takes 3-6 days for the majority of fish to spawn and hatch their offspring.

Depending on the decision of the particular fish watcher, fisheries will be opened again. The opening will be passed on to the communities and large-scale fishing takes place. Determining the opening day is a very delicate business. If not properly done, fish might either still be spawning or they might already have left the area. Both factors result in losses to the fishing population: Firstly a long-term loss through interrupted reproduction, and secondly, through loss of the potential catch.

The regulations are dynamic, i.e. they are continuously adapted to the management requirements. A decrease in yields, for instance, would result in a tightening of the regulations. All fishermen concerned are involved in the decision-making process, either on group/village or on section level.

Violations of rules are punished either by monetary fines or by confiscation of gear. With the Tilapia management as described above, the fishermen gain the following objectives:

(1) successful reproduction and thus future yields are ensured

(2) highest landings of valuable fish are made with low fishing effort.

This clearly demonstrates the fishermen's knowledge in fisheries ecology and the high degree of care they take on the long-term, sustainable use of the natural resources."

Quelle: COFAD (R. Beck) (1985), S. 2

Kasten 53: Wie es mit der Lagunen-Fischerei in Sierra Leone weiterging: Ein Beispiel des Unvermögens moderner Institutionen, die Ressourcennutzung zu regeln

Die moderne Alternative des von der Fischerei-Abteilung des Landwirtschaftsministeriums konzipierten Ressourcenmanagements erwies sich letztlich als völliger Fehlschlag, insbesondere weil in dieser Behörde Unkenntnis herrschte über dic standort-spezifischen ökologischen Zusammenhänge und weil die nachhaltige Bewirtschaftung der Fischbestände über eine Kontrolle der Maschengröße bei den propagierten modernen Netzen nicht realisierbar war: Der subventionierte Verkauf moderner Netze an einzelne Fischer führte zu sozialer Differenzierung, zuvor unbekannten Konflikten innerhalb der Dorfgemeinschaften und dem Verschwinden des früher auf sozialer Kontrolle basierenden traditionellen Systems des Ressourcenmanagements. Schmuggel und Korruption ermöglichten bald den Gebrauch von Netzen mit unzulässig kleinen Maschen, was eine zuvor niemals beobachtete Verringerung der Fischbestände zur Folge hatte.

Quelle: wie Kasten 52

3.3.2 Neue Organisationen sind schnell gegründet: Aber sind sie auch lebensfähig?

Die Gründung einer Organisation verändert die bestehende „Organisationslandschaft“ und greift somit in ein vielfältiges Beziehungsgeflecht ein, berührt Interessen und beeinflußt Machtkonstellationen. Daraus ergeben sich einige grundsätzliche Fragen, die im Zusammenhang mit der Schaffung neuer Organisationen mit den interessierten Beteiligten diskutiert und von diesen geklärt werden müssen:

- Wer hat konkret Bedarf nach Leistungen, welche die neue Organisation erbringen soll?
- Kann keine der in der gegenwärtigen Organisationslandschaft vorgefundenen Organisationen/Institutionen diese abdecken?
- Falls Überschneidungen mit bereits bestehenden Organisationen absehbar sind: Aus welchen Gründen können deren Funktionen und Leistungen nicht in Anspruch genommen werden?
- Stimmen die Ziele und Aufgaben der Mitglieder mit denen der Organisation überein?
- Wer hat Ownership für die zu gründende Organisation?

- Wer ist bereit und in der Lage, die Transaktionskosten der geplanten Organisation auf Dauer zu tragen?
- Welche der bestehenden Organisationen werden die geplante Neugründung möglicherweise als Bedrohung und Konkurrenz empfinden, und wie werden sie reagieren?
- Mit welchen der bestehenden Organisationen/Institutionen wird die neue Organisation ggf. Allianzen bilden und kooperieren können?

Bei der Beantwortung dieser und ähnlicher Fragen sollten die Beteiligten einen strengen Maßstab anlegen, denn oft werden sie von dem Wunsch geleitet, sich durch die Schaffung neuer Organisationen mühevolle Auseinandersetzungen mit anderen Akteuren in der bestehenden Organisationslandschaft zu ersparen. Hinzu kann ein Prestige- und Machtgewinn kommen, der für Einzelne mit der Gründung einer eigenen Organisation verbunden sein kann. Auf Dauer sind jedoch solche Auseinandersetzungen unumgänglich. Der zunächst leicht und bequem erscheinende Weg einer Neugründung erweist sich jedoch langfristig häufig als nicht nachhaltig.

Die Rolle von Projekten als Fazilitator neuer Organisationen bzw. Institutionen muß vor allem darin gesehen werden, Menschen dabei zu unterstützen, sich im eigenen Interesse selbst zu organisieren. Dabei müssen selbstverständlich die Ziele der betreffenden Organisation mit einem nachhaltigen Ressourcenmanagement vereinbar sein. Neben der Förderung und Begleitung des Dialogs zwischen den Nutzergruppen können Projekte gegebenenfalls auch auf andere Akteure im institutionellen Umfeld einwirken, damit die von lokalen Nutzergruppen favorisierten Lösungen möglich werden (z.B. Diskussion mit der Forstverwaltung, damit diese anstelle bzw. neben Plantagenbewirtschaftung auch die Anlage von Mischwäldern zur vielfältigen Nutzung durch die lokale Bevölkerung zuläßt).

Kasten 54: Dynamik in der Organisationslandschaft

„Projects...create situations in which local people take up positions: actors emerge (individuals, „characters", personalities), categories or groups of actors form on the basis of common interests or shared viewpoints. Vested interests, real or imagined, stated or undeclared, are essentially what draw the dividing line between groups. In other words, what the actors think they stand to win or to lose often determines their decision to become involved or not. Categories of actors are in no way absolute: they realign, develop and fragment or merge to form new divisions or groupings."

Quelle: Ndione et al. (1995), S. 183

Im Zusammenhang mit der hier angesprochenen Problematik muß auf drei typische „Fallstricke" hingewiesen werden, die die Nachhaltigkeit von neu geschaffenen Organisationen bzw. Institutionen in der Praxis oft in Frage stellen:

Aus der Sicht des Einzelnen (bzw. einzelner Familien oder Clans) stellt der Anschluß an eine Gruppe in der Regel nur die zweitbeste Lösung dar, die freiwillig nur gewählt wird, wenn ein Problem auf individueller bzw. familiärer Basis nicht mit vergleichbarem Aufwand bewältigt werden kann. Die Bereitschaft zur Beteiligung an einer SHO oder Nutzergruppe muß daher ihren Ursprung in einem **selbst empfundenen langfristigen Interesse** der Mitglieder haben. In der Praxis können wir jedoch häufig beobachten, daß Gruppen sich zur Erfüllung bestimmter Aufgaben (z.B. Aufbringung von Eigenleistungen) organisieren, oder daß Projekte Zielgruppen organisieren. Teilweise werden dabei von Seiten des Projekts bestimmte Vorteile (z.B. Bereitstellung von landwirtschaftlichen Inputs) eingeräumt. In solchen Fällen steht offensichtlich das Interesse des Vorhabens an der kurzfristigen Zielerreichung im Vordergrund, nicht aber die langfristigen Interessen der lokalen Bevölkerung. Nachhaltige Lösungen sind so nur selten zu realisieren.

Organisationen und Institutionen, die von einem Projektteam initiiert werden, müssen nach einer bestimmten Dauer auch ohne die Unterstützung eines Vorhabens der EZ weiter existieren können. Die erheblichen Transaktionskosten, die mit Veränderungen des institutionellen Umfeldes verbunden sind, und die auf Dauer anfallenden Aufwendungen für die Aufrechterhaltung einer Organisation werden oft unterschätzt. Die Folge sind nur unter künstlichen Bedingungen funktionierende institutionelle Strukturen, die in der Regel nicht nachhaltig sind. „Management", Koordination, Abstimmung oder Zusammenarbeit sind Dienstleistungen, die Zeit und Geld kosten.

In vielen Fällen stoßen wir auf Institutionen (Gremien, Komitees, Verfahren etc.), die auf Konzeptionen und Richtlinien eines bestimmten Gebers oder Projekts beruhen, auf den Einflußbereich dieses Projekts beschränkt sind und keine Entsprechung auf anderen Ebenen haben. Da die Aktivitäten verschiedener Geber in einem Land in der Regel nicht oder nur unzureichend koordiniert sind, kommt es auf diese Weise zu einer Vielzahl unterschiedlicher, parallel existierender institutioneller Strukturen. Auch eine solche „Lösung" kann nicht nachhaltig sein und erweist sich gerade im Bereich des RM als kontraproduktiv. Kompetenzstreitigkeiten, widersprüchliche politische Vorgaben, unklare Rechtsverhältnisse, Vergeudung knapper Ressourcen durch Doppelarbeit usw. können die Folge sein.

Der Wunsch nach möglichst „reibungsloser Projektabwicklung" durch die Schaffung neuer Organisationen und Institutionen wird somit einer Entwicklung der Organisationslandschaft zum nachhaltigen Management der Ressourcen eher hinderlich sein.

Die Vorteile kleiner Gruppen

Kleine Organisationen/Gruppen haben gegenüber großen Organisationseinheiten eine Reihe von Vorteilen:

- „Gruppendynamische Prozesse" sind leichter durchschaubar und leichter zu handhaben.
- In kleinen Gruppen läßt sich leichter ein „Wir-Gefühl" herstellen, die soziale Kontrolle ist effektiver, und „Trittbrettfahrer" haben keine Chance.
- Die Verteilung von Lasten und Vorteilen ist transparenter und für alle Mitglieder leichter nachvollziehbar.
- Entscheidungsprozesse sind schneller, gemeinsame Ziele sind leichter zu formulieren, und auf Veränderungen kann eine kleine Gruppe in der Regel flexibler reagieren.
- Kleine Gruppen eignen sich gut zum Testen personen- und standortspezifischer Lösungsansätze, sie können außerdem als Kontaktgruppe zur Verbreitung erfolgreicher Ansätze agieren.

Die Bündelung von Interessen

Der beste „Kitt“, der Menschen in einer Organisation zusammenhält, sind gleichgerichtete Interessen, die sich zum Vorteil aller ihrer Mitglieder nur mit gemeinsamen Anstrengungen verwirklichen lassen.

Die Definition von Interessen ist daher das entscheidende Kriterium für die Bildung von Gruppen. Allerdings sind Interessen nicht in jedem Fall einseitig im Sinne von wirtschaftlichen oder sozialen Vorteilen zu verstehen, sie schließen auch immaterielle Werte ein, wie emotionale Geborgenheit, ein „Wir-Gefühl“, die Bewahrung kultureller Identität, z.B. auf der Grundlage einer Ethnie oder Religionsgemeinschaft, oder Selbstverwirklichung (z.B. die Möglichkeit, einengenden Vorschriften bzw. Traditionen zu entkommen durch Anschluß an eine Gruppe von Witwen oder ledigen Bauern/ Bäuerinnen).

Andererseits gibt es Interessenunterschiede, die im Zusammenhang mit der Bildung von Gruppen oder Organisationen eingehend thematisiert und sorgfältig analysiert werden sollten:

- Innerhalb der Familie (und natürlich auch Dörfern/Weilern) spielen Interessengegensätze zwischen Männern und Frauen sowie zwischen den Generationen oft eine erhebliche Rolle. In einigen Kulturen werden diese Unterschiede durch Religion und traditionelle Wertvorstellungen noch akzentuiert.
- Kulturelle, religiöse und ethnische Unterschiede spielen häufig eine stärkere Rolle als jede andere Interessenlage. (Das augenfälligste Beispiel hierfür ist das Kastenwesen in Indien).
- Beträchtliche Interessenunterschiede bestehen im allgemeinen auch zwischen Land- und Kapitalbesitzern auf der einen Seite und solchen Personen, die nur über ihre Arbeitskraft verfügen auf der anderen. In ähnlicher Weise resultieren aus dem Gegensatz „arm“/“reich“ erhebliche Interessengegensätze, die sich bei dem Versuch, eine stabile Gruppe zu bilden, in der Regel als unüberwindlich erweisen.

Differenzierung der Nutzung – Optionen für unterschiedliche Akteure

Die Ansprüche an eine Ressource im Interesse verschiedener Nutzer zu differenzieren, verbessert die Chancen für die Schaffung von effizienten und nachhaltigen Organisationen wesentlich. Traditionelle Systeme können diesbezüglich wertvolle Anregungen geben: So finden wir beispielsweise in Oasen am Rande der Sahara unterschiedliche Eigentums-, Besitz- und Nutzungsrechte für die verschiedenen Komponenten der Ressource Oase: Wasser, Boden, Datteln (Bäume und Früchte). Die jeweils zur Nutzung Berechtigten bilden ein stabiles System unterschiedlicher sozialer Organisationen in Form von Nutzergemeinschaften auf Zeit oder auf Dauer, Kooperativen usw. Dort, wo im Zuge der Modernisierung die traditionelle Bewirtschaftung außer Kraft gesetzt wurde und nur noch eine Gruppe von Landeigentümern existiert, sind die Oasen vom Verfall bedroht.

Kasten 55: Wie differenzierte Nutzungen zu einer Vielzahl von Nutzergruppen führen können

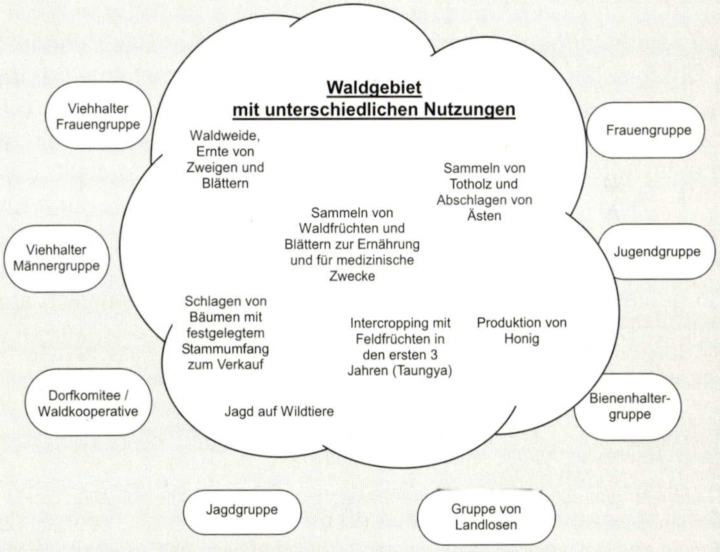

3.3.3 Wie beeinflußt die zu leistende Aufgabe die Gruppenbildung?

Die Aufgaben, welche sich die Mitglieder stellen und welche die Gruppe oder Organisation innerhalb der Organisationslandschaft übernimmt, bestimmen die geeignete Form und die Ebene der Gruppenbildung. So wird z.B. die Bewirtschaftung eines Gemeindewaldes andere organisatorische Lösungen erfordern als die Realisierung von bodenkonservierenden Maßnahmen im gleichen Dorf. Auch werden sich segmentierte Gesellschaften anders organisieren als stark hierarchisch gegliederte Gesellschaften. Angepaßte Organisationsformen müßen im Einzelfall erarbeitet werden. Im folgenden werden einige Erfahrungen zusammengefaßt:

Dorfgemeinschaften und ihre Komitees: Keineswegs immer die ideale Organisationseinheit

Häufig sind Dorfgemeinschaften als die „natürliche“ Basis von lokalen Organisationen betrachtet worden, wobei übersehen wird, daß das Zusammenleben von Menschen in einem administrativ oder auch geografisch definierten Raum nicht notwendigerweise ein geeignetes Kriterium zur Abgrenzung von Interessen darstellt. Zwar sind durchaus Fälle denkbar, in denen Maßnahmen (z.B. zum Erosionsschutz) die Interessen eines ganzen Dorfes tangieren und daher auch im Rahmen einer organisierten Dorfgemeinschaft erfolgreich geplant und durchgeführt werden können; grundsätzlich aber ist folgendes zu bedenken:

- Die soziale Stratifikation innerhalb eines Dorfes ist in der Regel sehr ausgeprägt. Dementsprechend gibt es eine Vielzahl unterschiedlicher sozialer Gruppen und Untergruppen mit oft völlig konträren Interessen. Hinzu kommen die Unterschiede nach Geschlecht, Alter, Ethnien, Religion usw.
- Nur selten gibt es in einem Dorf Autoritäten oder Gremien, die von allen gleichermaßen respektiert werden bzw. denen alle Bewohner ihr Vertrauen schenken. Die Folgen sind Unklarheiten bezüglich der Rechte (z.B. hinsichtlich der Nutzenverteilung) und Pflichten (z.B. bezüglich der zu erbringenden Leistungen), eine unzurei-

chende Kontrolle eingegangener Verpflichtungen, unwirksame oder fehlende Sanktionen bei Regelverletzungen und Aushöhlung des Solidarprinzips durch „Trittbrettfahrer".

- Dörfer als Gesamtheit verfügen selten über Erfahrungen in der Durchführung von „Projekten", insbesondere im produktiven Bereich, ganz im Gegensatz zu Assoziationen, Kooperativen oder privaten Unternehmern.

Ansatzpunkte für Organisationen unterhalb der Dorfebene

Häufig sind Dörfer in kleinere Einheiten unterteilt, die sich zwar erheblich voneinander unterscheiden, intern aber homogene Strukturen aufweisen können (z. B. Weiler/"hamlets", Viertel/"quartiers" usw.). Diese Einheiten können sich aufgrund von unterschiedlichen Gegebenheiten definieren:

- die naturräumlichen Bedingungen (Ebene / Berghänge),
- die ethnische Zusammensetzung,
- der Zeitpunkt der Besiedlung (Alteingesessene / Zuwanderer),
- der vorherrschende Beruf und die Nutzungstätigkeit (Händler / Handwerker / Bauer),
- oder die soziale Schichtung (arm / reich).

In dieser Weise abgegrenzte Teile eines Dorfes können in Abhängigkeit von den Aufgabenstellungen oft zu effektiveren Organisationen zusammenfinden als eine gesamte Dorfgemeinschaft.

Familie (Sippe, Clan) als operative Einheit

In nicht wenigen Ländern bilden (Groß-)Familien deutlich abgrenzbare Einheiten innerhalb des Dorfverbandes (z. B. die Kasbahs im Maghreb). Tatsächlich lassen sich unter den Produktions- und Organisationsbedingungen des Familienverbundes viele Aufgaben des Ressourcenmanagements situationsgerecht, kostengünstig und nachhaltig lösen. Allerdings ist zu berücksichtigen, daß es immer innerhalb einer Familie auch unterschiedliche oder konträre Interessenslagen gibt, deren Nichtbeachtung benachteiligte Elemente des Familienverbundes weiter schwächt.

Kasten 56: Aufgaben und der empfundene Bedarf für Koordination bestimmen die Organisation: Eine Aktionsforschung des Projektes

In einer Zone wurden mit Unterstützung des Projektes dörfliche *Koordinationszellen (Cellules de Coordination villageoise,* CCV) und spezielle Aktivitätenkomitees *(Comité d'activités spécifique,* CAS) von Beginn an gefördert, während in einer anderen Zone zunächst [nur] die Einrichtung von CAS angeregt wurde. Letztere konnten sich bei Bedarf zu einer CCV zusammenschließen. Im Vergleich der beiden Ansätze hat sich gezeigt, daß der letztgenannte sehr viel besser geeignet ist, die Organisationsfähigkeit der dörflichen Akteure zu fördern. Bei der Einrichtung von CCV von Beginn an war in der Regel für die dörflichen Akteure nicht einsichtig, was eigentlich koordiniert werden sollte. Insofern wurden die CCV nur geschaffen, weil das Projekt den entsprechenden Vorschlag gemacht hatte. Dort, wo sich jedoch aus der Arbeit von CAS ein CCV entwickelt hat, ausgehend von dem durch die dörflichen Akteure empfundenen Bedarf nach Koordination, erwiesen sich diese Strukturen als sehr viel funktionsfähiger.

Quelle: GTZ-VARENA (1996), S. 29

Familien- bzw. dorf-/weilerübergreifende Organisationskriterien

Wenn die „Schnittmenge" gemeinsamer Interessen groß genug ist, d. h. die Anzahl der Personen und die Stärke ihrer Interessen, werden sich Menschen immer auch über räumliche, administrative, familiäre, ethnische und selbst soziale Grenzen hinweg zusammenschließen. Im Ressourcenmanagement geschieht dies besonders häufig in der Form von Nutzergruppen. Umgekehrt ergibt sich nicht automatisch eine gleichgerichtete Interessenlage, nur weil Menschen etwa derselben Familie, Ethnie oder sozialen Schicht angehören. In der Realität treffen wir vielmehr auf sehr unterschiedliche Allianzen, je nachdem, welche Interessen jeweils im Vordergrund stehen.

Gute Voraussetzungen für die Bildung stabiler Gruppen oder Organisationen schafft in der Regel eine gemeinsame Form der Einkommenserzielung (z.B. Fischer, Imker, Viehhalter, Schmiede, Schreiner usw.), zumal sich die Berufskollegen oft durch Status, Wertvorstellungen, Lebenserfahrung, ethnische bzw. stammesmäßige Zugehörigkeit einander kulturell verbunden fühlen.

Im übrigen können auch gleichartige Lebenszusammenhänge, wie sie beispielsweise in Schulen oder traditionellen Jugendbünden gegeben sind, eine gute organisatorische Grundlage für gemeinschaftliche Aktivitäten im RM bilden.

3.3.4 Wie gelingt das richtige Timing bei der Gründung von Organisationen?

Wann immer Menschen sich organisieren, spielen psychologische Faktoren eine Rolle. Bei der Gründung von Organisationen müssen die Mitglieder innerlich bereit sein, sich in eine Gruppe einzufügen, einen Teil ihrer „individuellen Souveränität" aufzugeben, Ziele, Aufgaben, Risiken und Erfolge mit anderen zu teilen. Eine solche Bereitschaft muß sich entwickeln, und eine solche Entwicklung benötigt Zeit. Aber auch nach der Gründung wird die Organisation immer wieder vor Herausforderungen stehen, welche Veränderungen erfordern. **Gerade im Zusammenhang mit der Frage des gemeinschaftlichen und konsensorientierten Ressourcenmanagements spielen die Prozesse eine Rolle, die Menschen und Organisationen auf dem Weg zur Veränderungsbereitschaft im allgemeinen durchlaufen**:

- Verleugnung eines existierenden Problems, „business as usual"
- Abwehr gegen aufkommende Zweifel, Ängste, Ratlosigkeit
- Suche nach Lösungen: Noch richtungslose, hektische Betriebsamkeit; „man sollte", „man könnte"...
- Verpflichtung zum Engagement, z.B. Zusammenschluß mit anderen zur Verfolgung eines gemeinsamen Zieles.

Meist bestehen erst in der letzten Phase günstige psychologische Voraussetzungen für die Gründung einer von ihren Mitgliedern getragenen dauerhaften Organisation oder internen Veränderungen. Die Förderung von Lernprozessen soll dabei die geschilderte Entwicklung unterstützen und möglicherweise beschleunigen. Dazu können folgende Aktivitäten beitragen:

- Weitergabe von Informationen über bestimmte Sachverhalte (z.B. der Ressourcenzerstörung) an die Betroffenen, die nach einer Selbstreflexion gemeinsam diskutiert werden;
- Durch Zuhören, dem Ernstnehmen von Einwänden, geäußerten Ängsten und Bedenken ein Klima des Vertrauens schaffen;
- Gemeinsam Visionen entwickeln, erste Planungsveranstaltungen z.B. auf der Basis eines Brainstorming durchführen, Training anbieten, kleinere Ziele setzen und gemeinsam verwirklichen.

Zu bedenken ist auch, daß parallel zu diesen individuellen psychologischen Entwicklungen sich auch Veränderungen auf der Ebene der Organisationslandschaft eventuell mit Unterstützung des Projektes einstellen. Diese Prozesse bewirken Verunsicherungen und zwingen die Akteure, sich neu zu orientieren (s. Kasten 54): Auch unter diesem Aspekt muß die Zeit „reif" sein für die Vereinbarung neuer institutioneller und organisatorischer Strukturen.

Kasten 57: Denken, Fühlen und Fakten in der Organisationsberatung

„Organisationsentwicklung gründet in der empirisch nachgewiesenen Beobachtung, daß Organisationen und ihre Kooperationsbeziehungen nicht allein als konkret existierende Gebilde („objektivistisch"), sondern als sozial konstruierte Realitäten („social construction paradigm") verstanden werden müssen. Die sozialen Konstruktionen stammen sowohl von innen, d. h. von den Organisationsmitgliedern selbst, als auch von außen. Um diesen Teil der Organisationswirklichkeit einzubeziehen, muß Organisationsentwicklung möglichst viele unterschiedliche Interessen- und Interpretationsgruppen berücksichtigen. Mit anderen Worten:

Das Denken und Fühlen der Beteiligten („mentale und emotionale Erlebniszustände und Erfahrungen") wird ernst genommen; individuelle Verhaltensmuster, Einstellungen und Fähigkeiten von Organisationsmitgliedern sind ebenso wichtig wie meßbare Fakten."

Quelle: GTZ-Kursunterlagen „Organisationsberatung in der TZ" (1995), S. 248

3.4 Fähigkeiten entwickeln – Organisationen beraten

3.4.1 Welche Organisationen sollen durch das Projekt gefördert werden?

Hinweise auf förderungswürdige Organisationen liefert in der Regel das Verständnis der Organisationslandschaft und deren Veränderungsbedarf, welcher wiederum Veränderungsbedarf für einzelne Organisationen bedeuten kann. In jedem Falle sollte sich das Projektteam einigen, welche Gruppen zu fördern sind, und nach welchen Kriterien diese ausgewählt werden sollen. Folgende Fragen können dabei helfen:

- Welche Sicht hat die betreffende Organisation/Institution zu Fragen der nachhaltigen Nutzung natürlicher Ressourcen?
- Wie ist ihr eigenes Tun oder Unterlassen im Zusammenhang mit dem Verbrauch von Ressourcen zu beurteilen?
- Ist sie offen, lernbereit und -fähig im Hinblick auf notwendige Verhaltensänderungen?
- Verfügt die Organisation/Institution über besondere Kompetenzen bzw. Potentiale im Bereich des nachhaltigen RM (z.B. Kenntnis ökologischer Zusammenhänge, Konfliktlösungskompetenz, Kommunikationsfähigkeit usw.)?

Die Auswahl der zu fördernden Organisationen ist selbstverständlich nicht statisch und verändert sich im Verlauf des Projektes. Allerdings ist auch im Hinblick auf ein konsensorientiertes Management der Ressourcen eine möglichst konsensorientierte Entscheidung über Förderungen von Organisationen durch das Projekt anzustreben, und die Auswahl mit den anderen relevanten Organisationen der Organisationslandschaft zu diskutieren und gegebenenfalls zu verhandeln.

3.4.2 Welche Fähigkeiten sollen gefördert werden?

Ziel der Organisationsentwicklung ist es, die Menschen in ihrer Handlungsfähigkeit und die Organisationen in ihrer Funktionsfähigkeit zu stärken. Die dabei zu fördernden Fähigkeiten richten sich nach zahlreichen situationsspezifischen Faktoren. Insbesondere spielen die Funktionen, die die genannten Gruppen und Organisationen ausüben, deren Aufgaben und die von ihnen zu erbringenden Leistungen im Rahmen des Ressourcenmanagements eine Rolle. Neben den Fähigkeiten und Interessen der Organisationsmitglieder spielt auch das Mandat, welches sich die Gruppe selbst gibt, aber auch das, welches es innerhalb der Organisationslandschaft von den anderen relevanten Organisationen erhält, eine wichtige Rolle.

Ausgangspunkt für die Bestimmung der zu entwickelnden Fähigkeiten ist die Frage nach den **Schlüsselqualifikationen und Kernaufgaben der Gruppe oder Organisation**, nach deren Stärken, aber auch deren Lernbedarf. Dabei sind freilich auch die anderen Akteure der Organisationslandschaft zu berücksichtigen, die bei der Beantwortung dieser Fragen unterschiedliche Sichtweisen einbringen werden. Unterstützungsmaßnahmen müssen folglich im Einzelfall diskutiert und verhandelt werden. Häufig geht es bei Organisationen im RM um folgende Bereiche, die für ein nachhaltiges Management der Ressourcen wichtig sind:

- Kooperation und Zusammenarbeit mit anderen Nutzern
- Dialog und Verhandlung mit anderen Akteuren unterschiedlicher Sichtweise, z.B. zwischen den Interessen einer Teilgruppe von Ressourcennutzern und einer Behörde

- Organisation lokaler Nutzergruppen, Bündelung der Anliegen und Interessensvertretung, z.B. hinsichtlich zugesagter Förderleistungen
- Mobilisierung der Kooperationsbereitschaft, Aufbau von Beziehungen zu anderen Akteuren
- Mobilisierung von Ressourcen (materiell, finanziell, personell)
- Interessenausgleich und Konfliktmanagement auf dörflicher Ebene
- Fähigkeiten zur Analyse der Wechselbeziehungen zwischen menschlichem Verhalten und Ressourcenverbrauch
- Angemessene Konzepte für nachhaltiges Ressourcenmanagement entwickeln und artikulieren
- Aktivitäten zum Zwecke eines nachhaltigen Ressourcenmanagement situationsspezifisch planen, organisieren, durchführen
- Die Wirkung durchgeführter Maßnahmen beobachten und bewerten.

Diese Auswahl kann selbstverständlich eine Diskussion und eventuell eine Verhandlung über im konkreten Fall angepaßte Unterstützungsbereiche nicht ersetzen. Die Schwerpunkte sind unterschiedlich, und weitere Aspekte können eine Rolle spielen. Dennoch stehen Bereiche der sozialen Kompetenz, wie **Dialogbereitschaft, Kooperations-, Kommunikations- und Konfliktlösungskompetenz,** im Vordergrund. Von eher nachgeordneter Bedeutung sind dagegen administrativ-technische Aspekte.

3.4.3 Wie können solche Fähigkeiten entwickelt werden?

Alles, was Menschen beigebracht bekommen, können sie nicht mehr lernen. Der darin ausgedrückte Unterschied zwischen beibringen und lernen mag nicht sofort deutlich werden, er offenbart sich jedoch bei genauerer Betrachtung der Sprache selbst: „beigebracht bekommen" ist passiv, „lernen" dagegen ist aktiv. **Aktives Lernen ist wesentlicher Leitgedanke bei der Förderung der oben beschriebenen Fähigkeiten, denn es geht dabei vor allem um Verhaltensweisen und Einstellungen. Im Gegensatz zu Wissen, welches z.B. in**

einer Trainingsveranstaltung erworben werden kann, entwickeln sich Fähigkeiten und Verhaltensweisen in Prozessen. Alle, die die Entwicklung von Fähigkeiten unterstützen wollen, stehen damit vor der Herausforderung, Prozesse zu unterstützen, welche nicht im Detail planbar sind und kein festes Curriculum erlauben.

Kasten 58: Capacity Development

Ich will die Menschen, mit denen ich arbeite, auf zwei Ebenen stärken:

Zum einen in ihrer Fähigkeit zum Denken, Handeln, Experimentieren und Lernen, damit sie

- ein besseres Verständnis ihrer wirklichen, sich wandelnden Umwelt entwickeln können;
- bessere Orientierungspunkte und Instrumente zur Steuerung ihres eigenen Handelns gewinnen können;
- stärkere geistige Fähigkeiten entwickeln, um eigene Standpunkte und Hypothesen hinsichtlich ihres Handelns vertreten zu können;
- mehr Möglichkeiten finden, aus ihren Erfahrungen zu lernen.

Zum anderen in ihrer persönlichen Entwicklung durch einen Prozeß der Selbstanalyse, damit sie ihr Verhalten und ihre Gewohnheiten so ändern können, daß diese besser mit ihrem sozialen und kulturellen Umfeld, auch mit ihren eigenen Zielen übereinstimmen.

Quelle: De Leener (1993), S. 2f.

Lernen ist mehr als das Aufnehmen und Speichern von Informationen. Es ist ein Prozeß, der durch Anreize, neue Bedingungen im Umfeld, Erfahrungen etc. angetrieben wird. Situationsspezifisch angepaßte Beratung und Prozeßbegleitung stehen somit im Mittelpunkt der Anstrengungen von Projektteams, Lernprozesse von Gruppen und Organisationen zu unterstützen. Trainings- oder Fortbildungsveranstaltungen können dabei ergänzend wirken. Bei der Förderung von Lernen stehen im wesentlichen folgende Aspekte im Mittelpunkt[7)]:

- Erweiterung des eigenen Erfahrungsschatzes durch Förderung von Wahrnehmung und selbstkritischer Reflexion der Beobachtungen,
- Schaffung von konkreten Lernsituationen, um neue Erfahrungen zu ermöglichen,
- Unterstützung bei der Umsetzung von Erfahrungen in die Praxis,
- Unterstützung von Lernen auf den verschiedenen Ebenen durch Erarbeitung, Darstellung und Austausch der Lernerfahrungen aller Beteiligten.

Die eigenen Erfahrungen bieten die reichste Quelle des Lernens. Grundlage für die Förderung von Lernprozessen in Gruppen ist daher vor allem eine intensive Beobachtung der Arbeit der Gruppe/Organisation durch deren Mitglieder selbst. Die Beobachtungen werden allerdings erst für das weitere Handeln relevant, wenn sie in der Folge bewußt und reflektiert werden. **Eine Auseinandersetzung, indem Beobachtungen oder Sichtweisen ausgetauscht und gespiegelt werden, kann dabei die zukünftige Selbstwahrnehmung schärfen helfen.**

Eine geeignete Vorgehensweise dafür ist eine **Selbstevaluation von Gruppen**[8], wobei diese Abstand von ihrer alltäglichen Arbeit nehmen. Vorgehensweisen und Gegenstände der Analyse unterscheiden sich. Ein einfaches Verfahren der periodischen Selbstevaluation erfolgt anhand von vier Kategorien und bezieht sich dabei gleichzeitig auf die Vergangenheit (Stärken, Schwächen) sowie auf die Zukunft (Möglichkeiten und Risiken). Folgende Aspekte können dabei von Bedeutung sein[9]:

7) weitere Ausführung zu Förderung von Lernprozessen finden sich im Teil „Prozeßmanagement“
8) DEH: Spieglein, Spieglein an der Wand. Zum Thema Selbstevaluation in der Entwicklungszusammenarbeit. Bern, 1990; sowie DEZA: Wegweiser zur Selbstevaluation, Bern, 1995
9) zahlreiche Werkzeuge, welche sich in diesem Zusammenhang anbieten, stellt die Arbeitshilfe Prozeßmonitoring vor , GTZ-RMSH (1996)

- **Aufgaben und Rollen**: Welche Rollen nehmen die Mitglieder der Gruppe oder Organisation wahr? (Leiter, Koordinator, Spaßvogel, Mediator, Besserwisser, Experte, graue Eminenz, Motivator, ...). Wie gehen sie miteinander um? Wie sieht die Aufgabenverteilung aus?
- Das **Lernklima** verändert sich in Gruppen. Dessen Verbesserung kann bereits ein wesentlicher Beitrag zur Zielerreichung sein. Fragen zu Informationsmanagement, Führung, Widerspruchskultur, Entscheidungsfindung und Atmosphäre können dabei analysiert werden. In einer Zeitreihe verglichen entsteht so ein Abbild des Gruppenprozesses.
- **Zusammenarbeit** ist eine wichtige Fähigkeit für alle Individuen, Organisationen und Gruppen im Ressourcenmanagement. Dabei reichen die Kooperationsbeziehungen vom reinen Austausch von Informationen über strategische Allianzen bis hin zu Kooperationsverträgen, mit denen eine arbeitsteilige Zusammenarbeit eingerichtet wird. Auch das Projekt ist dabei in ein Kooperationsnetz eingebunden.
- **Beziehungen**: Die Beteiligten klären dabei zunächst für sich selbst die Erfahrungen und Einschätzungen zur Beziehungen zu anderen Gruppen oder Organisationen, welche dann anschließend gegenseitig präsentiert und diskutiert werden. Wichtige Kriterien können dabei Zielvereinbarungen, Vorteile, Vertrauen, Kommunikation oder Konflikte sein.

Kasten 59: Questions regarding common systems of values

- What fundamental values did we find on entering the team? What norms were standard at the time? (What was allowed, what was not allowed?)
- How have the group values and norms changed in the course of time?
- Our present system of values: what values dictate our activities, and which norms rule our cooperation?
- Have we common models? Who or what are they?
- Do spiritual ethical-moral and religious standards play a conscious and defined role?
- Our working norms for the different categories of outputs?
- Conflict of values? Different attitudes towards values within the team? Where do different values systems obstruct, where do they complement each other?

Evaluation of motivation and objectives in the group

- Where were we before entering the present team?

- What was the team like in the beginning?
- What has changed in the meantime?
- How do we judge the development of the team?
- The present day picture of the team: strengths and weaknesses, composition, general mood, team spirit?
- What is cooperation like with other groups/organisations?
- What does the team lack most? What is neglected? Which strengths could be better utilised?
- Aims and visions for the future?
- Fears about the future?
- What should the team tackle, strengthen, or change in particular in the coming year?

Quelle: DEH/SDC (1996), S. 12f.

Die genannten Aspekte können innerhalb einer Organisation oder aber auch mit mehreren Organisationen der Organisationslandschaft thematisiert werden. In jedem Falle werden unterschiedliche Sichtweisen aufeinanderprallen, sei es von Individuen innerhalb der Gruppe, sei es von unterschiedlichen Gruppen. Dabei ist es nicht sinnvoll, die richtige Sichtweise oder objektive Tatsachen zu suchen. Vielmehr bietet die Herausarbeitung und Trennung der Sichtweisen und der Versuch eines Perspektivenwechsels eine ausgiebige Quelle neuer Einsichten. Dabei stellen zunächst die einzelnen Gruppenmitglieder ihre individuellen Erfahrungen, Perspektiven und Interessenlagen dar. In einem zweiten Schritt werden die unterschiedlichen Sichtweisen verglichen und diskutiert. In Bereichen, in denen es notwendig wird, wird versucht, sich auf eine gemeinsame Grundlage zu einigen.

Eine Aufgabe des Projektes als Facilitator kann dabei darin bestehen, Tendenzen entgegenzusteuern, die viele Gruppenprozesse hemmen:

- Horizontale Beziehungen: Menschen neigen dazu, bestätigt zu werden und sich an das Mittelmaß einer Gruppe anzupassen. Abweichende Meinungen und Einstellungen, Kritik und Widerspruch müssen zum Ausdruck gebracht werden können.
- Vertikale Beziehungen: Menschen neigen dazu, Machtkonflikte zu vermeiden. Auf dominantes Verhalten reagieren sie mit Unterwerfung

Diese Instrumente entfalten ihre volle Leistungsfähigkeit zur Unterstützung von Lernprozessen, wenn sie periodisch angewandt werden und so Entwicklungen und Veränderungen nachvollziehbar werden.

3.4.4 Wie können Fortbildungen lernorientiert gestaltet werden?

Wie bereits dargestellt, entwickeln sich Fähigkeiten wie soziale Kompetenz oder Dialogfähigkeit und können nicht in einer Fortbildung vermittelt werden. So ist beispielsweise ein Kommunikations- oder Methodentraining in der Regel nicht ausreichend, um den Dialog zwischen Akteuren zu verbessern, wenn von Paternalismus geprägte Einstellungen und belehrende Verhaltensweisen mangelnde Kommunikation begründen. Fortbildungen können jedoch auch zu Veränderungen in Einstellungen und Verhalten beitragen, vor allem, wenn sie in ein Konzept integriert sind, das weitere Maßnahmen zur Förderung von Lernprozessen, wie z.B. training-on-the-job oder Prozeßbegleitung, umfaßt. Der Beitrag ist dabei um so effektiver, je mehr den Teilnehmern aktives Lernen ermöglicht wird, und je weniger es lediglich um die Vermittlung von Wissen geht.

So kann das Anwenden vermittelter Methoden in einem reellen Kontext dazu führen, Neues auszuprobieren und somit für die Teilnehmer eines Trainings eine Lernsituation darstellen. Ein Prozeß der Reflexion über die erlebte Situation ermöglicht, daß Erfahrungen bewußt werden und die Teilnehmer sie in den eigenen Erfahrungszusammenhang integrieren und sich so „zu eigen“ machen. Auf diese

Art können sich neue Arbeitsweisen entwickeln, in der vermittelte Methoden nicht isoliert gesehen werden. Eine Unterstützung derartiger Lernprozesse geht weit über das reine Vermitteln von Kenntnissen hinaus und erfordert auch ein anderes Selbstverständnis des „Trainers".

In der folgenden Tabelle (Kasten 60) soll der „klassisch" vermittelnden Fortbildung daher eine eher lernorientiert gestaltete Art von Fortbildung zur Verdeutlichung etwas überspitzt gegenübergestellt werden. Im Mittelpunkt stehen nicht die Inhalte der Fortbildung, sondern das gemeinsame Entwickeln von angepaßten Verbesserungen. Dieser Prozeß des gemeinsamen Erarbeitens von Verbesserungen erhält damit ebenso Bedeutung wie die Lösung selbst (z.B. eine Methode). Dabei kennt der Trainer vorher nicht das Ergebnis, wie es beim reinem Vermitteln von etwas der Fall ist, und wird so selbst zum Lernenden.

Eine nachhaltigere Wirkung ist bei einer lernorientierten Fortbildung auch aufgrund der Tatsache zu erwarten, daß dabei nicht nur Fähigkeiten zur **Anwendung der Lösungen** entwickelt werden, sondern Fähigkeiten zum **Erarbeiten von situationsspezifischen, angepaßten Lösungen** selbst im Mittelpunkt stehen. Mithilfe dieser Fähigkeiten sollen die Teilnehmer/innen immer besser in der Lage sein, auf neue Herausforderungen zukünftig auch ohne externe Unterstützung durch den Trainer zu reagieren.

Selbstverständlich gibt es ein breites Spektrum an möglichen Gestaltungen von Fortbildungen zwischen den beiden „Extremen". Dabei kann es nicht „die eine" richtige Herangehensweise geben. Das geeignete Vorgehen hängt selbstverständlich von der Situation, von den Teilnehmern an der Fortbildung und auch von der Persönlichkeit und den Erfahrungen des/der Trainers/in ab.

Kasten 60: Holzschnittartige Gegenüberstellung zweier Arten von Fortbildungen

	Vermittelnde Fortbildung	Lernorientierte Fortbildung
Rolle des Trainers	Wissender und Vermittelnder	Lernender, Beitragender
Input des Trainers	Wissen über Lösungen / Methoden	Unterstützung der Reflexions- und Lernprozesse der Teilnehmenden, Wissen über Lösungen/Methoden
Rolle der Teilnehmer/innen	Zunächst Nichtwissende, Empfänger und Anwender	Experimentierer und Lernende
Erfahrungen und Kenntnisse der Teilnehmer/innen	Spielen eine Rolle bei der Auswahl der geeigneten Lösungen v. a. durch den Trainer	Sind die Basis, werden auch als Input genutzt und weiterentwickelt
Schwerpunkt	Vermittlung bzw. Aufnehmen und Anwenden der Lösungen	Gemeinsames Erarbeiten der Lösungen / Methoden
Steuerung des Prozesses	Der Trainer beherrscht den Prozeß. Er kennt die Methoden und orientiert die Vorgehensweise in der Fortbildung.	Alle steuern mit und entwickeln geeignete Vorgehensweisen.
Ursprung der Inhalte	Der Trainer bringt sie von außen ein.	Sie werden gemeinsam entwickelt.
Ergebnis	Kenntnis der „Lösungen“	Erfahrung des Prozesses, wie Lösungen angepaßt oder entwickelt wurden. Auch Kenntnis der „Lösungen“
Fortsetzung	Auch bei der nächsten Herausforderung wird auf den externen Input des Trainer zurückgegriffen.	Die Teilnehmer/innen entwickeln mehr und mehr die Fähigkeit, auf neue Herausforderung selbst Lösungen zu entwickeln.
Beispiel	Standard-Training zur Vermittlung von Methoden eines Werkzeugkastens (z. B. PRA). Als Ergebnis beherrschen die Teilnehmer/-innen die verschiedenen Werkzeuge.	Prozeßbegleitende Beratung, in der situationsbezogen Methoden genutzt, angepaßt oder entwickelt werden. Als Ergebnis entwickeln die Teilnehmer/-innen neue Arbeitsweisen, welche auch die Änderung von Einstellungen und Verhaltensweisen beinhalten.

Wie sich durch Trainingsmaßnahmen auch Lernsituationen für nicht Teilnehmende schaffen lassen, zeigt das folgende Beispiel:

Kasten 61: Creating Discomfort through Training from Bottom – Up

Usually new methods and approaches were introduced through training specialists and officers first, who would then train supervisors and then extension workers. Often, however, the cascade ended at officers' level and extension workers continued with what they have been doing all along. New approaches remained constructs in the heads of managers and officers, and were implemented to a low degree. Therefore, it was felt that the priority training on participatory extension should be with field staff and courses for farmers and extension workers were initiated. This created 'discomfort' at higher levels due to upside-down conditions. Suddenly extension workers knew more than their superiors. On one hand, it was perceived as a conflicting situation by the superiors who were eager to be trained as soon as possible. The training became valued and demanded. On the other hand it opened an avenue to be confronted to re-thinking the deeply entrenched hierarchy and to negotiate roles and relationships. This conflict line moved upwards in the hierarchy and at present officers are being trained to take over a coordination role in training of field staff.

Quelle: Hagmann et al. (1997)

3.4.5 Wie entwickelt sich Ownership für Veränderungsprozesse?

Die Tatsache, daß Fähigkeiten nicht alleine von Externen beigebracht werden können, sondern aktiv erlernt werden müssen, hat noch eine andere Konsequenz zur Folge. **Die Menschen der Organisation selbst müssen Verantwortung für den Prozeß des aktiven Lernens und für die damit verbundenen Veränderungen übernehmen.** Sie müssen letztlich ihren Prozeß steuern, in dem von dritter Seite, eventuell dem Projekt, lediglich unterstützende Beiträge geleistet werden können.

Für die Unterstützung der Prozesse durch das Projekt bedeutet dies, daß Förderbeiträge im Idealfall auf der Grundlage einer präzisen Nachfrage von Seiten der jeweiligen Gruppe oder Organisation erfolgen. In jedem Falle ist jedoch das Aushandeln der Beiträge wichtig, um dafür ein **Mandat der beratenen Organisation** zu erhalten. Eine solche Auftragsklärung bietet die Gewähr, daß alle Beteiligten die Möglichkeit zu deren Gestaltung haben und so aktiv daran mitwirken können. Sicherlich ist es dabei unrealistisch, bereits zu Anfang die Initiative von allen Beteiligten zu erwarten. Es muß dem Projekt jedoch möglichst bald im Laufe des Beratungsprozesses gelingen, daß von Seiten der beratenen Organisation die Verantwortung und Steuerung übernommen wird. Vor allem zu Beginn eines Beratungsprozesses kann es jedoch auch sinnvoll sein, durch das Projekt Anstöße zu geben, oder gar provozierend tätig zu sein, um Entwicklungen und Veränderungen in einer Organisation zu initiieren.

Situationsangepaßte Beratung und „provozierende Aktion" erfordern ein gutes Einfühlungsvermögen. Immer vorhandene Widerstände können so „auf die Vorderbühne" gebracht, aber nicht beseitigt werden. Je mehr allerdings von außen initiiert wird, desto eher besteht die Gefahr, die Organisation an den empfundenen Bedürfnissen oder an realistischen Zielen vorbei zu „entwickeln", wodurch die Veränderungen meist nicht nachhaltig sind.

Kasten 62: Provozierende Aktion als Bestandteil der Organisationsentwicklung

Bawden (1994) sees the key to institutional reform as the basis for sustainable development praxis in the 'judicious combination of a gently provoking practice with a comprehensive and multi-dimensional and systemic model of learning'. This statement fully applies to the process in Masvingo. Introducing innovations into a well-established, rigid bureaucracy system is obviously a provocation which forces the system to react and therefore creates conflicts which have to be resolved and negotiated. The focus on behavioural changes in such an intervention also involves the emotional level. For the initiators of the provocation from outside this is a very delicate intervention which requires a good knowledge of and insight in an organisation as well as the ability to deal with conflicts. It also requires a persistent provocation and resilience until changes have been negotiated among the actors and operationalised in the organisation, otherwise the system might jump back to its original shape.

Quelle: Hagmann et al. (1997)

3.4.6 Wie kann vorhandenenes Potential in der Organisationslandschaft einbezogen werden?

Auch im Bereich der Entwicklung von Fähigkeiten ist es meist nicht notwendig bzw. nicht sinnvoll, daß Vorhaben alle erforderlichen Beiträge selbst erbringen. Vielmehr geht es darum,

- entsprechende Potentiale in der jeweiligen „Organisationslandschaft“ zu identifizieren und diese für die Beratung lokaler Organisationen nutzbar zu machen. So können z.B. Erfahrungen und das Wissen lokaler NRO genutzt oder die Leistungen lokaler Berater in Anspruch genommen werden.
- Austausch und Zusammenarbeit zwischen traditionellen lokalen Organisationen und administrativen Strukturen durch geeignete Maßnahmen fördern, welche für beide Gruppen eine Lernsituation darstellen kann („vertikaler Erfahrungsaustausch“) (s. Kasten 58).
- dem Prinzip der „internen Förderung“ Geltung zu verschaffen, d.h. die Einbeziehung lokalen Wissens und das Lernen durch direkten Erfahrungsaustausch zwischen Gruppen mit ähnlichen Lebens-

und Arbeitsumständen nicht nur punktuell zu ermöglichen, sondern nach Möglichkeit auch nachhaltig zu institutionalisieren („horizontaler Erfahrungsaustausch"). Gute Erfahrungen wurden beispielsweise mit „group-to-group-extension" oder „farmers-train-farmers" gemacht.

Zumindest für den Erwerb von „Basiskompetenzen" ist es angebracht, wechselseitige Gruppenbesuche anzuregen, zu thematisieren, organisatorisch/logistisch zu erleichtern, zu moderieren und anschließend mit den Beteiligten auszuwerten, statt selbst Trainingskurse durchzuführen oder Beratungsleistungen anzubieten.

Einen wichtigen Aspekt kann auch die Einbeziehung von „village para-professionals" darstellen: Von der lokalen Bevölkerung akzeptierte und für die Ausübung einfacher Beratungs- und Dienstleistungsfunktionen geeignete Personen aus dem Kreis der Nutzergruppen selbst können nach entsprechender Vorbereitung und bei hinreichender Supervision ein effizientes und nachhaltiges Element der internen Förderung von Basisorganisationen darstellen. Die institutionelle Nachhaltigkeit von „village-para-professionals" läßt sich an der Bereitschaft der lokalen Bevölkerung messen, finanzielle Beiträge zu deren Existenzsicherung zu leisten.

Kasten 63:

Informelle kulturelle Organisationen **Formelle Verwaltungsstruktur**

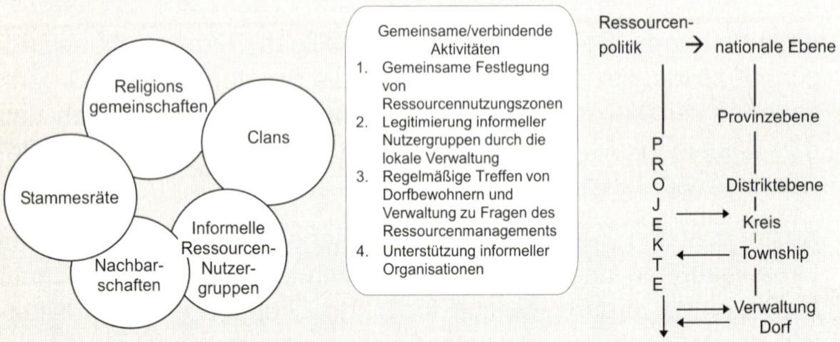

Quelle: Asia Forest Network (1995), S. 9

Kasten 64: Einsatz von „Para-professionals“ im Agha Khan Rural Support Programme (AKRSP) in Indien

Zur Rehabilitierung von Wassereinzugsgebieten im Bundesstaat Gujarat in Indien fördert das AKRSP Dorforganisationen, die die Planung und Durchführung verschiedener Maßnahmen mit zunehmender Eigenverantwortung wahrnehmen können. Eine wichtige Rolle spielen dabei sogenannte „Extension Volunteers“, die innerhalb der Dorforganisation ausgewählt werden. Sie sollten gute Kenntnisse der Landnutzungspraktiken haben, innovations- und experimentierfreudig sein und die nötige Kommunikationsfähigkeit mitbringen, um positive Erfahrungen der Dorforganisation in der Rehabilitierung seines Wassereinzugsgebietes zu verbreiten. Zur Vorbereitung auf spezielle Trainingsworkshops machen die „Extension Volunteers“, mit externer Anleitung, eine Bestandsaufnahme der Ressourcensituation und -nutzung in ihrem Dorf. Während des darauffolgenden Trainingsworkshops präsentieren die „Extension Volunteers“ aus mehreren Dörfern die Ergebnisse der Bestandsaufnahmen. Durch den gegenseitigen Erfahrungsaustausch werden Fähigkeiten zu Analyse und Diskussion gefördert. Zudem wird deutlich, welche Dörfer bereits Lösungsmöglichkeiten für Ressourcenprobleme entwickelt haben, die anderen Dörfern als Beispiel dienen können.

Quelle: Shah, P. (1993)

3.4.7 Welches Selbstverständnis haben die Förderorganisationen?

Neben den Grupppen und Organisationen, welche direkt die Ressourcen nutzen, bestehen in der Organisationslandschaft in der Regel auch Organisationen und Institutionen, welche nicht direkt am Ressourcenmanagement beteiligt sind, jedoch wichtige Beziehungen zu den Ressourcennutzern haben. Eine wichtige Gruppe sind dabei die Förderorganisationen, welche oft auch die Partner- oder Durchführungsinstitution der TZ-Projekte ist. Deren Funktionen, Mandat und Selbstverständnis können sehr unterschiedlich sein:

Kasten 65: Bürokratie und Wandel

The first problem is that organizations are characterized by restrictive bureaucracy and centralized hierarchical authority. Their staff spend more time looking inwards and upwards towards seniors than outwards towards clients. They follow long-established norms of behaviour, filtering and passing information up to seniors. If they have ideas about how changes can be made to improve performance, it is difficult for them to get these heard.

Quelle: Pretty (1995), S. 164

Sie können ihre Aufgabe darin sehen, die Fähigkeiten der Nutzergruppen zu fördern und quasi als deren Berater fungieren. Im Bereich der Organisationslandschaft können sie die Gestaltung eines möglichst effizienten „institutionellen Beziehungsgeflechtes“ fördern, der Dialog und Zusammenarbeit favorisiert und so den wechselseitigen Austausch von Wissen, Erfahrungen, Meinungen und sonstigen Potentialen erleichtert. Sie können darauf hinwirken, daß das Verständnis für die Anliegen der Nutzergruppen bei anderen Akteuren wächst, und sich die politisch-administrativen und rechtlichen Rahmenbedingungen für nachhaltiges Ressourcenmanagement verbessern. Wichtige Aufgaben, die sich im Kontext von RMSH für Förderorganisationen häufig stellen sind:

- Förderung und Stärkung von Organisationen und Gruppen
- Förderung der Kooperationsbereitschaft und des Dialogs zwischen Akteuren mit unterschiedlichen Sichtweisen
- Förderung des Erfahrungsaustauschs, des Interessenausgleichs und des Konfliktmanagements zwischen Nutzergruppen
- Sensibler Aufbau von Beziehungen und Vertrauen zu den Akteuren
- Unterstützung von lokalen Nutzergruppen und deren Veränderungsbereitschaft entwickeln und Unterstützung von Verände-

rungsprozessen, welche auch veränderte Einstellungen und Verhalten unterschiedlicher Akteure einschließen

- Flexible Planung eigener Aktivitäten zum Zwecke eines nachhaltigen Ressourcenmanagements unter Beteiligung relevanter Akteure
- Beteiligung relevanter Akteure bei Entscheidungen
- Die Wirkung durchgeführter Maßnahmen auf die Gesellschaft und das Öko-System beobachten und bewerten.

Auf der anderen Seite kann das Selbstverständnis der Institution auch davon geprägt sein, die Kontrolle über das Management der Ressourcen erhalten oder steigern zu wollen, sie vor andern Akteuren zu schützen. Eine solche Institution wird Schwierigkeiten haben, eine Rolle als „Katalysator" zwischen unterschiedlichen Akteuren auf verschiedenen Ebenen zu spielen und dementsprechend ein breites Spektrum unterschiedlicher Maßnahmen oberhalb der direkten Zielgruppenebene durchzuführen.

Kasten 66: Beiträge zur Organisationsentwicklung und Institutionenförderung: Das Beispiel des Gambian/German Forestry Project

(1) Auf der Ebene der Forstverwaltung:

- Unterstützung bei der Entwicklung der neuen Forstpolitik
- Beratung in der Forstgesetzgebung
- Mitwirkung bei der Ausarbeitung eines gambischen Forestry Action Plan
- Ausbildung aller neu rekrutierten Forstbeamten

(2) Auf der Ebene der NRO:

- Ausarbeitung von Richtlinien für den Einsatz von NRO in Gemeindewäldern
- Konzeptionelle und fachliche Beratung der NRO
- Ausbildung von Mitarbeitern mit Schwerpunkt in der Gemeindewaldbewirtschaftung

(3) Auf der Ebene der Dorfgemeinschaften:

- Sensibilisierungsprogramm zur Problematik der Waldzerstörung und ihrer Konsequenzen
- Ausbildung in forstlichen Techniken und nachhaltiger Waldbewirtschaftung
- Ausbildung der Dorfkomitees in Kommunikationstechniken, Problemanalyse und Planung von Maßnahmen
- Mithilfe bei der Erarbeitung und Umsetzung einfacher Bewirtschaftungspläne

Quelle: Auszug aus der Projektdarstellung anläßlich des Abteilungsworkshops der Abt. 424/GTZ vom 21.-25.11.1994 in St. Martin.

3.4.8 Wie kann die Rolle des Projektes mit den Akteuren diskutiert werden

Aufgaben des Projektteams und dessen Rolle werden vor allem durch dessen Mandat und Selbstverständnis beeinflußt. Dabei werden sich sowohl Aufgaben und Rollen erst im Verlauf des Prozesses der Zusammenarbeit mit den Akteuren herausschälen. Beispielsweise wird sich das Projektteam fragen: ‚Was können wir beitragen, damit der Konflikt zwischen Akteursgruppe a und b produktiver gemanagt wird?‘ oder: ‚Wie können wir die Beteiligung der Mitglieder an den Entscheidungen innerhalb der Organisation verbessern helfen?‘ Von Bedeutung ist dabei die Frage, welche Rolle das Projektteam innerhalb der Organisationslandschaft wahrnimmt. Dabei kann es bei einer prozeßorientierten Vorgehensweise nicht festgeschriebene unveränderbare Rollen geben, weder auf Seiten des Projektes noch auf Seiten der einzelnen Akteure. **Im Laufe des Prozesses der Zusammenarbeit verändern sich Verhalten und Rollenerwartungen. Es ist daher notwendig, die Rollenerwartungen periodisch möglichst anhand eines konkreten Beispiels, einer gemeinsamen Aktivität zu diskutieren und zu klären**. So können bei einer iterativen Schleife am Ende eines Arbeitsschrittes im

Bereich Landnutzungsplanung nicht nur die Brauchbarkeit einzelner Planungsmethoden und die erreichten Ergebnisse etc. zum Thema gemacht werden, sondern auch die Ebene der Zusammenarbeit zwischen Projektteam und Akteuren und die darin wahrgenommenen Rollen. Folgende Fragen sind dabei von Bedeutung[10]:

- Was erwarten eigentlich die einzelnen Akteure von uns? Welche Beratungsleistungen, welche andere Leistungen? In welcher Rolle sehen sie uns?
- In welcher Rolle sehen wir uns selbst? Wie sehen wir unsere Aufgaben?
- Wie sehen die anderen Akteure ihre Rollen und ihre Aufgaben?
- Wie sehen die einzelnen Mitglieder des Projektteams die Rolle des gesamten Teams den verschiedenen Akteuren gegenüber, und wie sehen sie darin ihre eigene Rolle?

Kasten 67: Ein Einwand gegen das immer wieder neue Verhandeln der Rollen: Ein fiktives Gespräch

„Immer wieder neues Verhandeln der Rolle des Projektteams geht letzlich auf Kosten von Realisierungen, von denen die verschiedenen Akteure profitieren." „Die Rolle des Projektteams innerhalb des Akteursfeldes ist von Bedeutung, um möglichst effektiv zum Projektziel beizutragen und dabei Potentiale anderer Akteure zu nutzen, und um effektiv in Richtung des Projektzieles zu arbeiten." „Richtig, eine Diskussion darüber hatten wir zu Beginn des Projektes mit den Akteuren durchgeführt." „Das Verhalten der Akteure ändert sich jedoch. Es wird nicht nur durch externe Faktoren wie beispielsweise Marktpreise oder Migration bestimmt, sondern auch durch Veränderungen im Akteursfeld selbst beeinflußt. Das können Machtverschiebungen sein, aber auch Lernerfolge oder Erfahrungen aus der Zusammenarbeit mit den anderen am RM beteiligten Akteuren können die Ursache für ein verändertes Verhalten jedes einzelnen Akteurs sein. Diese Veränderungen können nicht genau vorhergesehen werden, das Projektteam muß jedoch darauf entsprechend reagieren und seine eigene Rolle immer wieder hinterfragen und anpassen. Das Sich-Einlassen auf gemeinsame Lern-

10) s. auch GTZ-RMSH (1996), Prozeßmonitoring, Werkzeuge 1–3.

prozesse bedingt auch das Sich-Einlassen auf wechselnde Rollen." „Ein häufiges Wechseln der Rollen kann doch nicht sinnvoll sein, und das ständige Verhandeln kostet viel Zeit." „Die Rollen müssen nicht alle paar Monate völlig neu definiert und verhandelt werden, sondern es wird jeweils auf den Erfahrungen aus der Zusammenarbeit aufgebaut. Sie werden nicht ununterbrochen, sondern in geeigneten Abständen, welche wenige bis mehrere Monate betragen können, verhandelt." „Und wie kann eine Verhandlung konkret aussehen?" „Verhandeln heißt, die Rollen der beteiligten Akteure gemeinsam zu klären. Dabei macht sich jeder beteiligte Akteur zunächst die Rollenerwartungen an die anderen klar und legt sie dann gemeinsam mit dem Selbstverständnis der eigenen Rolle dar. So lernen alle die Perspektiven der anderen Akteure kennen, welche schließlich mit dem Ziel eines gemeinsamen Verständnisses und konkreter Absprachen diskutiert werden." „Und diese Diskussionen sollen dann mit jedem Akteur geführt werden?" „Wichtig ist nicht nur die Klärung der Rollen zwischen dem Projektteam und den einzelnen Akteuren, sondern vor allem auch die Diskussion der Rollen zwischen den anderen Akteuren untereinander. Dadurch können wichtige Impulse gegeben werden, die die Zusammenarbeit der Akteure verbessern helfen. Außerdem ist eine gemeinsame Diskussion weniger zeitaufwendig als zahlreiche einzelne."

(Wie könnte das Gespräch weitergehen?)

3.4.9 Institutionenförderung und Lernen im Projektteam

Bei der Klärung von Rollen und Aufgaben, vor allem dann bei deren Wahrnehmung und der Gestaltung eines lernprozeßorientierten Vorgehens werden die Mitarbeiter/innen von Projekten erfahrungsgemäß mit neuen Aufgaben konfrontiert, welche auch die Übernahme neuer Rollen, v.a. Beratung und Moderation (Facilitation), mit sich bringen. Dies bedeutet für sie, sich neben technischen Aspekten verstärkt auch mit sozialen Prozessen zu beschäftigen. Gleichzeitig erfordert der Aufbau von Vertrauen und Beziehungen zu einer Vielzahl von Akteuren eine hohe Dialog- und Kooperationsbereitschaft. Schließlich können Lernprozesse durch das Projektteam nur überzeugend gefördert werden, wenn die Teammitglieder dabei selbst eine hohe Bereitschaft zeigen, sich auf neue Situationen einzulassen, darin Unsicherheit auszuhalten und Flexibilität, Kreativität und Bereitschaft zum Experimentieren mit neuen Strategien und Instrumenten beweisen.

Vor allem Projektteams, welche eine längere Erfahrung im Übertragen und Vermitteln von eher technischen Kenntnissen besitzen, werden manche dieser Aufgaben und Rollen als neue Herausforderungen betrachten. Auch wenn jedes einzelne Teammitglied dabei als Potential eigene Erfahrungen mitbringt, wird dennoch Lernbedarf zur Wahrnehmung der Aufgaben bestehen. Es ist daher notwendig, explizit die einzelnen Mitarbeiter/innen in ihren individuellen Lernprozessen zu fördern, da letztlich die Handlungsfähigkeit des Projektes auf der Handlungsfähigkeit der einzelnen Mitarbeiter/innen beruht. Im Bemühen um eine möglichst erfolgreiche Wahrnehmung der neuen Aufgaben und Rollen stellt sich dem Projektteam die Anforderung, nun auch das eigene Lernen zu thematisieren und zu fördern, und nicht nur Lernprozesse anderer Akteure zu unterstützen.

Folgende Fragen können dabei helfen:

- Welches sind die Potentiale und Lernbedarfe der einzelnen Mitarbeiter/innen im Verhältnis zu deren Aufgaben?
- Wie können die Projektmitarbeiter/innen in der Erfüllung dieser Aufgaben am besten unterstützt werden, wie können die Einzelnen in der Entwicklung ihrer Handlungskompetenz gefördert werden?
- Was kann dadurch durch projektinterne Ressourcen abgedeckt werden, wofür benötigen wir externe Unterstützung?

Kasten 68: „Ändere Menschen, wenn Du Situationen ändern willst"

Ein fortschreitender und tiefgreifender Wandel von Projektstrukturen kann nur dann erfolgen, wenn die Projektmitarbeiter/innen sich selber wandeln: gerade das ist das Ziel jeglichen Prozesses, in dessen Mittelpunkt der Mensch steht, und das ist die Grundlage meiner Arbeit als Berater. Wenn die Menschen den Wandel internalisieren, d.h. ihr Verhalten und ihre Betrachtungsweise der Umwelt ändern, dann kann sich ein jeder Handlungsansatz des Projekts ändern. Der Wandel der Projektmitarbeiter/innen ist Voraussetzung für den Wandel des Projekts. Andernfalls ändert sich nur das Gerede über den Handlungsansatz des Projekts – nicht aber die Art, in der sich die Beteiligten in bestimmten Arbeitssituationen verhalten, wie sie dann handeln und reagieren...

All dies könnte man unter dem Motto zusammenfassen: „Ändere die Menschen, wenn Du Situationen ändern willst." Und wir könnten hinzufügen: „Ändere Dich mit den Menschen, denn die Menschen werden sich nicht ändern, wenn Du selbst Dich nicht an Leib und Seele veränderst."

Quelle: De Leener (1995), S. 2 und 15

Über die Ebene der Projektmitarbeiter/innen hinaus stellen sich jedoch auch für das Projektteam als Ganzes neue Herausforderungen. Wichtige können sein:

- den Mitarbeiter/innen der unteren Ebenen mehr Eigenverantwortung in ihrem Tätigkeitsbereich geben und ihnen mehr Mitsprache bei Entscheidungen ermöglichen;
- systematisch die Erfahrungen einzelner diskutieren und sie den anderen Mitgliedern des Teams verfügbar machen;
- Aufbau eines Klimas, das Lernen fördert und dabei Fehler zuläßt, und nicht nur an der Erfüllung von Operationsplänen orientiert ist.

Wenn dabei Lernprozesse und Veränderungen nicht nur das Projektteam betreffen, sondern möglichst auch auf die Partnerorganisation und andere Förderorganisationen ausstrahlen, besteht die Chance einer nachhaltigen Veränderung der Organi-

sationslandschaft. In jedem Fall wird es im Rahmen eines TZ-Vorhabens sinnvoll sein, Fähigkeiten der Förderorganisationen und der darin arbeitenden Individuen zu entwickeln. Prinzipiell erfolgt die Entwicklung der benötigten Fähigkeiten ähnlich wie bereits beschrieben, allerdings daß das Vorhaben bei der Förderung einer Partnerorganisation nicht mehr die gleiche Rolle als externer Berater wahrnehmen kann, wie es bei der Förderung von Nutzergruppen der Fall ist. Welche Aufgaben durch Langzeitberater wahrgenommen werden können, welche Aspekte ohne externe Unterstützung entwickelt werden können, und wo es sinnvoll ist, einen externen (lokalen?) Berater hinzuzuziehen, muß in der spezifischen Situation entschieden und eventuell verhandelt werden.

Bei der Zusammenarbeit mit externen Beratern ist allerdings zu beachten, daß die Mitarbeiter der Institution genügend involviert sind, wie dies beispielsweise bei einer prozeßbegleitenden Beratung der Fall ist[11]. Arbeitet der Berater im Gegensatz dazu weitgehend unabhängig ohne die Beteiligung des Projektteams nach der Art eines fachspezifischen Gutachters, reichert er zwar selbst Erfahrungen an, deren Integration in den Erfahrungsschatz der Mitarbeiter/innen der Institution gelingt jedoch oft nur unbefriedigend. Wichtige Erfahrungen finden so keine Berücksichtigung in der alltäglichen Arbeit der Mitarbeiter/innen.

Welches Spektrum an Aktivitäten zur Förderung von Fähigkeiten in Institutionen situationsspezifisch entwickelt werden kann, zeigt das folgende Beispiel:

Kasten 69: Förderung von Veränderungsbereitschaft in Organisationen:
Ein Beispiel eines Projektes in Zimbabwe die Bereitschaft für Änderungen in einer Organisation zu erhöhen um partizipative Ansätze in die Arbeit zu integrieren.

Success in initiation of change can be attributed to several key elements:

11) S. auch GTZ-RMSH (1996), Prozeßbegleitende Beratung

Case Studies/Learning Cases as the Foundation for Change

The case studies or 'learning cases' as pilot activities were mainly externally driven interventions outside the normal extension procedures. The case studies provided the space for a detailed situation and actor analysis and an iterative learning to develop alternative approaches. It was obvious that such interventions would make the system react by defending its conventional practice. Once the defensive phase was over, the next step in the institutional adaptation was the observation of the activities and the acknowledgement of the difference which normally results in learning about and adoption/adaptation of such approaches. Raising awareness through exposure etc. was the main function of the pilot activities in this phase. Once commitment for change at higher levels had developed, the case studies served as show cases for learning and training of staff.

Developing Ideas and Options through Exposure/Familiarisation of all Levels of Staff

These observations and the analysis were fed back to the higher levels of AGRITEX where they helped to create awareness for the necessity for change. It was realised that the information flow in AGRITEX is mainly one way, downwards along the six hierarchy levels from the top to the bottom. Therefore, it was difficult for the top management level to obtain information about the real problems at field-level.

In workshops participatory approaches were presented, experiences discussed and field visits to the case study areas were made. Exposure to the impact and to farmers who analysed the difference were particularly convincing. This enabled higher level staff to get involved in the process and to adopt new ideas without loosing face.

Searching for Allies within the Organisation to Facilitate Change from Inside

During informal communication with all levels of staff a number of managers, officers and extension workers who were open to the new ideas could be identified. These 'allies' or 'benign viruses' support was provided through intensive personal communication, a strong informal involvement in the learning process of the case studies, through provision of background material and through writing of joint papers and reports.

Technical Competence and Socio-Cultural Empathy to Convince Technical Staff

It is a pedagogical principle that in order to develop capacities one has to 'pick up' people at the level where they are. Our strategy was therefore to argue with technical facts. We took the position of a lawyer for the clients rationales. Once we had gained respect at a technical level, it was rather easy to be accepted when discussing philosophical, sociological and socio-cultural issues.

'Mainstreaming' of Participatory Approaches through Networking

We realised that one project on its own has a very limited influence as issues tend to be personalised, creating counterproductive jealousies. The close cooperation of ConTill, ITDG and IRDEP has resulted in learning from each others experiences, joint papers and workshops. It proved to be crucial to obtain the ‚critical mass‘, necessary to draw attention to participatory approaches and bring these approaches into the mainstream thinking.

Trespassing and Provoking Action to Initiate Change and Institutional Innovations

The advantage of project personnel who does not operate in a line-function and who has specific funds is the freedom to interact with all hierarchy levels within an organisation. This and the 'outsider' function provides a good opportunity to obtain information on the problems, the needs and the attitudes of the different levels.

In this situation, we played the delicate „informant“ role, bypassing the middle hierarchy levels. It is evident that the middle levels would fear this intervention and react accordingly. Therefore, this provoking action required a constant feeling for the degree of support by the higher levels. Often, however, there was a real danger to get into the 'deficit trap'. when reporting too many negative examples of the field experience. Therefore it was more opportunistic to talk about the potentials to overcome the weaknesses.

Trespassing by the project with regard to roles and mandates was an important strategy to inspire institutional innovations. If we had asked for the approval of any additional activity by the risk-avoiding bureaucratic hierarchy, the Contill project would probably never have developed beyond the first two phases. This might be true for any process-oriented action, which in itself is an experiment of which the outcome can not be predicted and any action involves considerable risk. Once the action proves to be a success, bureaucrats tend to strongly identify with it and claim ownership, but very few would ever take the initial innovator's risk. This appears to be an ideal role for a project. The challenge for the project was to motivate staff for cooperation while keeping the management informed of the ongoing incremental action.

Quelle: Hagmann et al. (1997), gekürzt

Literaturhinweise zu ‚Organisationsentwicklung und Capacity Development'

- Asia Forest Network, (1995), Shifting Community Forestry from Project to Process, Research Network Report No. 6
- Bawden, R., (1994), Creating learning systems: A metaphor for institutional reform for development. In: Scoones, I. and Thompson, J. (eds.), Beyond farmer first, London
- COFAD (R. Beck), (1985), Bo-Pujehun Rural Development Project, Fisheries Programme, Review and Recommendations, Annex 4
- De Leener, Ph., (1993), The Consultancy as a Process. Working Paper to be Discussed during the Workshop on Process Supportive Consultancy. In: GTZ-RMSH Workshop Documentation on Process Supportive Consultancy, Übersetzung von U. Müller-Glodde
- DEH (Direktion für Entwicklungszusammenarbeit und humanitäre Hilfe), (1990), Spieglein, Spieglein an der Wand..., Zum Thema „Selbstevaluation" (SE) in der Entwicklungszusammenarbeit, Reihe Arbeitshilfen zu Planung, Evaluation, Monitoring und Umsetzung (PEMU). Bern
- DEH (Direktion für Entwicklungszusammenarbeit und humanitäre Hilfe), (1996), Manual on self-evaluation, Manual in the series Working Instruments of Planning, Evaluation, Monitoring and Transference into Action (PEMT). Bern
- GTZ-Arbeitsgruppe Integrierte Landnutzungsplanung, (1995), Landnutzungsplanung, Strategien, Instrumente, Methoden. Eschborn

- GTZ-Kursunterlagen, (1995) „Organisationsberatung in der TZ“
- GTZ-RMSH, (1996) Prozeßmonitoring: Eine Arbeitshilfe für Projektmitarbeiter/innen. Bonn/Eschborn
- GTZ-RMSH, (1996) Prozeßbegleitende Beratung: Eine Arbeitshilfe für Beraterinnen und Berater im Ressourcenmanagement. Bonn/Eschborn
- GTZ-VARENA, (1996) Bericht über Projektfortschrittskontrolle
- Hagmann, J., Chuma, E. and Conolly, M. (1997), Farmers‘ Needs propel Change and Institutional Reform in Agricultural Extension. In: Beyond the Tool-kit, GTZ, Eschborn 1997
- Mlenge, W. and Johanson, L., (1993), Empowering Customary Community-Institutions to Manage Natural Resources in Tanzania. In: Forests, Trees and People Newsletter, Nov. 1993
- Murphree, Marshall W., (1993), Communities as Resource Management Institutions, Gatekeeper Series No. SA36. London (IIED)
- Ndione, Emmanuel; De Leener, Philippe; Ndiaye, Mamadou; Jacolin, Pierre; Perier, Jean-Pierre, (1995),The Future of Community Lands. London (Intermediate Technology Publications)
- OECD, Development Assistance Committee, (1997), Capacity Development in Environment, Proceedings of a Workshop held in Rome, Italy, 4-6 December, 1996. Paris
- Pretty, Jules N., (1995), Regenerating Agriculture, Policies and Practice for Sustainability and Self-Reliance. London (Earthscan Publications Limited)
- Shah, P., (1993), Participatory Watershed Management Programmes in India: Revising our Roles and Revising our Theories
- Sülzer, Rolf; Zimmermann, Arthur, (1996), Organisieren und Organisationen verstehen, Wege der internationalen Zusammenarbeit. Opladen (Westdeutscher Verlag)
- Uphoff, N., (1992) Local Institutions and Participation for Sustainable Development. London (IIED)

HANDLUNGSFELD 4:

4 Handlungsfeld 4: Konfliktmanagement und Verhandlungsorientierung

Dieses Handlungsfeld befaßt sich mit dem Management von Konflikten im Umfeld von Vorhaben des Ressourcenmanagements. Konflikte sind gerade für Projekte im Ressourcenmanagement von Bedeutung, da sich fast immer unterschiedliche Interessen gegenüberstehen. So stehen Konflikte Anstrengungen in Richtung einer nachhaltigen Nutzung entgegen und leisten der Zerstörung der Ressourcen Vorschub. Auf der anderen Seite bieten Konflikte auch ein Potential. Sie können ein Katalysator für Veränderungen sein. Dieser Aspekt hat im Kontext von RMSH besonderes Gewicht, da ohne Veränderungen von Einstellungen und Verhaltensweisen der Akteure meist kein nachhaltiges Management der Ressourcen zu erreichen ist.

Im Mittelpunkt des Kapitels steht somit die Frage, wie das positive Potential in Konflikten genutzt werden kann. Nach einem einführenden ersten Teil „Konflikte im Ressourcenmanagement – Störfall, Normalfall, oder change agent“ werden im folgenden Facetten von Konflikten und Wege an deren Annäherung vorgestellt. Der Hauptteil soll Projektmitarbeiter in der Auseinandersetzung unterstützen, wie das Projekt in seiner spezifischen Situation zum erfolgreichen Management des Konfliktes beitragen kann. Dabei geht es in erster Linie darum, einen konstruktiven Umgang mit Konflikten zu fördern, erst in zweiter Linie um deren Lösung.

4.1 Konflikte im Ressourcenmanagement – Störfall, Normalfall, oder change agent?

4.1.1 Um welche Konflikte geht es?

Natürliche Ressourcen liefern eine Vielzahl von Leistungen und werden oft räumlich oder zeitlich durch eine Vielzahl von Akteuren parallel genutzt. Aufgrund der großen Bandbreite von Nutzern und Nutzungsarten existieren **konkurrierende Interessen**. Dabei geht es um das Eigentum an den Ressourcen, um den Zugang zu Produkten oder Ressourcen, um Sicherheiten der Ressourcennutzung und um Entscheidungsbefugnisse. Konfliktpotential liefern aber nicht nur die unterschiedlichen Interessen der am Konflikt Beteiligten, sondern häufig sind auch unterschiedliche Sichtweisen der Situation und differierende Wertvorstellungen (z.B. Nutzung als Weide- vs. Ackerland oder Nutzung vs. Schutz), sowie andere Bedürfnisse, Ziele, Erfahrungen mit im Spiel. Die Motivation für das Austragen der Konflikte kann von der Sicherung der Existenz bis zum Bestreben gehen, Macht oder auch Prestige zu erhöhen.

Konkurrierende und unvereinbare Interessen spiegeln dabei komplexe Beziehungen zwischen sozialen, historischen, politischen, ökonomischen und rechtlichen Faktoren wider. So existieren im Ressourcenmanagement häufig folgende **Konfliktsituationen**:

- Akteure streiten um die Nutzung knapper Ressourcen (Waldprodukte, Ackerland, Wasser, ...)
- Akteure wollen eine unterschiedliche Ressourcennutzung durchsetzen (Nutzung von Land als Acker- versus – Weideflächen, Schutz des Waldes versus dessen Nutzung,...)
- Akteure werden (oder fühlen sich) bei Entscheidungen zur Ressourcennutzung nicht ausreichend beteiligt (z. B. werden Frauen bei der Vergabe von Ackerland nicht berücksichtigt; oder die angrenzende Bevölkerung hat nur begrenztes

Mitspracherecht bei der Gestaltung der Nutzungsregelungen des angrenzenden Schutzgebietes)

- Staatliche Regelungen stehen nicht im Einklang mit traditionellen Praktiken (Vergabe von Landeigentumstiteln, Einschränkung der Mobilität von Nomaden, die Privatisierung der Nutzung forstlicher Ressourcen)
- Externe Interventionen berücksichtigen nicht lokale Praktiken der Nutzung oder der Entscheidungsfindung, oder werden ohne lokale Beteiligung realisiert (Erstellung der Grenzen von Schutzgebieten, Regelung von Konflikten durch Gerichte, dessen Entscheidungen jedoch nicht von den Betroffenen akzeptiert werden)

Allerdings kommt es bei Bestehen unterschiedlicher Interessen nicht immer zum Konflikt. Es können sich unterschiedliche Interessen befriedigen lassen, ohne daß Beteiligte eine Unvereinbarkeit mit den eigenen Interessen erleben. Dieses **Erleben ist subjektiv** und eine Einschätzung muß somit nicht von allen Konfliktparteien geteilt werden.

4.1.2 Sind Konflikte Normalfall, Störfall oder Katalysator von Veränderungen?

Konflikte sind eine alltägliche Begleiterscheinung jeder Zusammenarbeit. Es gibt keine dauerhaft konfliktfreien Beziehungen. Sie sind damit auch integraler Bestandteil realer Situationen im Ressourcenmanagement. Dabei ist nicht nur das Erleben der jeweiligen Situation individuell verschieden, auch die Haltung gegenüber einem Konflikt variiert. Ob er als Störfall oder Katalysator wahrgenommen wird, ist unterschiedlich und oft kulturell geprägt. Die **Perzeption von Konflikten ist entscheidend für den weiteren Umgang** mit ihnen, auch unser eigenes Denken und Handeln ist davon nicht ausgenommen.

Kasten 70: Sozio-kulturell bedingte Konfliktvermeidung in traditionellen Gesellschaften

„Homogeneous and tradition-oriented societies often do not place a positive value on conflict. In some preliterate societies, for example, agreements about water, grazing rights or the use of forest resources are rooted in common understandings and expectations based on the shared value system, and possibly in mutual perceptions of shared vulnerability to vagaries of the physical and institutional environment. Patterns of reciprocity and exchange engender a feeling of security, and a high value is placed upon quick resolution of public disputes, even if agreements reached might not address the underlying issues. Within these small face-to-face rural communities, whether in Africa, Asia or Latin America, conflict is seen as being dysfunctional."

Quelle: Pendzich et al. (1994), S. 10

Als **Störfall** empfinden Beteiligte Konflikte vor allem, wenn sie ihre Interessen nicht oder nur begrenzt durchsetzen können oder sie Opfer von Taten des Konfliktgegners werden. Projektteams können Konflikte dann als störend wahrnehmen, wenn sie ihre Pläne durchkreuzen. Eine solche Sichtweise kann die Neigung erzeugen, häufig vorschnell nach Lösungen des Konflikts zu suchen. Viele Konflikte, auch solche im Ressourcenmanagement haben aber keine endgültige Lösung. Die Beteiligten müssen sich mit ihm arrangieren, mit dem Konflikt leben.

In Konflikten steckt jedoch auch ein positives Potential. **Konflikte können als Katalysatoren für Veränderungen wirken**. Sie können einem Dialog Vorschub leisten, zu neuen Erkenntnissen führen sowie Organisationen und Gemeinschaften stärken und entwickeln helfen. Voraussetzung dafür ist allerdings, das in Konflikten liegende Potential zu suchen und nutzbar zu machen. Dazu müssen die negativen Assoziationen, die üblicherweise mit dem Wort „Konflikt" verbunden werden – unproduktive Streitereien, hohe soziale wie materielle Kosten, organisatorische Reibungsverluste, persönliche

Kränkung usw. – überwunden werden. Diese beziehen sich nämlich häufig nicht auf die eigentlichen Konfliktsituation, sondern auf die Art und Weise, wie die beteiligten Akteure mit Konflikten umgehen.

4.1.3 Welche positiven Aspekte können Konflikte haben?

Ressourcennutzung bewegt sich fast immer in einem dynamischen Kontext. Externe Einflüsse, Veränderungen der Ressourcen selbst oder Veränderungsdruck durch deren Nutzer führt immer wieder dazu, daß Entscheidungsbefugnisse über natürliche Ressourcen oder die Verteilung des Gewinns aus deren Nutzung neu diskutiert und ggfs. geändert werden. Der dabei existierende Wetteifer von Sichtweisen und Interessen ist sinnvoll und notwendig, denn nur so kann die für die spezifische Situation beste Lösung des Ressourcenmanagements durch Diskussionen, Kontroversen, Abstimmungen gefunden werden. **Die Austragung von Konflikten ist somit häufig die Voraussetzung für die Entstehung effizienterer Produktionsformen, neuer sozialer Ordnungen oder auch anderer Handlungsstrategien für die schonendere Nutzung natürlicher Ressourcen. Konflikte sind somit essentieller Bestandteil von Veränderungen.**

Gerade im Ressourcenmanagement ist das in Konflikten steckende, positive Potential von Bedeutung. Das Ziel der nachhaltigen Nutzung natürlicher Ressourcen unter Beteiligung aller relevanten Akteure kann über Lernprozesse der Beteiligten erreicht werden, in denen sich nicht nur deren Fähigkeiten entwickeln, sondern auch deren Einstellungen und Verhaltensmuster ändern. Derartige Prozesse der Veränderung sind häufig mit Konflikten verbunden. Konflikte können auf Veränderungsbedarf hinweisen oder Gruppen festigen und Interessen offenlegen und klären helfen. Sie tragen auch dazu bei, neue Selbsterkenntnisse oder Erkenntnisse über andere Akteure zu gewinnen, indem die dahinterstehenden Weltsichten oder Referenzsysteme der Konfliktparteien sich klären oder weiterentwickeln. Beispielsweise nutzt in Westafrika eine Initiative Konflikte als Lernfelder für die beteiligten Akteure, um so Veränderungen herbeizuführen und zu beschleunigen[12].

Es kann also nicht darum gehen, Konflikte unter allen Umständen zu vermeiden oder sie gar „unter den Teppich zu kehren", sondern das in ihnen vorhandene Potential zur Geltung zu bringen und den beteiligten Akteuren zu helfen, konstruktive Formen der Konfliktaustragung zu finden.

Kasten 71: Konflikte erfüllen positive Funktionen:

- Signal: sie weisen auf Probleme und offene Fragestellungen hin.
- Wandel: sie fördern Innovation und Veränderungen und verhindern so Stagnation.
- Interessen: sie bündeln Interessen und decken Interessenslagen auf.
- Zusammenhalt: sie festigen Gruppen und soziale Beziehungen.
- Impuls: sie schärfen die Selbstbeobachtung und führen zu Selbsterkenntnissen.
- Sie erfordern Kommunikation und sie stimulieren Kreativität.

Quelle: GTZ-RMSH (1966) Prozeßmonitoring, S. W-19/2

12) Ein Netzwerk mehrerer Mitarbeiter vor allem aus NRO, initiiert durch ENDA GRAF/Sahel, hat seit 1994 mehrere Workshops veranstaltet, wobei die gegenseitige Präsentation und Diskussion der Konflikte, durch welche die Netzwerksmitglieder selbst betroffen sind, im Mittelpunkt stand. Ausgehend von der Suche nach konstruktivem Management der individuellen Konflikte entstand so eine gemeinsame Aktionsforschung, wobei die Nutzung des in Konflikten liegenden Potentials für die Lernerfahrungen der Betroffenen im Vordergrund stand. S. auch De Leener u.a. 1994/1995 (ENDA GRAF Sahel): Notes de Recherche action Formation No. 1 à 3: Gestion positive des conflits

4.2 Konflikte verstehen

4.2.1 Welche Möglichkeiten der Annäherung an einen Konflikt gibt es?

Um beurteilen zu können, inwieweit ein Konflikt im Projektumfeld relevant für die Ziele und Aufgaben des Projektes ist, um Auswirkungen und Konsequenzen abzuschätzen, und um zu entscheiden, ob und wie das Projekt selbst interveniert oder verwickelt ist, ist es notwendig, den Konflikt genauer zu verstehen. Entsprechend der vorhandenen Informationen und Kenntnis der Situation bieten sich unterschiedliche Möglichkeiten der Annäherung an Konflikte an. Eine starre Abfolge von Analyseschritten würde den Blick für das Wesentliche der Situation versperren.

Wie im Falle einer Situationsanalyse geht es darum, sich mit der Situation vertraut zu machen und die **Akteure mit ihren unterschiedlichen Sichtweisen zu verstehen**. Die Frage nach der Interpretation der Situation durch die unterschiedlichen Akteure und deren Motivation und Logik, welche die unterschiedlichen subjektiven Sichtweisen prägen, steht dabei im Vordergrund. Das Projekt selbst reiht sich selbstverständlich mit seiner Sichtweise in die Reihe der Akteure ein. Der Versuch, die „objektive“ Sachlage mit vielen und/oder guten Daten zu eruieren, muß scheitern. Das Ergebnis wäre auch ohne Bedeutung, da das Handeln der Akteure durch deren eigene Sichtweise bestimmt wird (s. folgenden Kasten).

Kasten 72: Der Verlauf von Grenzen entsprechend der Sichtweise unterschiedlicher Akteursgruppen – Wie verlaufen die Grenzen wirklich?

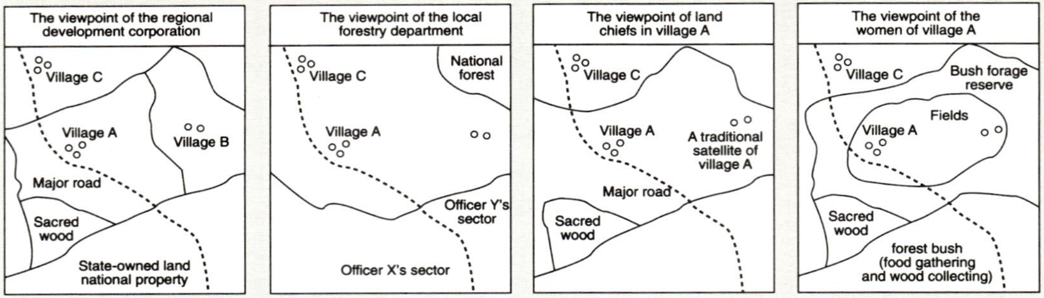

The regional development corporation
The existence of an officially registered association of village producers supported by the corporation is a decisive criterion; agricultural areas alone are given consideration on an operational level (technocratic and bureaucratic criteria).

The Forestry Department
The boundaries are those defined by law and incorporated in forestry regulations (administrative and legislative criteria).

The council of elders and land chiefs of village A
The village boundaries are those originally drawn by the ancestors, from whom the current land chiefs have inherited guardianship of the land and responsibility for its allocation (land ownership criteria).

Women
Boundaries are drawn according to the uses the women make of the space: farmland, forage and grazing land for their ewes and goats, and land for gathering wood and the many products in frequent use – fibres, medicines, dyes, etc. The community land ends at the borders of where they need to go to carry out their daily tasks (subsistence criteria, based on experience of daily life).

Quelle: Ndione u.a. (1995), S. 87

Auf folgende Wege der Annäherung an einen Konflikt wird im folgenden eingegangen:

- Welche Akteure sind am Konflikt beteiligt? Wer sind diese Akteure?
- Was sind die Konfliktursachen?
- Wie entwickelt sich die Konfliktdynamik?

Weitere interessante Fragen können sein, welches fördernde und hemmende Kräfte der Konfliktentwicklung sind? Was nährt den Konflikt, wer hat daran ein Interesse, warum? Wer versucht dagegenzuwirken?

Als Vorbereitung für einen Dialog zwischen den Beteiligten ist es hilfreich, daß nicht nur das Projektteam sondern alle Akteure entsprechende Elemente für sich selbst klären, bevor dann in einem Austausch eine gemeinsame Grundlage erarbeitet werden kann.

Ein Beitrag des Projektes kann auch darin bestehen, einen oder mehrere Akteure in der Analyse des Konfliktes aus deren Sicht zu unterstützen. Dies kann ein erster Schritt zur Diskussion und Klärung von möglichen Handlungsalternativen zur konstruktiven Konfliktbehandlung sein.

4.2.2 Welche Akteure sind am Konflikt beteiligt? Wer sind diese Akteure?

Im Rahmen einer Analyse der Beteiligten bzw. des Akteursfeldes (vgl. Prozeßmanagement, Organisationsentwicklung) und weiteren Diskussionen ist das Spektrum der Beteiligten zu klären und wie das Projekt selbst gegebenenfalls in das „Beziehungsgeflecht" der Akteure einzuordnen ist. Der Kreis der Beteiligten gibt dabei auch einen Hinweis auf die Ebene des Konfliktes, beispielsweise

- auf Dorfebene zwischen Gruppen (z.B. Interessenkonflikte zwischen Frauen und Männern um die Nutzung des Dorfwaldes oder um die Nutzung landwirtschaftlicher Flächen),
- zwischen verschiedenen Gruppen mit Beteiligung mehrerer Dörfer (z. B. Streit zweier Dörfer oder zwischen Nomaden und Ackerbauern um Weidenutzungsrechte),
- zwischen lokalen Gruppen und Regierungsbehörden (z. B. Konflikt zwischen Brandrodung betreibenden Bauern und der Forstbehörde),
- zwischen lokalen Gruppen und privaten Unternehmen oder NROs (z. B. Konflikt um Schutz (NRO) oder Nutzung an das Dorf angrenzender Waldgebiete).

Allerdings können diese Ebenen nur Austragungsorte von Konflikten sein, deren Ursache sich auf höherer Ebene befindet. So können Konflikte um Weiderechte zwischen Ackerbauern und Viehhaltern nur der Ausdruck von ethnischen Spannungen auf der Ebene der gesamten Gesellschaft sein.

Am Beispiel des COSEFORMA-Projekts in Costa-Rica wird die Komplexität der möglichen Konflikte auf den verschiedenen Ebenen und die Vielfalt der Beteiligten sichtbar (s. Kasten 73).

Kasten 73: Konfliktkonstellationen im Projektumfeld dargestellt am Beispiel des Forstsektors in Costa-Rica (GTZ-Projekt COSEFORMA)

Die Prozesse zwischen den Akteuren implizieren auf Grund der Interessengegensätze Auseinandersetzungen und Konflikte:

- Innerhalb des staatlichen Sektors
- innerhalb des privaten Sektors
- zwischen staatlichem und privatem Sektor
- zwischen der internationalen, der nationalen, der regionalen und der Betriebsebene
- zwischen Forstleuten und Vertretern anderer Ressorts
- zwischen Technikern und Politikern
- zwischen „Großen" und „Kleinen"

Als Beispiele für diese Konflikte können angeführt werden:

(1) Innerhalb des staatlichen Sektors

- persönliche Machtkämpfe
- Kompetenzgerangel zwischen Direktionen
- hierarchisch-vertikales System funktioniert nicht
- horizontales System funktioniert nicht
- Konflikt zwischen Fachministerien

(2) Innerhalb des privaten Sektors

- „groß“ vs. „klein“
- produktiv vs. protektiv
- Landwirtschaft u. Viehzucht vs. forstliche Landnutzung
- Waldbesitzer vs. Einschlagsunternehmer (Konzessionäre)
- Rücker vs. Säger

(3) Zwischen privatem und staatlichem Sektor

- Bewaldungsziele vs. Marktorientierung
- kurzfristige vs. langfristige Interessen
- Initiative vs. Passivität
- unterschiedliches Rollenverständnis, unklare Rollenverteilung
- gleiche Interessen, unterschiedliche Lösungen

Quelle: Projektdarstellung anläßlich eines regionalen Workshops der Abteilung 4240/GTZ vom 7.–11. März 1994, Managua, Seite 8f

In den seltensten Fällen ist es möglich, daß alle Individuen am Prozeß des Konfliktmanagements teilnehmen. Bei der Klärung des Kreises der am Konflikt Beteiligten ist somit die Bildung von Gruppen ein wichtiger Schritt für das Management des Konfliktes. Eine voreilige Definition von Gruppen durch das Projektteam kann jedoch genauso gefährlich sein wie eine klischeehafte Voreingenommenheit (wie z.B. „Die Behörden sind ineffizient und korrupt“; „Der Waldbauer ist gut und an ressourcenschonender Nutzung interessiert“; „Holzkonzessionäre orientieren ihr Handeln nur an kurzfristigem Profit"). Folgende Fragen können zu einer weiteren Differenzierung der beteiligten Gruppen hilfreich sein:

- Steht die Dorfgemeinschaft gegen das Holzunternehmen oder gibt es nicht auch innerhalb der Dorfbevölkerung unterschiedliche Interessen?
- Sind die Ackerbauern mit den Viehhaltern im Streit oder gibt es nicht auch einige Ackerbauern, die Vieh besitzen und eine andere Position vertreten?
- Haben nicht Frauen andere Interessen, welche nicht durch „die Ackerbauern" vertreten werden?

Derartige Gruppen können sich im Verlaufe des Konfliktes verbinden oder sich als unterschiedliche Parteien herauskristallisieren. Es ist daher sinnvoll, die Frage nach geeigneten Gruppen immer wieder zu stellen und vor allem eine **Definition der Gruppen durch diese selbst** zu fördern.

Diese Selbstdefinition gibt auch Hinweise auf die dahinterliegenden Ursachen der Abgrenzungen und damit auf Interessen, Positionen, Sichtweisen, Werte, etc. Ein Kennenlernen der Akteure beinhaltet somit auch zu verstehen, was der Konflikt für die Beteiligten bedeutet: Geht es um ihr Überleben, um ökonomischen Gewinn, um Macht oder Prestige? Wo beginnen sie, von Konflikt zu sprechen und wo hören sie damit auf? Wie und für welche Situationen benutzen sie das Wort Konflikt? Welche Beziehungen haben sie zu anderen Akteuren?

Diese **immateriellen Aspekte** werden nicht ausreichend berücksichtigt, wenn Probleme und nicht die Menschen in den Mittelpunkt gestellt werden. Eine derartige Reduzierung von Konflikten zu eher technischen Problemen bietet zwar vordergründig den Vorteil, leichter Lösungen zu finden. Dies sind jedoch meist lediglich Scheinlösungen, welche nicht an den eigentlichen Gründen ansetzen und nicht nachhaltig sind.

Neben allen Unterschieden und Trennenden kann jedoch auch die Kenntnis von **Gemeinsamkeiten** für den weiteren Verlauf wichtig sein. Ackerbauern halten zum Teil auch Vieh, die Viehhalter bauen landwirtschaftliche Produkte an. Auch sind die Ackerbauern mehr als nur Ackerbauern sondern auch Waldnutzer oder Holzkohleproduzenten, Händler, Familienvater oder Clanmitglied, was zum Teil auch auf die Viehhalter zutreffen kann.

Das Projekt selbst verändert durch seine bloße Existenz das zuvor bestehende Akteursfeld und führt bei einzelnen Akteuren zu Erwartungen, bei anderen dagegen zu Befürchtungen oder Verunsicherungen. Es kommt zu neuen Allianzen und/oder es werden bereits bestehende Spannungen zwischen den Akteuren verschärft. Die einzelnen Akteure werden sich die Frage stellen, welche Vor- oder Nachteile für sie mit der Existenz des Projekts verbunden sind und eine entsprechende Haltung dem Projekt gegenüber einnehmen. Die Diskussion dieser Fragen gibt bereits wichtige Hinweise auf die Klärung der Rolle, welche das Projekt im Rahmen des Konfliktmanagements einnehmen kann (s. 4.3.4).

4.2.3 Welches sind die Ursachen des Konfliktes?

Die Kenntnis der Konfliktursachen erleichtert oder bestätigt die Bestimmung relevanter Beteiligter und ermöglicht es dem Projektteam, wichtige Fragen zur eigenen Rolle zu klären. Darüber hinaus ermöglicht die Kenntnis der Ursachen die wichtige Unterscheidung zwischen geäußerten Forderungen und Ansprüchen, den Positionen einerseits und den dahinter liegenden Interessen, Bedürfnissen, Ängsten usw. andererseits (s. 4.3.6).

Konflikte im Ressourcenmanagement beruhen meist auf Verteilungsfragen von Produkten, Ressourcen, Macht oder Entscheidungsbefugnissen. Anlaß, diese Fragen neu „aufzurollen" und „Karten neu zu mischen" bzw. „Felder neu abzustecken" bieten Änderungen von Nutzung, Zugang, Eigentum, Anerkennung, Verfügbarkeit oder des Wertes natürlicher Ressourcen. Herbeigeführt werden solche Situationen durch längere Prozesse (Anstieg der Bevölkerungsdichte, Zuwanderung, Degradierung der Ressourcen,...) oder konkrete Maßnahmen (Änderung der Rechtssituation, Einrichtung eines Schutzgebietes, Vergabe von Holzlizenzen, institutionelle Änderungen,...).

Derartige Situationen müssen sich nicht unbedingt aufgrund von physisch greifbaren Veränderungen ergeben. Dies zeigt die Erfahrung, daß auch durch partizipative Analysen Konflikte ausgelöst oder zum Vorschein gebracht werden können, indem sich so z. B. Nutzungsansprüche einer Akteursgruppe verändern, ohne daß „Tatsachen" sich veränderten.

Kasten 74: Konfliktursachen in Lateinamerika: Socio-Environmental and community forestry conflicts in Latin America

The social situation, in general, and the agrarian situation, in particular became explosive. Nevertheless, the extension of the production frontier was beeing promoted as necessary and oriented towards econonmic growth. Thus, governments promoted colonization and formulated favourable legislation. However, the states' efforts were obstructed by spontaneous colonization and unsustainable exploitation of the resources. The new colonization space meant new conflicts that arose because of:

- the use of technical and economic systems that did not compliment the conditions of the area, causing irreversible damage;
- the imposition of market principles on resource use, creating conflicting use with that of the native people
- occupation and/or reduction of traditional territories and the resources of the natives, and
- exploitation of the forest resource mainly for wood.

Conflicts also resulted from migration, as newcomers begin to use resources that were previously managed by natives through different methods. Thus there were conflicts resulting from competition over access and control as well as the new social and technological relations applied in use of resources.

Quelle: Carlos Villareal in his contribution to the electronic conference on „Adressing natural resource conflicts through Community Forestry", 1996

Entscheidend sind somit auch hier die subjektiven Sichtweisen. Allerdings bestehen bei der Nutzung natürlicher Ressourcen auch häufig schwelende Konflikte, die durch einen konkreten, eventuell unbedeutenden Anlaß ans Tageslicht treten können.

Unterschiedliche Ansprüche auf Nutzung, Zugang oder Entscheidungsbefugnis über natürliche Ressourcen werden erst zu Konflikten, wenn es darüber unterschiedliche Interpretationen gibt. Ursachen und Geschichte variieren entsprechend der Sichtweise der Akteure und nicht unbedingt aufgrund von (individuell gesehenen) Tatsachen. Gründe für die unterschiedlichen Interpretationen können unterschiedliche Werte und Interessen sein, meist in Verbindung mit unzureichender Kommunikation oder unterschiedlichem Informationsstand (besonders häufig zwischen Behörden und lokalen Nutzern, aber auch zwischen unterschiedlichen Kulturen/Ethnien). **Der wahre Konflikt erschließt sich somit erst durch die Kenntnis und Zusammenführung der verschiedenen Perspektiven der Beteiligten.**

4.2.4 Wie entwickelt sich die Konfliktdynamik? Wie kam es zur Konflikteskalation?

Konflikte, die nicht oder unzureichend aufgegriffen werden, entwickeln leicht eine Eigendynamik, in deren Verlauf die Chancen eines konstruktiven Umgangs abnehmen und die Gefahren einer destruktiven Eskalation wachsen. Zwar ist oft eine gewisse Zuspitzung des Konflikts notwendig, um Fronten zwischen den Akteuren zu klären und den Charakter der Differenzen offen zu legen; von einem gewissen Punkt an werden Konflikte jedoch möglicherweise zu Konfrontationen, in die sich dialog- und konsensorientierte Strategien nicht mehr mit Aussicht auf Erfolg einbringen lassen.

Zur Strukturierung eines Konfliktverlaufs bietet sich folgendes Analyseraster an:

(a) *Auslösung des Konflikts:* Ein Ereignis, das die Aufmerksamkeit auf eine strittige Angelegenheit und die daran Beteiligten lenkt. Die Existenz eines Problems tritt in das Bewußtsein beteiligter und unbeteiligter Akteure.

(b) *Definition des Konflikts:* In dieser Phase definieren die beteiligen Parteien (zumeist jede für sich) Art und Umfang des Konflikts. Sie werden sich bewußt, was für sie (vermeintlich oder wirklich) auf dem Spiel steht und sie malen sich Konsequenzen aus – zumeist auf der Basis von Spekulationen, Verdächtigungen und Mißverständnissen. Impulsives Verhalten bestimmt das Handeln der Akteure.

(c) *Ausweitung des Konflikts:* In der folgenden Phase werden Allianzen geschmiedet, frühere (negative) Erfahrungen mit der gegnerischen Partei aufgefrischt, vom ursprünglichen Konfliktthema unabhängige Streitpunkte aufgebracht und emotionale Aspekte einbezogen. Die Auseinandersetzung gewinnt in dieser Phase deutlich an Schärfe, geht in die Breite und Tiefe und absorbiert in zunehmendem Maße Zeit, menschliche Energie und Geld.

(d) *Verallgemeinerung des Konflikts und Polarisation:* Die Konfliktparteien identifizieren sich völlig mit ihrem Standpunkt, orientieren sich an einem festgefügten Feindbild, in das die eigenen negativen Gefühle und Haltungen projiziert werden. Der Konflikt kann Beteiligte und Unbeteiligte in dieser Phase völlig polarisieren („Wer nicht für mich ist, ist gegen mich.“).

(e) *Zuflucht zu destruktiven Mechanismen:* In dieser Phase sind die Konfliktparteien nicht mehr bereit, einander zuzuhören, sie streben die bedingungslose Unterwerfung des Gegners an.

Dabei kann es allerdings immer wieder zu Umwegen, Wiederholungen, Abkürzungen etc. kommen. Das konstruktive Einbringen von dialog- und verhandlungsorientierten Elementen ist vor allem in den ersten drei genannten Phasen erfolgversprechend.

Warum ist der Konflikt eskaliert?

Ebenso wichtig wie die Frage „In welchem Stadium befindet sich der Konflikt?“ ist es herauszufinden, warum ein Konflikt eskaliert ist:

- Haben bestehende Mechanismen des Konfliktmanagements nicht gegriffen?
- Warum haben die bisher angewandten Mechanismen des Konfliktmanagements versagt?
- Welche Faktoren haben in der Vergangenheit die Verschärfung des Konflikts begünstigt?

- Welche Umstände haben bis jetzt verhindert, daß der Konflikt nicht bereits die destruktive Phase der physischen Gewalt erreicht hat?

Analyse und Bewertung der Entstehungsgeschichte eines Konflikts können den beteiligten Akteuren wichtige Hinweise sowohl auf bestehende Handlungsdefizite als auch auf Lösungspotentiale im persönlichen und institutionellen Bereich liefern. Insbesondere können sich auch Hinweise darauf ergeben, welche Rolle ein Projekt übernehmen kann oder sollte.

4.3 Einen konstruktiven Umgang mit Konflikten fördern

4.3.1 Was bedeutet Konfliktmanagement?

Zunächst soll die Frage gestellt werden, was „Konfliktmanagement“ eigentlich bedeutet. Im folgenden sind zwei Auffassungen beispielhaft vorgestellt:

- Einem ersten Verständnis zufolge zielen Interventionen des Konfliktmanagements vor allem darauf ab, den Konfliktverlauf positiv zu beeinflussen. Es wird versucht, bestehende Potentiale für ein Lernen aus dem Konflikt aufzuzeigen und mit einer Veränderung von Vorstellungen, Einstellungen und Verhaltensweisen der Konfliktparteien, die Dynamik der gegenseitigen Aggressionssteigerung zu durchbrechen. Dabei liegt dem Konfliktmanagement oft die Auffassung zugrunde, daß Gegensätze und Spannungen wesentliche Elemente des sozialen Lebens sind und Konflikte deshalb gar nicht endgültig beseitigt werden können. Die Konfliktparteien, welche den Konflikt wirklich „leben,“ können aber lernen, damit weniger destruktiv umzugehen. Die Beteiligten selbst sind Experten des Konfliktmanagements oder müssen es werden[13].

13) vgl. Glasl, Konfliktmanagement (1994), S. 20 und De Leener u. a. (Enda Graf Sahel), Conflits et dynamiques populaires de changement (1995), S. 10

- Ein anderes Verständnis von Konfliktmanagement stellt zwar ebenfalls den Prozeß in den Vordergrund, strebt jedoch vor allem die Lösung des Konfliktes an. Demzufolge sind Verfahren des Konfliktmanagements Prozesse, mittels derer versucht wird, zu erwartende oder bestehende Konflikte unterhalb der Schwelle gerichtlicher Auseinandersetzungen unter Einbeziehung aller Betroffenen und ggf. unter Einbeziehung einer neutralen dritten Person einvernehmlich zu lösen[14)].

Dies sind nur zwei unterschiedliche einer Vielzahl von möglichen Verständnissen. Dabei kann es kein richtig oder falsch geben, vielmehr kommt es auf die bestimmte Situation an. Ist der Konflikt begrenzt und lösbar oder geht es eher um einen langfristigen möglichst gewaltfreien Umgang der Konfliktbeteiligten? Ist die Einschaltung eines neutralen Dritten möglich? Ist das Projekt selbst Beteiligter am Konflikt? Welche Handlungsmöglichkeiten hat das Projektteam? etc.

Im Ressourcenmanagement spielen dabei folgende Überlegungen eine Rolle. **Zahlreiche Konflikte lassen sich nicht ein für allemal lösen, da divergierende Interessen als Konfliktpotential meist fortbestehen. Ziel ist daher ein dialogorientierter konstruktiver Umgang mit Konflikten durch die Beteiligten**. Auch stehen oft parallel existierende Rechtssysteme einer eindeutigen Lösung entgegen. Das Ziel, Selbsthilfefähigkeiten bei den Akteuren zu fördern, beinhaltet auch die Fähigkeiten mit Konflikten konstruktiv umzugehen. Durch die volle Verantwortung der Beteiligten für den Prozeß des Konfliktmanagements werden deren Fähigkeiten eher gefördert als bei einem Verfahren, wo externe „Konfliktmanager" diesen Part übernehmen.

In jedem Falle ist es notwendig, daß sich das Projektteam zunächst über sein eigenes Verständnis von Konfliktmanagement auseinandersetzt. Der folgende Kasten zeigt ein Beispiel, wie ein Projektteam diese Frage mit der Unterstützung eines prozeßbegleitenden Bera-

14) vgl. GTZ-PVI (1996) Konfliktmanagement im Umweltbereich, S. 4

ters behandelte. Es wird deutlich, daß das Finden einer spezifischen Lösung für das Team sekundär ist, und die Unterstützung zum konstruktiven Umgang mit dem Konflikt im Vordergrund steht.

Kasten 75: Ein Beispiel der Bedeutung von Konfliktmanagement für ein Projektteam

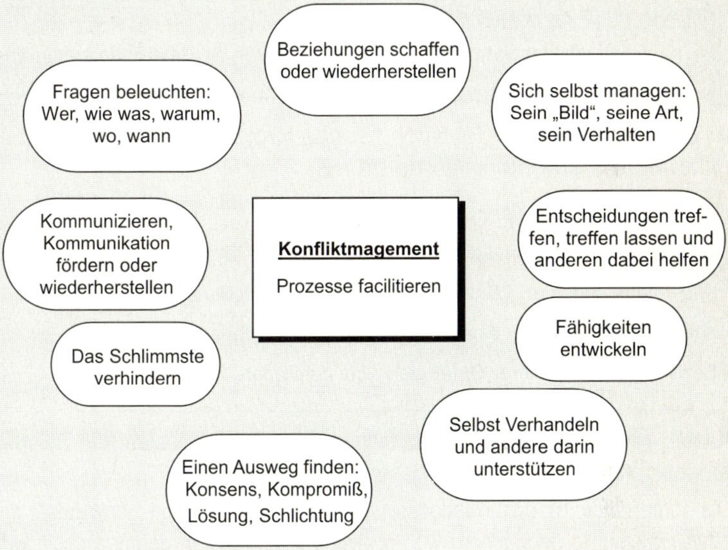

Quelle: De Leener (1994), S. 51

4.3.2 Wer verfolgt welche Ziele mit welchen Mitteln?

Entsprechend des unterschiedlichen Verständnisses von Konfliktmanagement können auch bei den Akteuren verschiedene Ziele im Vordergrund stehen. Für das Projektteam können folgende Ziele relevant sein:

- Fähigkeiten der Akteure fördern, damit sie mit Konflikten positiv umgehen und Lernprozesse bewußt durchmachen.
- Unterschiedliche Interessen ausdrücken und vertreten helfen.
- Eskalation oder gewalttätige Auseinandersetzungen verhindern.
- Machtungleichgewichte verringern.
- Transparenz erzeugen.
- Ressourcen gegen andere Beteiligte schützen.
- Ein nachhaltiges Management der Ressourcen durch die Beteiligten ermöglichen.
- Institutionalisierung eines partizipativen Entscheidungsprozesses.

Für andere Akteure (oder auch für das Projektteam?) stehen eventuell andere Elemente in Vordergrund:

- Macht oder Ansehen vergrößern.
- Die eigenen Interessen durchsetzen.
- Widerstand gegen eine Entscheidung unterdrücken oder brechen.
- Alleinige Kontrolle über eine Ressource behalten oder erlangen.
- Beziehungen zu anderen Beteiligten nicht gefährden.

Kasten 76: Traditionelles Konfliktmanagement in Indonesien: Ein Beispiel für sozio-kulturelle Vorbehalte gegen offene Konflikte

„As some ethnic groups in Indonesia, such as Javanese and Sundanese, are often reluctant to deal directly with conflict and confront or debate people with whom they disagree, the dialogue may take an indirect form of „speaking to a question“, rather than speaking directly to a specific individual with an opposed view. They may also ritual talk through solutions which have previously been arrived at through private meetings, thus publicly affirming agreements without engaging in direct confrontation. This approach maintains the face of all participants, preserves their individual sense of power, calm, and control of the situation, and helps to maintain smooth interpersonal relationships which are highly valued in the culture.“

Quelle: Moore and Santosa (1995), S. 25.

Strategien der Akteure

Konfliktsituationen können nach unterschiedlichen Grundmustern oder Strategien angegangen werden. Dabei entscheiden sich die Beteiligten sicherlich nicht ein für allemal für eine Strategie, sondern zahlreiche Veränderungen können sich im Verlaufe eines Konfliktes ergeben, die einen Akteur veranlassen, eine andere Strategie einzuschlagen. Im folgenden werden fünf Kategorien grob charakterisiert.

Die Konkurrenzstrategie zur Erzielung einer Gewinner/Verlierer-Lösung

Diese Strategie ist durch das Bestreben gekennzeichnet, die eigenen Interessen auf Kosten der anderen Beteiligten durchzusetzen. Nach diesem Grundmuster können Konflikte auch dadurch gelöst werden, daß auf dem Rechtsweg entschieden wird, unabhängig davon, ob die jeweils geltenden Rechtsnormen von allen Beteiligten akzeptiert werden.

Konfliktlösungen nach dieser Strategie erzielen meist nur kurzfristige Erfolge/Gewinne und sind in der Regel mit hohen materiellen und sozialen Kosten verbunden. Im Wiederholungsfall provozieren sie Abwehrreaktionen auf der Gegenseite und machen früher oder später auch die Gewinner zu Verlierern. Diese Strategie steht im Gegensatz zu einer dialog- und verhandlungsorientierten Behandlung von Konflikten, welche bei RMSH favorisiert wird.

Die Anpassungsstrategie bei der Erwartung einer Verlierer/Gewinner-Lösung

Diese Strategie wird von Parteien verfolgt, die weder die Chance sehen eine Konfliktlösung als Gewinner zu erreichen noch der anderen Seite in einem Kompromiß etwas abzuringen. Sie versuchen so, als Verlierer das Beste herauszuholen.

Kompromißstrategie zum Erzielen eines geteilten Gewinns/geteilten Verlusts

Ebenfalls ein „Nullsummenspiel" ist diese Strategie, deren Kennzeichen der Kompromiß ist: jeder Beteiligte ist zu Zugeständnissen bereit. Langfristig können sich Konfliktlösungen nach diesem Muster als durchaus vorteilhaft für alle Beteiligten erweisen, insbesondere hinsichtlich der nachhaltigen Nutzung von natürlichen Ressourcen. Wichtig ist dabei allerdings, daß der gefundene Kompromiß „tragfähig" ist: Da jede Partei Nachteile hinnehmen muß, besteht die Gefahr, daß der Konflikt wieder aufbricht, sobald einer der Beteiligten eine neue Gewinnchance sieht.

Der Erfolg dieser Strategie hängt vor allem von Vertrauen und Dialogbereitschaft bzw. -fähigkeit der Beteiligten ab, welche durch eine RMSH-Vorgehensweise gefördert werden können. Insbesondere können bei einer Kompromißlösung auch Kompensationen und sonstige Transferleistungen (siehe Handlungsfeld 2) erhöhte Bedeutung erhalten. Geht es doch häufig um Nutzungsverzicht, der aus psychologischen Gründen oft nur schwer durchsetzbar und objektiv für einzelne Nutzergruppen ohne entsprechende Kompensation durch andere gesellschaftliche Gruppen nicht zumutbar ist.

Die Verlierer/Verlierer-Lösung (Konfliktvermeidung)

Dieses Ergebnis bringt beiden Parteien einen „Verlust" ein. Weder die eine noch die andere Partei erreicht das, was sie erreichen wollte, d.h. beide Konfliktparteien müssen sich mit einem Teil des Gewollten begnügen.

Die Strategie der kooperativen Konfliktlösung zum Erreichen einer Win-Win-Lösung

Bei sogenannten Win-Win-Lösungen fühlen sich alle Beteiligten als Gewinner. Basierend auf deren **Interessen** werden Möglichkeiten gesucht, diese weitestgehend zu befriedigen. Wichtig ist dabei das **Verlassen fester Positionen**, um die Suche nach **kreativen Lösungen** zu ermöglichen. Die unterschiedlichen Interessen und widersprechenden Meinungen werden diskutiert, gegeneinander abgewogen und neu formuliert. Es wird eine kooperative Konfliktlösung angestrebt, die für alle Beteiligten vorteilhaft und annehmbar ist. Diese Strategie ist die (langfristig) effizienteste und daraus resultierende Lösungen werden am besten akzeptiert und sind daher nachhaltig.

Grundlage von Lösungen ist dabei nicht wie in den ersten 4 Strategien ein „Nullsummenspiel“. Dies bedeutet, daß nur jede Partei soviel gewinnen kann, wie die andere verliert. (*Es gibt nur einen Kuchen, der zwischen den Parteien aufgeteilt werden muß.*) Im Gegensatz dazu wird in der Win-Win-Strategie versucht, durch Verhandlungen neue Optionen zu identifizieren und so das Gewinnpotential insgesamt durch kreative Lösungen zu erhöhen. Letztlich wird allen beteiligten Parteien ein Gewinn ermöglicht, die „Gesamtsumme“ ist über 100% (*z. B. beim Streit um eine Kokosnuß, wenn eine Partei vor allem die Milch, die zweite das „Fruchtfleisch“ und die dritte sich vor allem für die äußeren Fasern interessiert, können alle Parteien ihre Interessen zu 100% befriedigen*). Derartige Lösungen lassen sich in der Realität nur durch intensiven Dialog, Verhandlungen und Abstimmungen zwischen den Beteiligten erreichen. Die Win-Win-Strategie nutzt dabei die positiven Auswirkungen, die ein Konflikt haben kann. Gleichzeitig muß aber bedacht werden, daß diese Strategie keine Aussicht auf Erfolg hat, wenn z.B. Konflikte kurzfristig gelöst werden müssen (z.B. wenn Termindruck bei der Einrichtung eines Schutzgebietes vom Projekt nicht beinflußbar ist).

Kasten 77: Kompromiß- und Win-Win-Lösungen durch Verhandeln zwischen Partei A und B

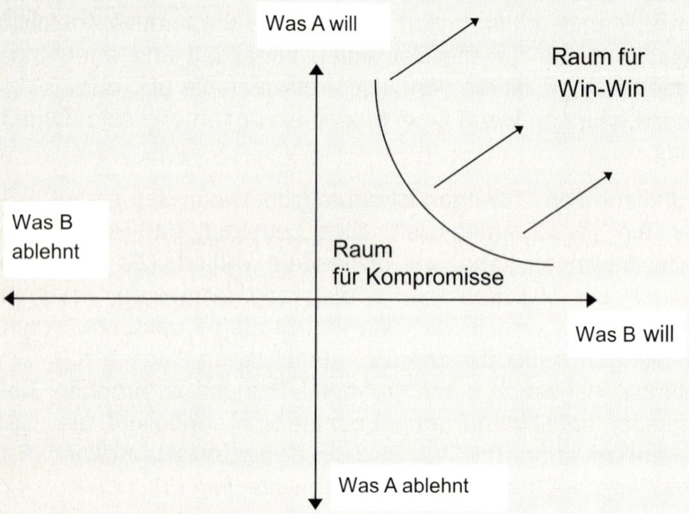

Quelle: De Leener (1994), S. 60, verändert

4.3.3 Welche Verfahren des Konfliktmanagements gibt es?

Verfahren des Konfliktmanagements sind mehr oder weniger strukturierte Prozesse, mit deren Hilfe versucht wird, Konflikte unter Einbeziehung aller Beteiligten und Betroffenen gegebenenfalls mittels Einschaltung einer neutralen dritten Person einvernehmlich zu lösen[15]. Dies soll durch einen freiwilligen Prozeß der Konsensfindung aller Beteiligten erfolgen. Die vier bedeutendsten Verfahren sind Verhandlungen, Facilitation, Mediation und Schlichtung, welche

15) Definition nach: GTZ-PVI (1996), Konfliktmanagement im Umweltbereich

im folgenden kurz skizziert sind. Sie unterscheiden sich vor allem hinsichtlich der Art der Intervention des Dritten:

- **Verhandlungen**: Ein von den Konfliktparteien freiwillig unternommener Versuch, durch direkte Gespräche Einvernehmen über strittige Angelegenheiten herzustellen.
- **Facilitation** (Unterstützung): Maßnahmen einer neutralen Instanz/Person, die geeignet sind, den Einigungsprozeß der Konfliktparteien zu erleichtern (z.B. durch Bereitstellung eines geeigneten Forums, Organisationshilfen).
- **Mediation**: Bemühungen einer neutralen Instanz/Person, im Streit zwischen Konfliktparteien vermittelnd einzugreifen. Einfluß des Dritten auf das Verfahren (den Prozeß) und/oder den Inhalt
- **Schlichtung** („conciliation"): Der Versuch eines unbeteiligten Dritten, durch getrennte Gespräche mit den Konfliktparteien die bestehenden Differenzen abzubauen und konsensfähige Vorschläge zu erarbeiten, welche bindenden Charakter haben können.

Kasten 78: Verfahren des Konfliktmanagements

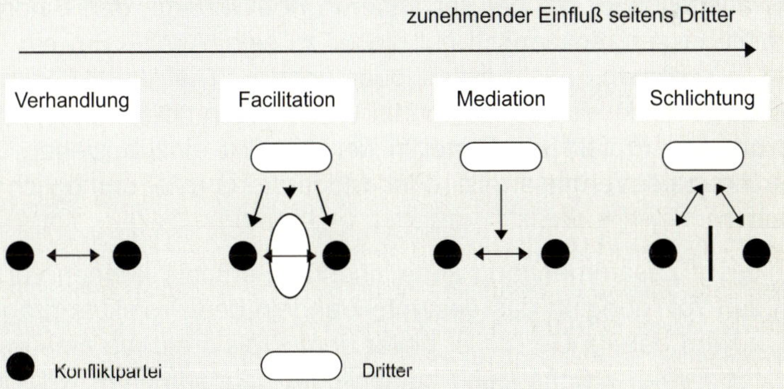

Quelle: Pendzich (1993), S. 6 und GTZ-PVI (1966), S. 9

4.3.4 Welche Rolle kann das Projekt im Konfliktmanagement übernehmen?

Auf die Frage, welche Rolle ein Projekt im Management eines Konfliktes spielen soll kann es natürlich keine allgemeine Antwort geben. Jeder Einzelfall ist unterschiedlich und jedes Projektteam wird sich mit der Frage auseinandersetzen müssen. Dabei gibt es zunächst zwei relevante Fragestellungen:

- Welche Rolle *möchte* das Projekt spielen?
- Welche Rolle *kann* das Projekt spielen?

Noch mehr, als es bei der ersten Fragestellung **unterschiedliche Meinungen im Projektteam** geben kann, können bei der zweiten Frage **Selbstsicht des Teams und Fremdsicht der anderen Beteiligten** differieren. Möglicherweise fühlt sich das Team lediglich als Beobachter, von einer Partei wird es aber bereits als Berater einer Partei empfunden. Oder der Versuch, in einer Situation lediglich zu moderieren, wird von einem Beteiligten als einseitige Unterstützung des anderen empfunden. Eventuell ist das Akzeptieren einer Einladung oder eines kleinen Geschenkes einer Partei bereits ausreichend, um bei der anderen Konfliktpartei den Eindruck zu hinterlassen, solidarisch mit dieser zu sein. Auch kann ein Gerücht ausreichen, was bewußt oder unbewußt in Umlauf kommt, daß das Projekt eine Konfliktpartei unterstützen oder beraten würde, um das Projekt als Partei in den Konflikt einzubeziehen und eine neutrale Vermittlerrolle oder Moderatorenrolle unmöglich zu machen.

In diesem Zusammenhang auftauchende Gerüchte können vor allem zu Projektbeginn das gesamte Handeln des Projektes prägen. So reichen bereits Gerüchte, hinter dem Projekt stünde eine europäische Firma, welche Land kaufen oder beanspruchen will, oder es geht im Projekt vor allem um den Schutz eines Waldgebietes und die Ausgrenzung der Anwohner, welche den Wald nutzen. Je heißer die Emotionen, desto schwieriger wird es sein, eine neutrale Rolle aus der Sicht der Konfliktparteien einzunehmen oder beizubehalten.

Entscheidend, welche Rolle das Projekt spielen kann, ist somit zum einen die Sichtweise der Konfliktparteien, welche in vielen Fällen das Projekt als Partei erscheinen läßt. Aber auch eine Analyse aus der Sicht der Projektmitarbeiter macht meist klar, daß das Projekt in Konflikte in seinem Umfeld in der Regel als Partei verwickelt ist. Zum einen sehen die Ziele von Projekten der TZ die Unterstützung bestimmter, meist benachteiligter Gruppen vor. Nur dann, wenn der Konflikt sich zwischen zwei ähnlich benachteiligten Gruppen abspielt, ist eine neutrale Rolle des Projektes denkbar. In den meisten Fällen ist jedoch die Macht unter den am Konflikt beteiligten Akteuren ungleich verteilt. Das Projekt kommt aufgrund seines Mandats selten umhin, zu versuchen, bestehende Machtungleichgewichte zu reduzieren (s. 4.3.9). Zum anderen **ist die Partnerorganisation in aller Regel kein neutraler Akteur in der bestehenden Organisationslandschaft. Meist ist auch sie aufgrund ihres Mandats, ihrer Geschichte oder wegen personeller Verstrickungen eher Partei als neutraler Dritter. Eine Rolle als neutraler Dritter ist daher in den meisten Fällen schwer vorstellbar.**

Aber auch als Beteiligter am Konflikt, als Partei, kann das Projekt sinnvolle Anstrengungen unternehmen, Dialog und Verhandlungsfähigkeit und -bereitschaft der anderen Beteiligten zu fördern. Wie dies geschehen kann, ist Inhalt der nächsten Kapitel. Eine Rolle als neutraler Dritter ist dafür keine Voraussetzung.

Kasten 79: Unterschiedliche Positionen der Akteure in bezug zu einem Konflikt

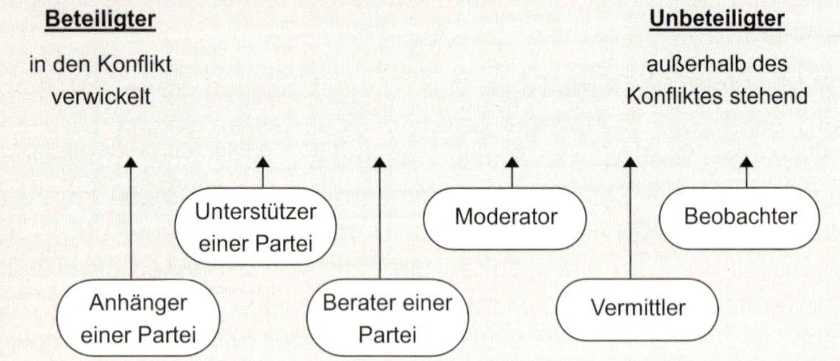

Quelle: De Leener (1993), S. 37

In jedem Falle ist es notwendig, daß die Rolle des Projektes mit den anderen Akteuren geklärt und verhandelt wird. Dynamische Entwicklungen machen es notwendig, derartige Fragestellungen immer wieder zu verfolgen (s. auch 3.4.8 „Wie kann die Rolle des Projektes mit den Akteuren diskutiert werden?“).

Möglicherweise kann sich in bestimmten Situationen herausstellen, daß ein Vorhaben der TZ nicht zu einem konstruktiven Umgang mit dem Konflikt beitragen kann. Folgende Gründe können dafür ausschlaggebend sein:

- die Förderung des Dialogs kann aus politischen Gründen unmöglich sein,
- die Phase des Konfliktes hat bereits einen Grad der Eskalation erreicht, der entsprechende Anstrengungen unfruchtbar werden läßt,
- der Konflikt befindet sich auf einer Ebene außerhalb des Mandats des Projektes,
- das Projekt oder die Projektorganisation wird aufgrund seiner Ziele nicht von den Konfliktparteien akzeptiert.

Das folgende Beispiel zeigt die Ergebnisse der Überlegungen eines Projektteams, welche Aspekte vor einer Intervention des Projektes in einem Konflikt zu berücksichtigen sind.

Kasten 80: Zu klärende Fragen bei einer Intervention in einem Konflikt: Beispiel eines Projektteams in Burkina Faso

Die Möglichkeit zu kommunizieren: Es müssen Möglichkeiten vorhanden sein, die eine effiziente Kommunikation zwischen den Beteiligten selbst, aber auch zwischen den Beteiligten und dem Projekt ermöglichen. Dabei können bestimmte kulturelle Bedingungen verhindern, daß Männer nicht in der Öffentlichkeit mit Frauen diskutieren können, oder wie im Falle von Landnutzungskonfikten im Sahel, daß die Kommunikation mit nicht-seßhaften Viehhaltern alleine aus räumlichen und zeitlichen Gründen erschwert wird.

Die anderen kennen und selbst den anderen bekannt sein: Es ist wichtig, daß wir die Beteiligten, diese uns, aber auch daß sich die anderen Beteiligten selbst untereinander kennen. Dieses Kennen geht über den Namen und das Aussehen hinaus und beinhaltet auch andere Aspekte wie Einstellungen, Interessen, Sichtweisen, welche für den Konflikt relevant sind. Dafür ist ein Austausch zwischen den Parteien notwendig.

Die Kenntnis der Phase des Konfliktes: In welcher Phase befinden sich die Konfliktparteien? Befinden sie sich am Beginn der Auseinandersetzung? Gab es bereits eine Eskalation? Wird das Handeln der Parteien durch emotionelle oder eher rationale Motivation bestimmt? Stimmen darin die verschiedenen Parteien überein? Es dreht sich also darum, ein Gefühl für den Konflikt zu entwickeln, bevor man sich engagiert.

Sich selbst kennen: Es ist notwendig die Fähigkeiten und Grenzen von sich selbst aber auch des Projektes zu kennen. Können wir Situationen, die wir eventuell provozieren auch managen? Besitzen die beteiligten Mitglieder des Projektteams die Fähigkeiten im Hinblick auf Kommunikation, Analyse, Aufbau von Beziehungen,... Sind wir sicher, durch eine Intervention konstruktiv beizutragen und nicht die Situation zu verkomplizieren? Wenn man seiner selbst nicht sicher ist, ist eine voreilige Intervention sicherlich nicht die beste Option.

Rolle, Position und Interessen: Welche Interessen verfolgen wir? Welche Position nehmen wir ein? Ein gemeinsames Verständnis darüber innerhalb des Teams ist eine wichtige Voraussetzung, um konstruktiv zum Konfliktmanagement beitragen zu können.

Welches Mandat haben wir? Welcher Beteiligter gibt uns welches Mandat? Welches Mandat beanspruchen wir selbst? Welches Mandat ist durch das Projektabkommen gedeckt?

Den Konflikt verstehen: Dies bedeutet zuerst, die Beteiligten zu verstehen: Wer sind eigentlich die Beteiligten? Welche Sichtweise haben die Beteiligten gegenüber dem Konflikt? Stimmen die verschiedenen Sichtweisen überein? Stimmen diese mit unserer Sichtweise überein? Welches sind die unterschiedlichen Versionen der Tatsachen, der Ursachen und der Konfliktgeschichte?

Sprechen alle von demselben Konflikt? Ein gewisses Verständnis, worum es eigentlich geht, ist eine Voraussetzung für eine weitere Auseinandersetzung.

Vertrauenswürdig sein und Selbstvertrauen haben: Es ist wichtig, als konsequent wahrgenommen zu werden, wo Handeln, Denken und das was, wir sagen, miteinander in Einklang stehen.

Klarheit über seine Ziele haben: Das Projektteam muß sich über seine Ziele bei einer Konfliktintervention auseinandersetzen und ein gemeinsames Verständnis darüber erreichen. Gleichzeitig sollen dabei Grenzen definiert werden, die man nicht überschreiten will.

Quelle: De Leener (1994), S. 62f.

4.3.5 Wie kann das Projekt konkret intervenieren

Im Falle der im Ressourcenmanagement anzutreffenden Konflikte ist meist ein dialog- und konsensorientiertes Konfliktmanagement sinnvoll oder gar notwendig. Dafür sprechen folgende Gründe:

- Die einem Konflikt zugrunde liegenden Ursachen müssen durch die Konfliktparteien selbst artikuliert werden. In den seltensten Fällen wird darüber zwischen den Parteien Einigkeit bestehen, da es meist nicht um objektive Tatsachen geht, sondern um deren Interpretationen. Für die Beteiligten ist es notwendig, die Interpretationen der andern zu kennen.

- Vereinbarungen, Regelungen und Absprachen im Konfliktmanagement werden nur dann akzeptiert und sind nachhaltig, wenn alle relevanten Parteien daran beteiligt sind und ein Mitspracherecht haben.
- Die „Machbarkeit" von Lösungsvorschlägen kann ebenfalls nur bei Mitwirkung der unmittelbar Beteiligten realistisch beurteilt werden.
- Lokal angepaßte Verfahren des Managements und Lösens von Konflikten müssen gemeinsam entwickelt und abgestimmt werden.
- Nur die an Absprachen Beteiligten können die Umsetzung, Wirkungsbeobachtung und Einhaltung von getroffenen Vereinbarungen effizient gewährleisten.
- Unsicherheiten oder mögliche Interpretationsspielräume bei der legalen Situation verhindern eine Regelung durch Gerichte.

Zentrale Frage für das Projektteam ist, was es konkret für ein konsensorientiertes Management der Konflikte unternehmen kann. Das Verständnis des Konfliktes und der Beteiligten, die potentielle Rolle des Projektteams sowie dessen Selbstverständnis sind wichtige Aspekte bei der Definition konkreter Interventionen des Projektes, welche unterschiedliche Zielrichtungen haben können:

- Wird vor allem die Lösung eines wichtigen Konfliktes angestrebt?
- Geht es um das Kreieren von Strukturen zur Konfliktlösung. Dies bietet sich vor allem bei immer wiederkehrenden, ähnlichen Konflikten an, welche sich individuell lösen lassen?
- Bei Konflikten, welche sich in absehbarer Zeit nicht endgültig lösen lassen, können Interventionen vor allem daraufhin abzielen, Verhaltensweisen, Vorstellungen oder Fähigkeiten der Akteure zu entwickeln, die diesen einen konstruktiveren Umgang mit Konflikten ermöglichen.

Je nach der Einschätzung der konkreten Situation werden unterschiedliche Anstrengungen im Vordergrund stehen. Im folgenden wird auf vier Zielrichtungen der Aktivitäten des Projektes genauer eingegangen:

- Wie kann das Projekt die **Kommunikation zwischen den Akteuren** verbessern?
- Wie kann das Projekt die **Anwendung von Konfliktmanagementverfahren** unterstützen?
- Wie kann das Projekt **Fähigkeiten der Akteure** zum Konfliktmanagement fördern?
- Wie kann mit **Machtungleichgewichten** konstruktiv umgegangen werden?

4.3.6 Wie kann die Kommunikation zwischen den Parteien verbessert werden?

Häufig sind Konflikte durch **unzureichende Kommunikation** begründet. Unzureichend kann dabei zwei Dimensionen haben: die Menge und Häufigkeit der Kommunikation sowie die Qualität der Kommunikation. Dialogorientiertes Vorgehen erfordert demnach die Beachtung beider Dimensionen. Als Möglichkeit zur Verbesserung der Menge und Häufigkeit bietet sich die Schaffung von möglichst dauerhaften Platformen, sog. „runde Tische" oder Foren für Dialog und Konzertation an. Die Beteiligung aller Akteure, insbesondere auch Organisationen und Behörden, ist dabei von Bedeutung. Explizite Zielgruppen des Projektes können dazu eingeladen werden, wenn deren Beteiligung sonst nicht gesichert wäre. Allerdings müssen auch Nichtzielgruppen des Projektes (z.B. Konzessionäre oder Großgrundbesitzer) in den Prozeß integriert werden, wenn ohne sie Absprachen unmöglich sind. Dies kann insbesondere schwierig sein, wenn die räumliche Distanz zwischen den Parteien groß ist, oder, wie häufig im Sahel, Nichtseßhafte am Konflikt beteiligt sind. Auch können kulturelle Schranken einer gleichzeitigen Beteiligung aller (z. B. Frauen und Männer) entgegenstehen.

Schwieriger ist meist die Verbesserung der **Qualität der Kommunikation**, um die Verständigung der Parteien zu verbessern. Ursache als auch Folge mangelnder Verständigung können unterschiedliche Weltbilder und als Folge verschiedene Interpretationen ein und derselben Situation sein. Einfache Kommunikationstrainings können zwar hilfreich sein, sind aber meist nicht ausreichend, um die Unterschiede zu überbrücken. Dafür bietet es sich an, unterschiedliche Sichtweisen getrennt aufzuarbeiten und dann in gemeinsamen Treffen gegenseitig zu präsentieren. Dies fördert einen **Perspektivenwechsel**, in dem die Sichtweise der anderen Seite besser kennengelernt und im Idealfall die eigene Wahrnehmung hinterfragt werden können. Der Konflikt wird so als Lernsituation genutzt und ermöglicht neue Einsichten über sich selbst und die anderen Beteiligten. Allerdings kann damit auch die Eskalation eines Konfliktes ausgelöst werden, vor allem wenn bei den Beteiligten die Neigung vorherrschte, den Konflikt eher zu unterdrücken als offensiv zu thematisieren und zu behandeln. Ohne eine derartige Auseinandersetzung ist meist ein weiterer konstruktiver Umgang der Parteien mit dem Konflikt, aber auch zwischen ihnen selbst unmöglich. Die einfühlsame Moderation eines derartigen Zusammentreffens ist daher notwendig. Möglicherweise kann das Projekt als Moderator fungieren.

Kasten 81: „Die Akteure zusammenbringen“ – Ein Beispiel aus Burkina Faso

The project then began a process of intensive interaction with pastoralists, focused on their perception of change in the condition of the natural resources, their systems of using the resources, and their relations with other groups of land-users. This dialogue was designed to stimulate the pastoralists' interest in participatory land-use planning. It also gave them a chance to attain the same level of information as the settled groups and to catch up with them with respect to capacity to participate and assert their rights in negotiating agreements to use and improve the land. A climate of mutual trust was gradually built up between the pastoralists and the project.

To encourage cooperation between the transhumant pastoralists and the settled agropastoralists in land-use planning, the project pursued a „round-table“ strategy. The idea was to work in parallel with pastoral and agropastoral groups using the same natural resources and to stimulate situation analysis by each group, so that their position with regard to access to the resources could gradually be brought closer together. The two groups would then be invited to a „round-table“. It is intended to continue this process from the level of local „*terroir*“ up to the regional level.

Quelle: Soura et al. (1997)

Insbesondere bei festgefahrenen Verhandlungen, aber auch im Vorfeld von Verhandlungen kann es sinnvoll sein, die Parteien beim Finden unterschiedlicher Handlungs- und Lösungsoptionen zu unterstützen. Häufig sieht jede Seite nur ein Szenario als Ausweg, welches jedoch für die jeweils anderen Akteure nicht akzeptabel ist. **Wenn es den Parteien gelingt, zwischen Interessen und Positionen zu unterscheiden, ist oft schon der Weg für kreative Optionen geebnet. Die Interessen der Parteien lassen sich in der Regel leichter befriedigen, als sich die unterschiedlichen Positionen gleichzeitig realisieren lassen**, wie auch das Beispiel in Kasten 84 zeigt.

Kasten 82: Der Unterschied zwischen Positionen und Interessen

The basic problem in a negotiation lies not in conflicting positions, but in the conflict between each side's needs, desires, concerns, and fears... Such desires and concerns are interests. Interests motivate people; they are the silent movers behind the choice of positions. Your position is something you have decided upon. Your interests are what caused you to so decide...Reconciling interests rather than positions works for two reasons: First, for every interest there usually exist several possible positions that could satisfy it. All too often people simply adopt the most obvious position. Second, reconciling interests rather than compromising between positions also works because behind opposed positions lie many more shared and compatible interests than conflicting ones.“

Quelle: Fisher et al. (1991), S. 40f.

4.3.7 Wie kann das Projekt die Anwendung von KM-Verfahren fördern?

Grundsätzlich streben die in 4.3.3 vorgestellten KM-Verfahren die Lösung des Konfliktes an. Das bedeutet allerdings nicht, daß sie nicht auch im Management von Konflikten, wo es keine endgültigen Lösungen gibt, eingesetzt werden können. Das gilt zum Beispiel für das Umfeld vieler RM-Projekte, wo aber trotzdem Vereinbarungen zu Teilschritten gefunden werden können. Das Managen oder Lösen von Konflikten ist eng verbunden mit der jeweiligen Situation, den Akteuren und letztlich auch mit den Persönlichkeiten und erfordert ein gutes Maß an Flexibilität, welche durch eine Übertragung und Anwendung als Blaupause nicht gegeben ist. Der Umgang der Beteiligten mit dem Konflikt, mit Verfahren und Instrumenten steht im Mittelpunkt des Erfolges und des Mißerfolges. Die Bedeutung der Verfahren oder Instrumente selbst steht demgegenüber im Hintergrund und wird oft überschätzt.

Dennoch können Anstrengungen des Projektes sinnvoll sein, die eine Anwendung von Konfiktmanagement-Verfahren unterstützen, z.B.

- Unterstützung des Einsatzes von Mediatoren (Suche einer geeigneten Person, Finanzierung, Training)
- Training und Beratung von Konfliktparteien (Konfliktanalyse, Organisation und Interessensvertretung, Wahrnehmung, Verhandlung, Kommunikation, Rechtsberatung,...)
- Förderung einer Diskussion zur Weiterentwicklung bestehender Verfahren, wenn diese nicht mehr wirksam sind (s. unten)
- Förderung des Entwickelns von Strukturen des Konfliktmanagements (s. auch 4.3.6)
- Durchführung von Verfahren (wenn das Projektteam als unbeteiligter Dritter akzeptiert ist)

Bei der Auswahl von Aktivitäten durch das Projektteam verdienen folgende Aspekte Beachtung:

Traditionelle Mechanismen zur Konfliktlösung

Es gibt in jeder Situation bereits Erfahrungen der Beteiligten mit Verfahren des Konfliktmanagements. Es ist daher immer sinnvoll und notwendig, an den lokalen Verfahren anzuknüpfen. Diese beinhalten fast immer Elemente der oben vorgestellten Verfahren. So sind z.B. in Westafrika zahlreiche traditionelle Konfliktlösungen durch Dorfchefs eine Verbindung von Elementen aus Verhandlung, Mediation und dem letztlichen Schlichterspruch, der Entscheidung. Auch in Kulturen des Islam, des Buddhismus und Hinduismus gibt es Traditionen der Konfliktlösung durch ältere Authoritäten mit Mediation und Verhandlungen. In Indonesien beispielsweise sind lokale konsensorientierte Mechanismen bis heute lebendig und bilden eine Grundlage für die Institutionalisierung von dialogorientierten Mechanismen auf regionaler und nationaler Ebene.

Wenn allerdings traditionelle Mechanismen nicht mehr greifen, ist es meist nicht sinnvoll, oben vorgestellte Verfahren zu übertragen. **Vielmehr kann eine Diskussion, warum traditionelle Mechanismen nicht mehr effektiv sind, zur Entwicklung von Verfahren führen, welche dem Kontext angepaßt sind**.

Akzeptanz des Verfahrens und der Lösung

Alle Beteiligten müssen sich zur Anwendung des Verfahrens entschließen, was bei bisher unbekannten Verfahren schwierig ist. Es ist jedoch eine Voraussetzung, damit die Beteiligten die daraus entstehende Lösung akzeptieren und nicht nachhaltige Scheinlösungen oder das Unterdrücken der wahren Konfliktursachen vermieden werden.

Kasten 83: Die Schaffung von Foren im Konfliktmanagement

...Creation of a platform permits expression and contradiction by both pastoralists and agropastoralists, and helps clarify latent conflicts between them. The platform itself becomes a site for conflict resolution. During platform meetings, no one group can enforce policy to the detriment of the others, as the issues are brought out into the open and all stakeholder groups (including, in a more recent meeting, women) are present. This function of the platform proved to be a key factor in gaining the pastoralists' interest to become involved.

Quelle: Soura et al. (1997)

Aufbau von Konfliktmanagementfähigkeiten bei den Beteiligten

Ein Mediationsverfahren zielt in erster Linie auf die Lösung des Konfliktes. Durch die Unterstützung des Mediators soll eine Vorgehensweise mit den Beteiligten entwickelt werden, die ihnen ein konstruktives Umgehen und eine Entscheidungsfindung erlaubt. **Je flexibler und situationsspezifischer der Mediationsprozeß gestaltet wird, um so eher können dabei auch Fähigkeiten der Beteiligten zum eigenständigen Managen und Lösen von Konflikten entwickelt werden. Derartige Lernerfahrungen können beispielsweise durch Perspektivenwechsel oder durch ein Differenzieren von Interessen und Positionen provoziert werden.**

Kasten 84: Interessen und nicht Positionen als Basis für Konfliktlösungen: ein Beispiel aus Ecuador

Prior to the creation of the Awá territory in 1988, the Awá held no title to the lands they occupied. With the establishment of the Territory, the Indians agreed among themselves on rules for the use of their land. These rules prohibited the sale of timber, animals or fish from the territory on outside markets. The Awá who lived along the Palabi river in the western part of the territory respected these rules and were disturbed by the goldpanning miners from the neighbouring town of Ricaurte who continued to hunt within the reserve, fish with dynamite, and steal from Awá homes in the area. In response, the Indians began preventing the miners from entering the reserve for any reason, including to pan for gold. This action led to tensions between the Awá and the miners of Ricaurte – tensions which led to hostilities in the Ricaurte market and occasionally violent encounters. Some Awá were even refused treatment at the Ricaurte health clinic.

In an effort to deal with the escalating conflict between the neighbouring communities, town representatives asked the director of UTEPA (Ecuadorian Technical Unit for the Awá Plan) to help resolve the problem. The UTEPA director called an open meeting in Ricaurte which was attended by the Awá chiefs from the villages along the Palabi river, representatives of the townspeople, and most of the town of about 150 to 200 people.

Acting as a facilitator, the UTEPA director first pointed out that despite cultural differences, the two sides shared more in common as hard-working, resource-dependent communities. He then asked the representatives of each side to state the problem from their point of view. The Awá representatives said the problem was that the miners hunted forest animals, dynamited the rivers, stole from nearby homes, and polluted the streams with mercury. The townspeople representatives, on the other hand, said the problem was that the Awá prevented them from panning for gold, their principal economic activity.

Recognising that the interests of the two sides were not exclusive of each other, the facilitator then asked the miners if they could agree to abide the Awá rules if allowed to pan for gold in the territory. When they said they could, the facilitator asked the Awá if they would allow the miners access to the Palabi if they abided by this agreement. The Awá representatives likewise agreed. By this simple formula, a conflict which threatened to erupt into ever more violent clashes was averted.

Quelle: Pendzich et al. (1994), S. 135

Der politische Kontext

Die vorgestellten Verfahren erfordern die Teilnahme aller Konfliktparteien. In Gesellschaften mit zentraler und undemokratischer Entscheidungsfindung ist jedoch die Teilnahme auch der lokalen Akteure nicht immer möglich. Je nach dem Kreis der Beteiligten kann somit die Durchführung eines konsensorientierten Konfliktlösungsverfahrens unmöglich sein.

Einsatz neutraler Dritter

Direkte Verhandlungen zwischen den Parteien sind die einfachste Art, Konflikte zu lösen. Allerdings sind in Konfliktsituationen häufig die Voraussetzungen nicht gegeben, daß derartige Gespräche produktiv verlaufen. Der folgende Kasten beschreibt, wann ein Einsatz von neutralen Dritten angezeigt ist.

Kasten 85: Bedingungen, die einen Einsatz eines neutralen Dritten erfordern

- The emotions of the parties are intense and are preventing a settlement.
- Communication between the parties is poor in either quantity or quality and they cannot change the situation on their own.
- Misperceptions or stereotypes are hindering productive exchanges.
- Repetitive negative behaviors are creating barriers.
- There are multiple issues in dispute and the parties disagree about the order and combination in which they should be addressed.
- There are perceived or actual incompatible interests that the parties are having difficulty reconciling.
- Perceived or actual value difference divide the parties.
- The parties do not have a negotiating procedure, are using the wrong procedure, or are not using a procedure to its best advantage.
- There is not an acceptable structure or forum for negotiations.
- The parties are having difficulties starting negotiations or have reached an impasse in their bargaining.

Quelle: Moore (1996), S. 13

Neutrale Dritte müssen von allen Seiten als neutral akzeptiert sein. Mitglieder des Projektes selbst können allerdings in den seltensten Fällen eine derartige Rolle spielen. Sei es, daß Mitarbeiter nicht eine entsprechende Qualifikation und Ausbildung haben, sei es, daß die Projektorganisation nicht von allen als neutral anerkannt wird. Zweites verhindert in der Regel auch, daß ein Dritter durch das Projekt finanziert würde, da dieser dann nicht mehr neutral wäre. Zu klären ist auch, ob die Beteiligten zu einer gemeinsamen Finanzierung bereit sind, ob eine geeignete Person mit entsprechenden Fähigkeiten verfügbar ist und wie diese ausgewählt wird.

4.3.8 Wie können Fähigkeiten zum Konfliktmanagement gefördert werden?

Wie bereits dargestellt, besteht im Ressourcenmanagement meist ein Konfliktpotential auch nach Vereinbarung einer temporären Konfliktlösung fort. Ackerbauern und Viehhalter leben weiterhin miteinander mit unterschiedlichen Weltsichten, Interessen und Ansprüchen; das gemeinsame Management zwischen Forstbehörde, lokalen Nutzern und Konzessionären läßt sich nicht mit einem Plan für immer festschreiben. Im Mittelpunkt der Anstrengungen des Konfliktmanagements stehen somit nicht Verfahren, sondern die Fähigkeiten der Akteure, mit Konflikten umzugehen, sie zu managen und in Teilbereichen Lösungen zu finden. Neben der Institutionalisierung von Verfahren geht es auch um das Vermögen der Akteure, Verfahren entsprechend den Erfordernissen anzupassen, zu verändern und anzuwenden. Dies mag ehrgeizig sein und ist sicherlich kein kurzfristig erreichbares Ziel, sollte jedoch bei einer Anwendung von Verfahren zur Erzielung schneller, aber vielleicht nicht akzeptierter und nicht nachhaltiger Konfliktlösungen bedacht werden.

Ein wichtiger Beitrag des Projektes besteht somit darin, die Fähigkeiten der Akteure zu fördern, mit ihren Konflikten positiv umzugehen und diese wo möglich zu lösen. **Ziel ist, die Lernprozesse zu fördern, um Handlungsspielräume der Akteure für alternative Vorgehensweisen und Verhalten zu erweitern. Darin sind selbstverständlich auch Mitarbeiter/innen der technischen Dienste und Beratungsdienste eingeschlossen.** Dies Vorgehen entspricht auch dem Grundsatz der Subsidiarität, daß Konflikte möglichst von den Betroffenen gemanagt und gelöst werden sollen. Wie dies geschehen kann, welche Elemente dabei von Bedeutung sind, muß situationsspezifisch mit der Frage geklärt werden, welche Art von Unterstützung die Akteure als sinnvoll ansehen und welchen Beitrag das Projekt als geeignet erachtet.

Folgende Bereiche können dabei von Bedeutung sein:

- **Kommunikations- und Dialogfähigkeit:** Fähigkeiten der Kommunikation und Verhandlungsführung, Präsentation und Darstellung, Moderation, Mediation
- **Organisationsaspekte:** Planungskompetenz, Informationsmanagement, interner Abstimmungs- und Entscheidungsprozeß, Zusammenarbeit mit anderen Akteuren
- **Macht**: Interessensvertretung, Erschließung weiterer Machtquellen (s. 4.3.9), Schmieden von Allianzen, Lobbyarbeit
- **Informationsbeschaffung und -weitergabe** über Akteure, Gesetze und legale Aspekte, die natürlichen Ressourcen, Besuchsreisen, ...
- **Technische Fähigkeiten**: Luftbildauswertung, etc
- **Handlungsoptionen**: Unterstützung bei Erschließung neuer alternativer Handlungs- oder Lösungsoptionen
- **Lokale Mechanismen der Konfliktlösung**: Eine gemeinsame Analyse der lokalen Mechanismen der Konfliktlösung kann als Ausgangspunkt dafür dienen, neue daran anknüpfende Mechanismen zu entwickeln.

Beratung und Training streben dabei nicht nur an, entsprechendes Wissen oder Kenntnisse zu vermitteln, sondern auch Lernsituationen für die lokalen Akteure zu provozieren. Beispielsweise kann eine gemeinsame Konfliktanalyse dazu führen, den Konflikt als Ausdruck einer Störung auf einem höheren Niveau zu verstehen, ihn in einem weiteren Kontext zu sehen und entsprechend zu handeln. Auch bietet häufig der Austausch und die Diskussion unterschiedlicher Sichtweisen den Beteiligten die Möglichkeit der Betrachtung des Konfliktes aus einer anderen Perspektive und stellt eine Lernsituation dar.

4.3.9 Wie kann man mit Machtungleichgewichten konstruktiv umgehen?

Macht spielt in allen Konflikten eine Rolle. Die substantiellen Interessen der Konfliktparteien sind untrennbar mit deren subjektiver Sichtweise ihrer Machtsituation verbunden. **Die Verteilung von Macht zwischen den Beteiligten prägt somit die Strategien der Parteien und hat beim Management und Lösen von Konflikten oft entscheidenden Einfluß.** Dabei besitzen alle beteiligten Akteure eine gewisse Macht und haben die Möglichkeit, diese auszuüben. Für die Wirkung ist dabei nicht entscheidend, ob die Macht wirklich existiert, oder ob sie von den anderen nur so empfunden wird. Ein wichtiges Interesse der Parteien ist in der Regel, ihre Machtsituation zu schützen und zu verbessern. Machteinfluß kann somit beides sein, ein Mittel in der Auseinandersetzung aber auch ein Ziel des Konfliktes.

Kasten 86: Die 10 Kategorien als Quellen der Macht in Konfliktsituationen

Macht der Position: Macht durch Entscheidungsbefugnis z. B. Richter, Regierungsmitglied, Dorfchef, formelle Autorität

Macht des Wissens: Expertise oder Informationsvorsprung bezüglich einer relevanten Angelegenheit

Beziehungsmacht: Macht beruhend auf einer besonderen Beziehung zu einer anderen, mächtigen Partei, zu einer Familie, einer Gruppe etc.

Ökonomische Macht: Verfügung über und Zugang zu Geld, Arbeit, Leistungen, ...

Macht durch Persönlichkeit: Macht durch Kommunikationsfähigkeit, Überzeugungskraft, rhetorische Qualitäten,...

Verfahrensmacht: Macht durch Kontrolle über die Vorgehensweise in einer Auseinandersetzung, z. B. der Richter in einem Prozeß oder der Dorfchef in einer traditionellen Konfliktlösung, Mediator

Macht durch potentielle Schäden: Möglichkeit, Druck auf die andere Partei auszuüben oder die Interessen einer anderen Partei zu stören (z. B. Boykottaufruf)

Macht durch potentielle Störungen: Die Fähigkeit Unannehmlichkeiten auszuüben

Verharrungsmacht: Die Macht der Blockade zugunsten des Status quo (häufig ist es einfacher, eine bestimmte Situation beizubehalten als etwas zu ändern)

Moralische Macht: Macht aufgrund der Berufung auf Werte, welche allgemein geteilt werden

Quelle: Mayer et al. (1987), verändert

Das Projekt selbst ist meist auch ein bedeutender Akteur in der „Machtlandschaft". Es besteht damit die Gefahr, daß andere Parteien diese Macht zu ihren Gunsten nutzen wollen. Auf der anderen Seite besteht die Möglichkeit, daß das Projekt seine Macht bewußt nutzt. In jedem Fall wird es dadurch zur Konfliktpartei.

Insbesondere für das Projekt, aber auch für jede andere Konfliktpartei ist es wichtig, sich über die eigene Macht, deren Quellen und Grenzen und die Möglichkeiten der Ausübung bewußt zu werden.

Aufgrund ihres Mandats werden Projekte oft versuchen, bestehende Machtungleichgewichte zugunsten ihrer Zielgruppen zu reduzieren. Generell trägt bereits die Förderung von Dialog und Verhandlung dazu bei. Allerdings kann das Machtgefälle in Konfliktsituationen so groß sein, daß dialog- und konsensorientiertes Management von Konflikten ohne Aussicht auf Erfolg ist. In diesen Fällen ist es möglich, **mit den benachteiligten Parteien ihre Quellen der Macht zu untersuchen. Eventuell sind sie sich ihrer Macht gar nicht bewußt, oder es können neue Machtquellen erschlossen werden** (s. folgender Kasten). So kann beispielsweise die lokale Bevölkerung dabei unterstützt werden, Allianzen mit lokalen NGOs oder andern Akteuren zu schmieden. Sie können so ihren Interessen besser Gehör verschaffen und diese auf entscheidungsrelevanten Ebenen besser einbringen. Die Unterstützung kann weiter von Informationsarbeit über Gewährung von Rechtsbeistand bis hin zu Öffentlichkeitsarbeit und „Lobbying“ für eine bestimmte Nutzergruppe reichen.

Kasten 87: Konflikte und Alternativen im Umgang mit ihnen: Der Fall des Alto Juruá Extractive Reserve/Brasilien

„In the Alto Juruá, there was a choice between private logging and ranching, and the creation of a reserve managed by a residents‘ Association. The existence of private claims (albeit uncertain) to the land, and the lack of legal recognition of the „extractive workers‘“ rights constitute a crucial point. The land owner could in principal offer compensation to the rubber-tappers. In fact, few would do so, because the law, as interpreted locally, was on their side. The rubber-tappers also could offer compensation to the landowners and renters. This alternative was not feasible, however, because of the high speculative value of the land and because of the high opportunity cost represented by unsold timber. Legal action also was impractical. Because the conflict in the Alto Juruá region involved two sides with vastly different political power, financial resources, information and legal support. Legal action within the existing framework (that is, hinging on the validity of land titles or on the degradation of resources) offered little hope to the weaker side in the dispute.

Instead of using negotiation or legal action, the rubber-tapper organisation, once established and once it had managed to acquire basic infrastructure and technical resources, reframed the problem in terms of two alternatives: maintaining the status quo or turning the region into a conservation unit managed by the local population. To carry out the second option, they needed to win the support of allies who could help in formulating and later passing new legislation, initially as a presidential decree, to be ratified later by the national Congress. The resulting institutional change provided not only a solution for the particular case of the Alto Juruá rubber-tappers, but also established a paradigm of conservation units set aside for traditional populations practising sustainable extraction in environmentally important areas.“

Quelle: Pendzich et al. (1994), S. 73

Literaturhinweise zu ‚Konfliktmanagement und Verhandlungsorientierung'

- Beck, Reinhilde (1995) Konfliktmanagement, Alling
- De Leener, Philippe (1993) Deuxième mission d'appui du PROGERNAP à UP 10, Ottignies.
- De Leener, Philippe; Ndiaye, Mamadou; Sow, Mamadou (u.a.) (1994) Gérer les conflits au Sahel. Dakar (ENDA GRAF Sahel)
- De Leener, Philippe; Sow, Mamadou (u.a.) (1995) Conflits et Dynamiques populaires de changement. Dakar (ENDA GRAF Sahel)
- De Leener, Philippe (1994) Appui en matière d'Organisation Villageoise pour la Gestion des Terroirs Villageois. Sixième Mission d'appui du PROGERNAP au PATECORE. Ottignies 1994
- Fisher, R., Ury, W., u. Patton, B. (1991) Getting to Yes. Negotiating Agreement without giving in.
- FAO, FTTP (Chandrasekharan, Diji) (1997) Proceedings Electronic Conference on „Addressing Natural Resource Conflicts through Community Forestry" January – May 1996.
- Fisher, Roger; Ury, William, Patton, Bruce (1995) Das Harvard-Konzept. Sachgerecht verhandeln – erfolgreich verhandeln. Frankfurt/New York
- FTPP-IPD/FAO, PADLOS/CILSS. Gestion Alternative des Conflits, Rapport de l'Atelier Régional, Niamey, 4-8 Décembre 1995. Juin 1996
- Glasl, Friedrich (1994) Konfliktmanagement, Ein Handbuch für Führungskräfte und Berater. Bern (Haupt)
- GTZ (1996) Trainingsworkshop ‚Mediation and Environmental Dispute Management', 1996
- GTZ-PVI (Hamacher, W.) (1996) Konfliktmanagement im Umweltbereich. Bonn/ Eschborn
- GTZ-PVI (Block, K.) (1997) Bibliographie Konfliktmanagement im Umweltbereich. Eschborn/Bonn
- GTZ-RMSH (Zimmermann, A., und Engler, M.) (1996) Prozeßmonitoring. Eine Arbeitshilfe für Projektmitarbeiter/-innen. Bonn/Eschborn

- ICIMOD (1995) Case Studies on Conflict Resolution and Community Mediation in Nepal, Kathmandu
- Indonesian Center for Environmental Law (1996) Resolving Environmental Disputes through Cooperative Dispute Resolution: A Case Evaluation, Jakarta
- Mayer, Bernhard. „The Dynamics of Power in Mediation and Negotiation“ in: C.W. Moore (ed). Practical Strategies for the Phases of Mediation. Mediation Quarterly, no. 16. San Francisco Summer 1987 (Jossey-Bass)
- Moore, Christopher W. (1996) The Mediation Process. Practical Strategies for Resolving Conflict. San Francisco
- Moore, Chris and Santosa, M. A. (1995) Developing Appropriate Environmental Conflict Management Procedures in Indonesia. Integrating traditional and new approaches. In Cultural Survival Quarterly, Fall 1995
- Pendzich, Christine (1993) „Conflict management and forest disputes – a path out of the woods?“ in: Forests, Trees and People Newsletter No. 20
- Pendzich, Christine; Thomas, Garry; Wohlgenant, Tim (1994) The Role of Alternative Conflict Management in Community Forestry. FTTP Phase II, Working Paper No. 1. (FAO)
- Soura, Abdoulaye; Bouraima, Drabo; Banzhaf, Matthias (1997) „Supporting local people in their management of natural resources in the Sahel“ in: Beyond the Toolkit. GTZ, Eschborn

Nachwort

Liebe Leserin! Lieber Leser!

Sie sind nach einer persönlich jeweils sehr unterschiedlichen „Reise" durch dieses Buch an diesem (vorläufigen) Schlußpunkt angelangt. Wir hoffen, daß Sie wertvolle Anregungen und Impulse für ihr situationsspezifisches Handeln im Ressourcenmanagement mitnehmen können. Wenn wir Sie dadurch ermuntert haben, Ihren Lernprozeß, individuell und mit anderen gemeinsam, bewußter zu gestalten und intensiver voranzutreiben – und Sie sich nicht darüber ärgern, daß dieser Leitfaden keine fertigen Handlungsanleitungen enthält –, dann ist eine zentrale Botschaft von uns angekommen. Für Ihren weiteren Lernprozeß wünschen wir Ihnen Mut, Ausdauer und viel Erfolg.

Thomas Schwedersky
Oliver Karkoschka
Wolfgang Fischer

Abkürzungsverzeichnis

BMZ	Bundesministerium für Wirtsschaftliche Zusammenarbeit und Entwicklung
DED	Deutscher Entwicklungsdienst
DEH	Direktion für Entwicklungszusammenarbeit und humanitäre Hilfe[16)]
EZ	Entwicklungszusammenarbeit
GTZ	Deutsche Gesellschaft für Technische Zusammenarbeit
IIED	International Institute for Environment and Development
KfW	Kreditanstalt für Wiederaufbau
NRO	Nicht-Regierungsorganisation
OECD	Organisation for Economic Cooperation and Development
PLA	Participatory Learning and Action
PRA	Participatory Rural Appraisal
ProM	Prozeßmonitoring
PVI	Pilotvorhaben Institutionenentwicklung im Umweltbereich
RM	Ressourcenmanagement
RMSH	Ressourcenmanagement über Beteiligungs- und Selbsthilfeansätze
SHO	Selbsthilfeorganisation
TZ	Technische Zusammenarbeit
VARENA	Valorisation des Ressources Naturelles par l'Autopromotion

16) Die DEH wurde zwischenzeitlich in DEZA (Direktion für Entwicklungszusammenarbeit) umbenannt.